GERHARD TRABERT

Am Abgrund der Menschlichkeit

Begegnungen mit Menschen auf der Flucht

adeo

Ich widme dieses Buch allen Menschen,
die sich auf der Flucht vor Krieg,
Naturkatastrophen und Armut befinden
oder diese Flucht schon erleben mussten.

INHALT

PROLOG

„In dieser Zeit ging es ums nackte Überleben. Schritt für Schritt, Kilometer für Kilometer müde dem Wagen hinterher, nur nicht den Anschluss verlieren. Die Kälte ignorieren, die wund gelaufenen Füße, den Hunger. Geredet wurde nicht viel."
Eva Schneider, 9 Jahre alt, 1945 auf der Flucht aus Schlesien

„Mein einziges Interesse war, mein Kind durchzubringen. Es war ja so kalt und die Kinder lagen stundenlang in den Kinderwagen. Wir konnten sie nicht wickeln, es gab nichts Warmes zu trinken, stillen konnten wir sie nicht. Das Einzige, was zählte, war, für die Nacht ein Dach über dem Kopf zu finden."
Frieda Helbig, 27 Jahre alt, auf der Flucht aus Schlesien

„Da war es dann besonders schön, weil wir uns einmal waschen konnten."
Irmgard Hampel, 12 Jahre alt

„14. 2. – Mittagessen, Gisela unheimlich gegessen, darauf Spulenwürmer abgegangen. 16. 2. – Arzt, Gisela schwere Bronchitis, seit dem 15. nichts mehr gegessen außer Tee getrunken, immer Durchfall, Gisela schwer erkrankt, sehe schwarz ... Immerfort 40° C Fieber. Sie trinkt kaum noch etwas, bin so allein mit meiner Angst und selbst sehr erkältet. 20. 2. – Wenn ich Gisela anrühre, schreit sie. Was mag ihr nur fehlen. 21. 2. – Gisela Lungenentzündung. Die Nasenflügel beben."

„Gisela ist nicht mehr, schon abends sah ich, dass das Ende nahe ist, und morgens um 5:30 Uhr ist unser Sonnenscheinchen gestorben. Noch einmal schlug sie die Äuglein auf und hatte klare Augen, mit ‚Mama' auf den Lippen ist sie von uns gegangen."

Verena Stuntz protokolliert die Krankheit ihrer Tochter Gisela in ihrem Fluchttagebuch[1]

Vor gut 75 Jahren waren Deutsche noch auf der Flucht!

EINLEITUNG

Warum muss es dieses Buch geben? Gibt es nicht schon genug Sendungen, Artikel, Fotos von hungernden, geflüchteten Menschen und zerstörten Landstrichen? Ja, es gibt viele, aber es gibt nicht genug! Denn es gibt immer noch zu viele vergessene Menschen auf dieser Welt, in unserer direkten Umgebung sogar.

Ich möchte Sie mitnehmen auf eine Reise in verschiedene Regionen dieser Erde und dabei an den berührenden, traurigen, wütend machenden, aber auch hoffnungsvollen Begegnungen mit Menschen auf der Flucht teilhaben lassen. Begegnungen mit Menschen, die ihre Heimat aus den unterschiedlichsten Gründen verlassen haben und versuchen, für ihre Kinder und sich selbst eine neue Lebensperspektive in Sicherheit aufzubauen.

Die überwiegende Zahl der Menschen, die ihre Heimat verlassen, tun dies nicht, weil sie in Europa das Paradies erwarten, sondern weil in ihrer Heimat die Hölle herrscht. Sie flüchten vor Krieg und Bürgerkrieg, sie flüchten vor Umweltkatastrophen – wie wir sie in jüngster Vergangenheit leider auch in Deutschland erfahren mussten –, vor zunehmenden Dürreperioden, sie flüchten vor existenziell bedrohlicher Armut und sie flüchten, weil es in ihrer Heimat zum Beispiel die Zwangsheirat gibt, die Genitalverstümmelung junger Mädchen kulturell tradiert weiterhin angewandt wird oder die sexuelle Orientierung verfolgt und bestraft wird.

Als Arzt habe ich Menschen auf ihrer Flucht in der ganzen Welt, aber natürlich auch in Deutschland behandelt. Ich habe ihr Leid miterlebt, ihre Angst, ihren Schmerz, ihre Hoffnungslosigkeit. Aber auch ihre Dankbarkeit, ihre Freundlichkeit und soziale Intelligenz – trotz all dem Erlebten. Ihr dankbares Lächeln uns Helfern gegenüber, die wir mit kleinen Gesten der Fürsorge und der Empathie versuchen, Wertschätzung zu vermitteln.

Immer häufiger erleben wir jedoch Ablehnung, Hass, Rassismus und Diskriminierung geflüchteten Menschen gegenüber. Häufig ist es Unwissenheit, die Angst entstehen lässt und infolge dessen Ablehnung bis hin zu Rassismus produziert.

Lassen Sie mich also versuchen, Sie in meine Erlebniswelt mitzunehmen, Begegnungen – wenn auch aus zweiter Hand – zu ermöglichen, Ihnen die Lebensschicksale von flüchtenden Menschen näherzubringen. Ich möchte damit denjenigen Menschen, die als anonym-abstrakte Zahl durch die Medien geistern, ein Gesicht und eine Stimme geben, die oft, zu oft, nicht gehört und verstanden wird.

Rassismus aktiv zu begegnen und zudem unsere soziale Verantwortung für Menschen auf der Flucht deutlich aufzuzeigen, ist Ziel dieser Reise. Wissenschaftlich fundiert und immer wieder erklärend teile ich meine persönlichen Erfahrungen mit Ihnen.

Willkommen unterwegs – in fremde Welten, Lebenswirklichkeiten und eigene Denkfallen.

Baffin Bay
Greenland (Dk.)
Greenland Sea
Norwegian Sea
Baffin Island
Chesterfield Inlet
Iqaluit
Nuuk
ICELAND
Reykjavik
Hudson Bay
Churchill
NADA
Fort Rupert
Goose Bay
Thunder Bay
Lake Superior
Newfoundland
Saint John's
Québec
Montréal
Ottawa
St. Lawrence River
Lake Huron
Lake Michigan
Toronto
Lake Ontario
L. Erie
Detroit
Saint John
Halifax
Boston
New York
Indianapolis
Philadelphia
Washington
Norfolk
Nashville
Atlanta
Charleston
Savannah
Orlando
Miami
Freeport
Nassau
Bahamas
Habana
CUBA
Santiago de Cuba
Montego Bay
MAICA
Kingston
DOM. REP.
Puerto Plata
Santo Domingo
Port-au-Prince
San Juan
Puerto Rico (US)
ST. KITTS AND NEVIS
ANTIGUA AND BARBUDA
Saint John's
Guadelupe (Fr.)
Bermuda (GB)
Hamilton
Carribean Sea
Oranjestad
Willemstad
Martinique (Fr.)
DOMINICA
BARBADOS
SAINT LUCIA
Bridgetown
GRENADA
ST. VINCENT AND THE GRENADINES
Scarborough
TRINIDAD AND TOBAGO
Port of Spain
Barranquilla
Cartagena
Panama
Maracaibo
Caracas
Barcelona
VENEZUELA
Cuidad Guayana
Cuidad Bolivar
Georgetown
Paramaribo
Cayenne
GUYANA
SURINAM
FR. GUYANA
Monteria
Medellin
COLOMBIA
Bogota
Cali
Orinoco
Boa Vista
Quito
Iquitos
Amazonas
Manaus
Belem
Sao Luis
Fortaleza
Natal
Recife
BRAZIL
Porto Velho
PERU
Callao
Lima
Cuzco
Salvador
Ilheus
BOLIVIA
La Paz
Cochabama
Santa Cruz
Sucre
Mato Grosso
Brasilia
Goiania
Arequipa
Arica
Belo Horizonte
PARAGUAY
Concepcion
Asuncion
Sao Paulo
Santos
Rio de Janeiro
Curitiba
Florianopolis
Antofagasta
Santiago del Estero
Corrientes
Parana
Porto Alegre
ARGENTINA
CHILE
Mendoza
Rosario
URUGUAY
Montevideo
Valparaiso
Santiago
Buenos Aires
La Plata
Mar del Plata
Neuquen
Bahia Blanca
Valdivia
Puerto Montt
San Carlos de Bariloche
Viedma
Castro
Rawson
ATLANTIC
OCEAN
Azores (Port.)
Ponta Delgada
Madeira (Port.)
Funchal
Canary Islands (Sp.)
Santa Cruz d. Tenerife
Las Palmas
CAPE VERDE
Praia
Ascension
St. Helena
Tristan da Cunha
ATLANTIC
OCEAN
Trondheim
Bergen
NORW
Stavanger
UNITED KINGDOM
Aberdeen
Glasgow
Belfast
North Sea
DENMARK
IRELAND
Dublin
Cork
Liverpool
Manchester
London
Southampton
NETHER-LANDS
Amsterdam
Den Haag
Rotterdam
BELGIUM
Bruxelles
Luxembg
LUX.
Paris
Brest
Strasbourg
FRANCE
SWITZ.
Berne
Genève
Gulf of Biscaya
Lyon
Bordeaux
Torino
Monaco
Marseille
Bilbao
La Coruna
Andorra
Barcelona
Ajaccio
Porto
PORTUGAL
Madrid
Valencia
Palma
Lisboa (Lisbon)
SPAIN
Ibiza
Faro
Sevilla
Malaga
Mediterran
Gibraltar (GB)
Tanger
Oran
El Djazair (Algiers)
TUNIS
Rabat
Fes
Casablanca
Marrakech
MOROCCO
Agadir
Tunis
ALGERIA
El-Aaiún
WESTERN SAHARA
MAURITANIA
Nouakchott
MALI
Timbuktu
Dakar
SENEGAL
Banjul
GAMBIA
Bissau
GUINEA BISSAU
GUINEA
Conakry
Bamako
BURKINA FASO
Niamey
Ouagadougou
SIERRA LEONE
Freetown
Monrovia
LIBERIA
COTE D'IVOIRE
Yamoussoukro
Abidjan
GHANA
Accra
Lomé
Porto-Novo
Ibadan
Lagos
Gulf of Guinea
SAO TOME & PRINCIPE
São Tomé

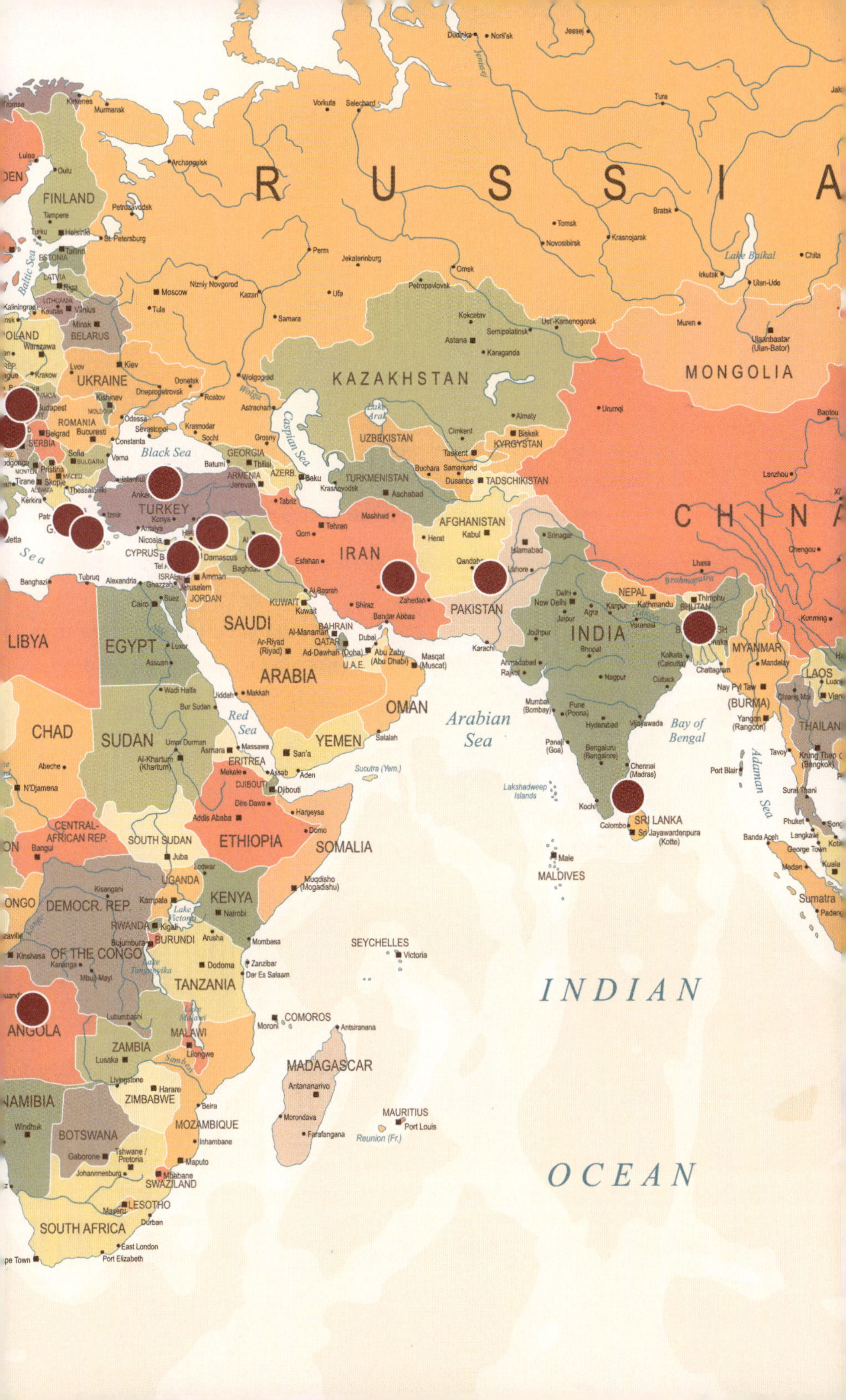
RUSSIA
Dudinka
Noril'sk
Jessej
Jenisej
Tura
Vorkuta
Salechard
Kirkenes
Murmansk
Tromsø
Lulea
Oulu
Archangelsk
FINLAND
Tampere
Petrozavodsk
Turku
Helsinki
St. Petersburg
Tallinn
ESTONIA
Baltic Sea
LATVIA
Riga
LITHUANIA
Kaunas
Vilnius
Kaliningrad
Minsk
BELARUS
POLAND
Warszawa
Krakow
Lvov
Kiev
UKRAINE
Donetsk
Dnepropetrovsk
Moscow
Tula
Nizniy Novgorod
Kazan
Perm
Jekaterinburg
Ufa
Samara
Wolgograd
Wolga
Rostov
Astrachan
Omsk
Petropavlovsk
Kokcetav
Astana
Karaganda
Semipalatinsk
Ust'-Kamenogorsk
Tomsk
Novosibirsk
Krasnojarsk
Bratsk
Irkutsk
Lake Baikal
Ulan-Ude
Chita
Muren
Ulaanbaatar (Ulan-Bator)
MONGOLIA
KAZAKHSTAN
Caspian Sea
Lake Aral
UZBEKISTAN
Cimkent
Almaty
Biskek
KYRGYSTAN
Taskent
Samarkand
Buchara
Dusanbe
TADSCHIKISTAN
TURKMENISTAN
Aschabad
Krasnovodsk
Baku
AZERB.
GEORGIA
Tbilisi
ARMENIA
Jerevan
Batumi
Grozny
Krasnodar
Sochi
Budapest
Kishinev
MOLDOVA
Odessa
Sevastopol
ROMANIA
Bucuresti
Constanta
Belgrad
SERBIA
Sofia
BULGARIA
Varna
Black Sea
Pristina
Skopje
MACED.
Tirane
ALBANIA
Thessaloniki
Kerkira
Istanbul
Ankara
TURKEY
Konya
Izmir
Antalya
Nicosia
CYPRUS
Damascus
Baghdad
Tabriz
Tehran
Qom
Mashhad
Esfahan
IRAN
Shiraz
Zahedan
Bandar Abbas
Al Basrah
KUWAIT
Kuwait
Tel Aviv
ISRAEL
Jerusalem
Amman
JORDAN
Alexandria
Ghazzah
Suez
Cairo
Tubruq
Banghazi
LIBYA
EGYPT
Luxor
Assuan
Wadi Halfa
Bur Sudan
SAUDI
ARABIA
Ar-Riyad (Riyad)
Al-Manamah
BAHRAIN
QATAR
Ad-Dawhah (Doha)
Dubai
Abu Zaby (Abu Dhabi)
U.A.E.
Masqat (Muscat)
OMAN
Jiddah
Makkah
Red Sea
YEMEN
San'a
Aden
Salalah
Sucutra (Yem.)
AFGHANISTAN
Herat
Kabul
Qandahar
Islamabad
Lahore
PAKISTAN
Karachi
Srinagar
CHINA
Urumqi
Lanzhou
Chengdu
Kunming
Baotou
Lhasa
Brahmaputra
NEPAL
Kathmandu
BHUTAN
Thimphu
Delhi
New Delhi
Agra
Kanpur
Jaipur
Varanasi
Ganges
Jodhpur
INDIA
Bhopal
Ahmadabad
Rajkot
Nagpur
Kolkata (Calcutta)
Chattagram
Cuttack
Mumbai (Bombay)
Pune (Poona)
Hyderabad
Vijayawada
Panaji (Goa)
Bengaluru (Bangalore)
Chennai (Madras)
Kochi
Colombo
SRI LANKA
Sri Jayawardenpura (Kotte)
Lakshadweep Islands
Male
MALDIVES
Arabian Sea
Bay of Bengal
MYANMAR
Mandalay
Nay Pyi Taw
(BURMA)
Yangon (Rangoon)
Port Blair
Adaman Sea
LAOS
THAILAN
Chiang Mai
Tavoy
Krung Thep (Bangkok)
Surat Thani
Phuket
Banda Aceh
Langkawi
George Town
Medan
Sumatra
Padang
CHAD
Abeche
N'Djamena
SUDAN
Umm Durman
Al-Khartum (Khartum)
Asmara
Massawa
ERITREA
Mekele
Assab
DJIBOUTI
Djibouti
Dire Dawa
Hargeysa
Addis Ababa
ETHIOPIA
Domo
SOMALIA
Muqdisho (Mogadishu)
CENTRAL-AFRICAN REP.
Bangui
SOUTH SUDAN
Juba
Lodwar
UGANDA
Kampala
KENYA
Nairobi
Lake Victoria
Kisangani
DEMOCR. REP.
OF THE CONGO
Kinshasa
Kananga
Mbuji-Mayi
RWANDA
Kigali
Bujumbura
BURUNDI
Arusha
Mombasa
Zanzibar
Dar Es Salaam
Dodoma
TANZANIA
Lake Tanganyika
Lubumbashi
Lake Malawi
MALAWI
Lilongwe
ANGOLA
ZAMBIA
Lusaka
Sambesi
Livingstone
Harare
ZIMBABWE
Beira
MOZAMBIQUE
Inhambane
Maputo
NAMIBIA
Windhuk
BOTSWANA
Gaborone
Tshwane / Pretoria
Johannesburg
Mbabane
SWAZILAND
Maseru
LESOTHO
Durban
SOUTH AFRICA
East London
Port Elizabeth
Cape Town
SEYCHELLES
Victoria
COMOROS
Moroni
Antsiranana
MADAGASCAR
Antananarivo
Morondava
Farafangana
MAURITIUS
Port Louis
Reunion (Fr.)
INDIAN
OCEAN

ZAHLEN UND FAKTEN [2]

Pro Minute müssen 25 Menschen fliehen!

Pro Tag müssen 37.000 Menschen ihre Heimat verlassen.

Ende 2020 lag die Zahl der Menschen, die weltweit auf der Flucht waren bei über 80 Millionen Menschen. Dies entspricht mehr als 1% der Weltbevölkerung!

85 % der geflüchteten Menschen leben in Entwicklungsländern.

Seit 2010 hat sich die Zahl der zur Flucht gezwungenen Menschen auf der Welt fast verdoppelt. Von 41 Millionen auf 82,4 Millionen.

Der Begriff Flüchtling:
Die Sprache, die Begrifflichkeit, hat oft eine nicht immer sofort erkennbare Bedeutung und Stigmatisierungsdimension. Der Flüchtlingsbegriff hat in Deutschland zunehmend eine negative Konnotation erfahren. Deshalb wird in diesem Buch der Begriff Geflüchtete benutzt, da diese Begrifflichkeit inhaltlich fundierter den Status von Menschen auf der Flucht ausdrückt. In der Genfer Flüchtlingskonvention Art. 1 wird eine Person als geflüchtete Person definiert, wenn diese sich außerhalb des Landes befindet, dessen Staatsangehörigkeit sie besitzt oder indem sie ihren ständigen Wohnsitz hat, und aufgrund ihrer Rasse, Religion, Nationalität, Zugehörigkeit einer Minderheit oder wegen ihrer politischen Überzeugung fürchtet, verfolgt zu werden, und dabei nicht den Schutz des Landes in Anspruch nehmen kann. Nach dieser Definition reicht die begründete Furcht vor Verfolgung als berechtigter Fluchtmigrationsaspekt aus (Schneck 2017).

Die fünf Herkunftsländer mit den meisten geflüchteten Menschen:
- Syrien 6,7 Millionen
- Venezuela 3,9 Millionen
- Afghanistan 2,6 Millionen
- Südsudan 2,2 Millionen
- Myanmar 1,1 Millionen

Relative Aufnahmebereitschaft (Zahl aufgenommener Geflüchteter im Verhältnis zur Gesamtbevölkerung 2018):
- Libanon 1:6
- Jordanien 1:13
- Türkei 1:21
- Deutschland 1:58

Die Reise beginnt ...

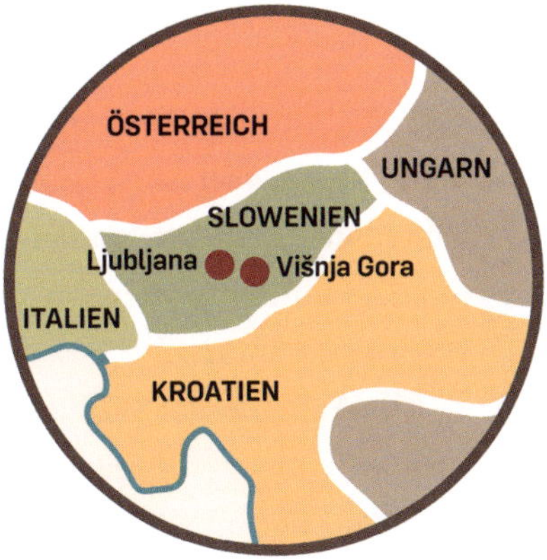

SLOWENIEN –

Christlich-muslimische Solidarität

Jugoslawien-Krieg 1992. Ziel ist das Flüchtlingslager Višnja Gora in Slowenien. Bürgerkrieg quasi vor der Haustür. Das ehemalige Jugoslawien löst sich auf. Die verschiedenen Ethnien, die dort leben, bekämpfen sich. Ich kann diese Meldungen, dieses Leid, das sich nur wenige Autostunden von unserem sicheren Zuhause entfernt abspielt, nicht passiv verfolgen. Also suche ich nach engagierten Hilfsorganisationen und finde schließlich eine christlich-muslimische namens *Humedica e.V.*, die sich in Bosnien-Herzegowina engagiert. Mein erster Einsatz. Die Mehrheit der dort lebenden Bevölkerung gehört dem muslimischen Glauben an. Sie werden in diesem Bürgerkrieg besonders verfolgt, missbraucht und getötet.

Ich habe das Gefühl, mit genau der richtigen Hilfsorganisation unterwegs zu sein. Denn als Maxime gilt, das in den Mittelpunkt des gemeinsamen Handelns zu stellen, was das Christentum und den Islam verbindet. Und das ist nun mal humanitäres Handeln, Zwischenmenschlichkeit für Menschen, die von Armut, Not und Leid betroffen sind.

Während unserer Autofahrt weiß ich noch nicht, wo wir ankommen werden. Ziel ist es, vor Ort medizinische Hilfe zu leisten. Wir haben Medikamente, Verbandsmaterial und unser ärztliches Wissen dabei. Aber werden wir überhaupt in die Bürgerkriegsgebiete vordringen können?

Die Fahrt endet schließlich in Slowenien, in der Nähe von Višnja Gora, in einem Flüchtlingslager für die Vertriebenen aus Bosnien-Herzegowina. Ich arbeite dort gemeinsam mit Mohammed, einem irakischen Arzt, der während des Ersten Golfkrieges in den 80er-Jahren in einem Krankenhaus in Bagdad tätig war. Er ist Moslem und engagiert sich hier in Slowenien. Er berichtet mir von seinen Erlebnissen während des Krieges im Irak. Zum ersten Mal treffe ich einen Augenzeugen, der mir von den Bombenangriffen in Bagdad berichtet, davon, welche Angst die Menschen hatten, wie viele Zivilisten, besonders Kinder und Frauen, gestorben sind. Wie er im Krankenhaus um das Überleben der Verletzten gekämpft hat und dabei immer weniger Medikamente und Behandlungsmöglichkeiten zur Verfügung hatte. Ich hatte die Ereignisse natürlich in den deutschen Medien intensiv verfolgt, aber jetzt wird mir eindringlich bewusst, wie subjektiv und tendenziös auch unsere Berichterstattung ist. Sie hatte das westliche Verhalten tendenziell positiv dargestellt und die grauenhaften Auswirkungen dieses Krieges nur am Rande aufgegriffen. Mohammeds Berichte klingen anders und sie berühren mich sehr.

Schließlich fragt Mohammed mich, ob ich Moslem sei. Ich antworte: „Nein, ich versuche Christ zu sein." Mohammed fragt mich dann sinngemäß leicht irritiert, warum ich dann hier sei, wenn die Opfer dieses Bürgerkrieges, die Opfer in Bosnien-Herzegowina, doch fast alle Muslime seien. Ich antworte: „Genau deshalb bin ich hier!" Wir unterhalten uns danach mehr als zwei Stunden über Themen wie Religionen, Menschlichkeit, Dogmatismus, die Ethik des Arztseins und des Menschseins. Dieses Gespräch und der Respekt, mit dem wir uns begegnen, beeindrucken mich nachhaltig.

Wir behandeln in den nächsten Tagen zahlreiche geflüchtete Menschen in diesem Flüchtlingslager. Viele von ihnen sind verstört und irritiert. Die Frauen berichten den Frauen in unserem Team immer wieder unter Tränen und mit zögerlicher, erstickter Stimme von Missbrauch, den sie erleiden mussten. In keinem Krieg zuvor wurden Vergewaltigungen so systematisch als Kriegsmittel eingesetzt wie im Jugoslawien-Krieg. Es ist entsetzlich. Eine Frau berichtet uns, wie sie und ihre Kinder den Tod ihrer Eltern bzw. Großeltern mit ansehen mussten. Serbische Soldaten hatten sie alle auf einen Lastwagen getrieben, doch weil ihre Eltern alt waren und nicht schnell genug auf diesen Lastwagen aufspringen konnten, wurden sie einfach erschossen. Und dies alles geschieht in dem so kultivierten Europa!

VERGEWALTIGUNG ALS KRIEGSWAFFE

Die Vergewaltigung von Frauen als Kriegswaffe ist immer noch ein absolutes Tabuthema. Insbesondere die Schilderungen von Massenvergewaltigungen während des Völkermordes in Ruanda sowie von bosnischen Frauen während der Balkankriege sensibilisierten die Weltöffentlichkeit bezüglich dieser sexuellen Gewalttaten. Historisch betrachtet wird sexuelle Gewalt immer wieder als Waffe eingesetzt, um Menschen aus ihrer Heimat zu vertreiben, um Völker zu demütigen und zu vernichten und um Menschen zu terrorisieren. Gerade in Kriegsregionen wie der Demokratischen Republik Kongo, Sierra Leone, dem Sudan, Liberia und in jüngster Zeit in Syrien, dem Irak, Afghanistan und Libyen

werden immer häufiger Vergewaltigungen als eine perfide Form der Kriegsführung eingesetzt.

Im Jahre 2008 wurde von den Vereinten Nationen die „Resolution 1820" verabschiedet, die zu einer Institutionalisierung eines Sonderbeauftragten des Generalssekretärs der UN führte, der seitdem in einem jährlichen Bericht über sexuelle Gewalttaten innerhalb von kriegerischen Konflikten berichtet. Die Berichte zeigten unter anderem, dass Vergewaltigung immer häufiger als eine Form der Kriegsstrategie zur Demütigung und Demoralisierung des Gegners eingesetzt wird. Zudem wurde deutlich, dass zum Beispiel der Islamische Staat und andere Extremisten sexualisierte Gewalt gegenüber Frauen nutzen, um die Gleichstellung der Geschlechter aus ideologischen Gründen zu verhindern. Dieses Handeln kann somit auch als eine Ausprägungsform eines geschlechtsbezogenen Sozialrassismus bezeichnet werden.

Wenige Tage später erlebe ich auf einer internationalen Tagung, zu der alle vor Ort tätigen NGOs eingeladen wurden, einmal mehr, was die Menschen hier durchmachen müssen. Auf der Tagung in Ljubljana, der Hauptstadt von Slowenien, geht es um den Bürgerkrieg in Bosnien-Herzegowina und die Möglichkeiten einer Intervention durch den Westen, also durch die NATO. Plötzlich steht ein Teilnehmer auf. Selbst ein Geflüchteter, der sich in einer zivilen Hilfsorganisation für die Opfer des Bürgerkrieges engagiert. Er appelliert eindringlich an die Anwesenden: „Ihr [die westlichen demokratischen Nationen] sagt uns immer wieder, wir müssten verhandeln. Wir verhandeln, währenddessen wird unser erstes Kind in diesem Krieg getötet. Ihr sagt wieder, wir müssten verhandeln. Da wird unser zweites Kind getötet. Ihr sagt immer noch, wir müssten verhandeln. Da wird unser drittes Kind getötet. Wir haben nichts mehr, über das es sich zu verhandeln lohnt, da während dieses Verhandelns ständig getötet und gemordet wird."

Er spricht sich für eine militärische Intervention der NATO-Mächte zum Schutz der Bevölkerung von Bosnien-Herzegowina aus. Und ich kann ihn verstehen – zu meinem eigenen Erstaunen. Eigentlich war ich überzeugter Kriegsgegner. Ich war gegen militärische oder wie auch immer gerechtfertigte Einsätze und Interventionen. Dies ändert sich nun nach den vielen Berichten über all die Gräueltaten, die in diesem Konflikt begangen wurden und werden. Militärische Aktionen zum Schutz der Zivilbevölkerung sind leider eine Notwendigkeit, um das Sterben von Kindern, von Frauen, von alten Menschen, von Männern zu beenden. Eine bittere Erkenntnis, die mich an einer Grundhumanität, die – wie ich dachte – in jedem Menschen vorhanden sein sollte, zweifeln lässt.

Mit vielen Fragen, Zweifeln, mit Traurigkeit und Melancholie in mir fahre ich nach drei Wochen zurück ins sichere Deutschland – nur gefühlte Augenblicke von diesem Kriegsschauplatz entfernt.

Ich erfuhr von den Ängsten und Erfahrungen der Ärzte während der Bombardierungen von Bagdad im Ersten Golfkrieg und von den brutalen Erfahrungen vieler aus dem ehemaligen Jugoslawien geflüchteter Menschen. Der direkte Kontakt und Austausch mit diesen Menschen aus einem anderen Kulturkreis, das Kennenlernen ihrer Erlebnisse, Ängste, Ansichten und Träume, führten zur Konfrontation mit meinen eigenen Vorurteilen. Dies wiederum ist die Basis für eine differenzierte, respektvolle und von gegenseitiger Wertschätzung geprägte Begegnung. Ich habe jedenfalls viel gelernt. Letztendlich ist dies ein Weg zur Verinnerlichung einer transkulturellen Sensibilität: nicht über, sondern mit Menschen zu reden.

Die andere Seite der Religionen

Die Intoleranz
derer,
die vorgeben,
die wahren Vertreter
der einzelnen Religionen
zu sein,
ist der Nährboden
für akzeptierte Gräueltaten
der Menschheit.

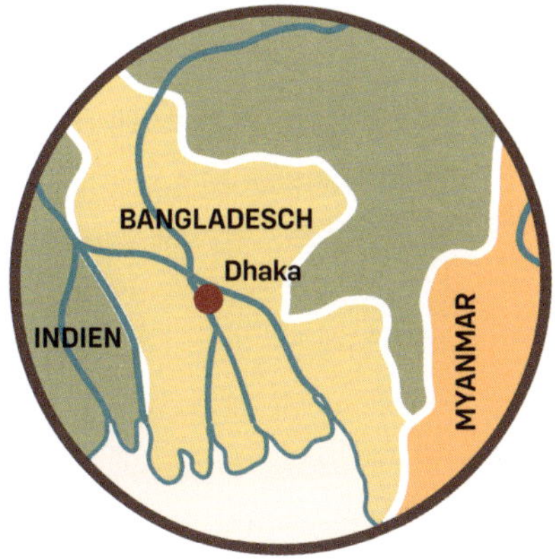

BANGLADESCH –

Ein Zugunglück im Slum

1995 in den Slums von Dhaka. Ich nehme an einem ärztlichen Hilfseinsatz der zivilgesellschaftlichen Hilfsorganisation *Ärzte für die Dritte Welt*, die jetzt *German Doctors* heißt, in einem der ärmsten Länder der Welt teil. Ich arbeite in einem der größten Slums der Stadt, in Mogbazar, wo damals 10.000 Menschen leben. Diese Slums sind im Prinzip auch eine Art Flüchtlingslager, denn die Menschen flüchten in die Metropolen des Landes, um dort irgendwie mit den vielen anderen Betroffenen zu versuchen zu überleben. Sie flüchten vor existenziell bedrohender Armut, die oft durch Naturkatastrophen verursacht wird, die Land unbenutzbar machen für den Anbau von Lebensmitteln oder die Haltung von Vieh.

Wir bieten hier in einer Bambushütte eine ärztliche Sprechstunde für die Slumbewohner an. Es ist nicht ganz leicht für uns verwöhnte Europäer, die Hitze, die zahlreichen Fliegen und oft auch den beißenden Gestank, der dort herrscht, zu ertragen. Zudem ist es sehr laut, da in unmittelbarer Nähe Züge fahren, denn die Bahngleise führen quasi durch diesen Slum.

Wie immer arbeiten oder spielen Kinder und Erwachsene auf diesen Gleisen. Erst wenn sie das Warnsignal eines heranrasenden Zuges hören, verlassen sie diesen gefährlichen Ort. Die Geschichte des kleinen Ozim, den ich in hier kennenlerne, berührt mich ganz besonders.

Wie wir später erfahren, spielt Ozim, ein kleiner bengalischer Junge, der zusammen mit seinen vier Geschwistern schon lange in diesem Armutsviertel lebt, wie so oft auf den Bahngleisen. Er hört das Warnsignal des Zuges und will von den Gleisen gehen. Der Zug kommt immer näher. Plötzlich sieht Ozim, dass seine kleine 4-jährige Schwester Reija immer noch auf den Gleisen sitzt. Er springt schnell zurück ins Gleisbett, um seine kleine Schwester vor dem herannahenden Zug zu retten. Dabei achtet er nicht darauf, dass in der Gegenrichtung auch ein Zug näher kommt. Dieser Zug erfasst Ozim und schleudert ihn mehrere Meter durch die Luft. Seine kleine Schwester kann sich noch selbst durch einen Sprung retten, Ozim aber liegt schwer verletzt auf dem Boden. Er blutet am Kopf und ist bewusstlos. Hunderte von Menschen laufen blitzschnell zusammen und bringen den Jungen auf unsere Bitte hin sofort in unsere Arzthütte.

Wir können zunächst nur den Kreislauf stabilisieren. Seine starken Schmerzen können zu einem Schock und Zusammenbruch des Herz-Kreislauf-Systems führen. Meine deutschen Kollegen schauen mich ängstlich an. Sie haben jedoch nicht nur Angst wegen des kritischen Zustands des Jungen, sondern vor den etwaigen Konsequenzen durch enttäuschte Bewohner des Slums, sollten wir dem Jungen nicht helfen können. Etwas irritiert entscheide ich mich dazu, den Jungen trotzdem weiterzubehandeln. Aus Angst vor einer wütenden Menge gar nichts zu tun, ist für mich keine Option. Ich verbinde seinen Kopf und schiene sein gebrochenes rechtes Bein. Der Vater des Jungen schaut mich aus sorgenvollen Augen an. Wir sprechen nicht dieselbe Sprache, aber jetzt sind auch keine Worte nötig, um einander zu verstehen.

Nachdem wir den Jungen versorgt haben, muss er schleunigst in ein Krankenhaus gebracht werden. In Bangladesch gibt es aber kaum Krankenwagen und in ein Armutsviertel fährt ein solches Auto sowieso nicht. Also rufen wir ein Baby-Car, eine Art Motorroller mit zwei Hinterrädern und überdachter Sitzbank. Wir schicken den Vater mit seinem Kind rasch ins nächstgelegene Krankenhaus und hoffen, dass alles gut wird.

Am nächsten Tag erfahren wir, dass Ozim im Krankenhaus aufgenommen wurde und es ihm wieder ganz gut gehen soll. Eine Woche später ist er schon wieder zurück im Slum. Die Kopfverletzungen sind „nur" Schnittwunden und das Bein ist zwar zweimal gebrochen, tut – in einen Gips gesteckt – aber nicht mehr weh. Ozim sitzt auf dem Boden der kleinen Bambus-Lumpenhütte, als wir wieder Sprechstunde haben. An den Unfall kann er sich gar nicht mehr richtig erinnern. Er macht einen zufriedenen Eindruck, aber ein bisschen ängstlich schaut er uns schon noch an. Viele Kinder in Bangladesch haben ein wenig Angst vor den „weißen Doktors". Wahrscheinlich, weil es für sie befremdlich ist, Menschen mit einer anderen Hautfarbe zu sehen, die auch noch eine andere Sprache sprechen. Aber je öfter wir Ozim besuchen, desto weniger Angst hat er, und schließlich lacht er immer, wenn er uns sieht.

Ozim und seine Familie sind von weit her nach Dhaka gekommen. Sie haben früher als Bauern auf dem Land gelebt. Eine Flutkatastrophe hat ihr ganzes Feld einfach weggespült. Ozims Vater entschloss sich daraufhin, mit der ganzen Familie nach Dhaka zu gehen, um dort Arbeit zu suchen.

Sie sind Binnenflüchtlinge, wie es sie immer häufiger in besonders armen Ländern gibt, vertrieben oft durch solche Naturkatastrophen, die ihnen die Lebensgrundlage nehmen. In Dhaka angekommen hatten sie keine Wohnung. Sie lebten über ein halbes Jahr am Straßenrand ohne ein Dach über dem Kopf. Seit einem Jahr leben sie nun in dem Armutsviertel. Ozim meint, dort gebe es viele Spielkameraden, außerdem könne man von dem neuen Brunnen immer Wasser holen und in ihrer Lumpen-Bambushütte sei es auch ganz schön, wenn auch ein wenig eng. Eine richtige Schule gibt es in Mogbazar nicht. Ozim würde gerne in die Schule gehen, um etwas zu lernen und dann später leichter und besser bezahlte Arbeit zu finden. Am liebsten würde er aber wieder zurück aufs Land ziehen, wo die Großeltern noch leben.

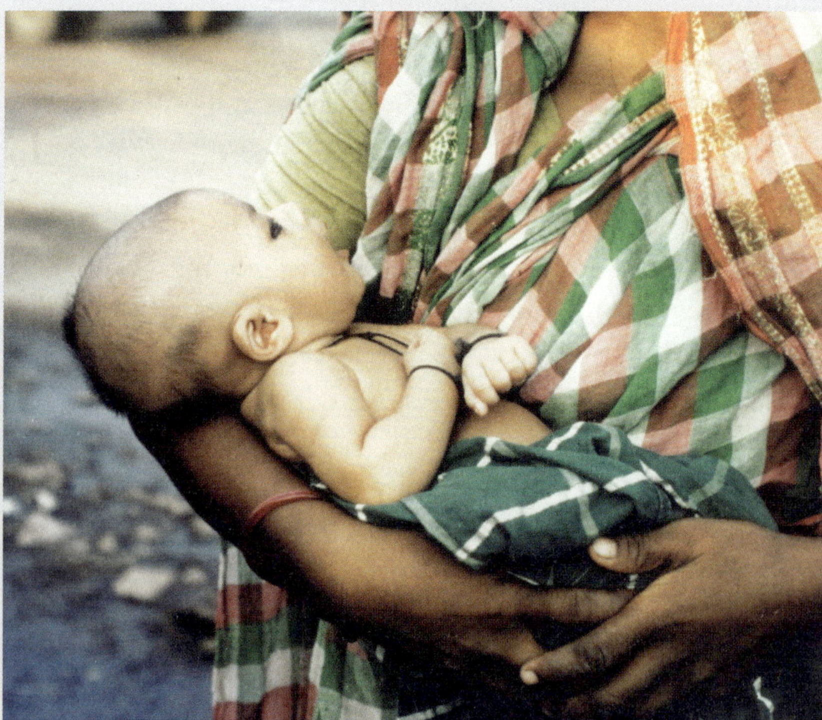

AFGHANISTAN –

Der Krieg lebt, die Menschen sterben

2001 in Mile 46, einem afghanischen Flüchtlingslager mitten in der Wüste. Kurz nach dem 11. September 2001, einem Datum, das wohl alle damals erwachsenen Menschen nie mehr vergessen werden, nehme ich an einem Hilfseinsatz der Organisation *Humedica* in Afghanistan teil. In genau dem Land also, in dem man Osama bin Laden, den Urheber dieses die Welt verändernden, terroristischen Anschlags auf das World Trade Center in New York vermutet. Gerade in dieser Zeit, die von Wut und Aggression gegenüber Muslimen geprägt ist, ist es mir wichtig, die Menschen, die vor dem Bürgerkrieg und den Taliban in Afghanistan fliehen müssen, vor Ort medizinisch zu versorgen und somit ein Zeichen der Solidarität zu setzen. Das Konzept von *Humedica e.V.* beinhaltet, in kurzen Worten formuliert, eine schnelle Akuthilfe in Krisenregionen durch Ärzteteams, die sich nach zwei bis drei Wochen Tätigkeit überlappend ablösen sollen. Entscheidend ist die kurzfristige und schnelle Verfügbarkeit von ÄrztInnen, die aufgrund der kurzen Einsatzdauer eher realisierbar ist.

Mile 46 liegt an der iranischen Grenze im Südwesten Afghanistans. Im Dezember 2001 ist die Zahl der Flüchtlinge von ca. 800 auf 5.000 angestiegen und täglich kommen 150–250 Menschen hinzu. Die Zeltstadt, bestehend aus 400 Zelten, liegt in einer kargen, lebensfeindlichen Region.

Dass Lager für geflüchtete Menschen in lebensbedrohenden Regionen platziert werden, ist mir bereits von vorigen Einsätzen bekannt. Kilometerweit sieht man nichts als Sand und Steine, keinen Baum, kein grünes Fleckchen, kein natürlich vorkommendes Wasser. Die nächste Stadt auf afghanischer Seite liegt ca. 90 km entfernt in Richtung Kandahar. Obwohl auf afghanischem Territorium liegend wird es vom *Iranischen Roten Halbmond* versorgt. Es gibt täglich Nahrung und Wasser und sogar Strom, aber nur 25 Latrinen und eine einzige Waschstelle – für 5.000 Menschen! Das Areal um die Latrinen ist voll mit Kot und Urinlachen, der Gestank wird immer beißender, je mehr man sich den Latrinen nähert. Die einzelnen Zelte sind mit Decken und jeweils einem Petroleum-Heizöfchen ausgestattet. Tagsüber steigen die Temperaturen bis 25° C an, während sie in der Nacht bis nahe an den Gefrierpunkt absinken. Ohne Decken und Wärmequellen ist ein Überleben kaum möglich. Die durch das Heizen freigesetzten Kohlenmonoxid-Gase werden ungefiltert in das Zeltinnere abgegeben.

Bevor wir hier endlich mit unserer medizinischen Tätigkeit beginnen können, müssen wir einen bürokratischen Hürdenlauf, eine Odyssee notwendiger „permissions“, durchlaufen: Als wir in Teheran ankommen, müssen die angemeldeten Medikamente zunächst noch vom Flughafen-Zoll genehmigt werden. Dafür müssen wir eine Stunde lang ungefähr 20 offizielle Stellen kontaktieren, 15 Unterschriften und ca. 10 Stempel einholen – Comedy live. Dann sollen wir zur Zentrale des *Iranischen Roten Halbmondes*, zur iranischen Flüchtlingshilfe, zum *UNHCR*[3] usw. gehen. Nachdem wir die vielen administrativen Hürden bewältigt haben, dürfen wir von Teheran nach Zahedan, der Hauptstadt des iranischen Teils der Provinz Belutschistan, weiterfliegen. Die Provinz liegt in der Grenzregion von Iran, Pakistan und Afghanistan. In Zahedan gelandet, geht es mit einer zweistündigen Autofahrt weiter zu der Grenzstadt Zābol. Hier erwartet uns ein ähnlicher Hürdenlauf wie zuvor am Flughafen, doch schließlich haben wir alle Genehmigungen für den Grenzübertritt und die Rückkehr sowie eine Tätigkeitserlaubnis.

Mit viel Glück und Verhandlungsgeschick finden wir endlich auch einen Dolmetscher und Taxifahrer. Es folgt eine einstündige Fahrt ins Flüchtlingscamp, auf der wir mehrere iranische Kontrollstationen passieren. Die afghanische Grenze besteht aus einem Mudschahidin-Kontrollposten mit zwei funktionsunfähigen Lkws, einem von den Taliban eroberten Panzerspähwagen, einer von der ehemaligen Sowjetunion eroberten Artilleriestellung und Trümmerteilen eines abgeschossenen Hubschraubers.

Wir fahren ins Lager, das wie eine Fata Morgana plötzlich am Horizont aus dem Nichts auftaucht. Dort angekommen stellen wir uns dem Flüchtlingslagerleiter vom *Iranischen Roten Halbmond* vor und richten unsere Sprechstunde in dem uns zugeteilten Zelt ein. Das Zelt ist ca. 16 qm groß. Unsere Ankunft spricht sich schnell herum und schon bald warten die ersten Patienten vor unserem Zelt.

An den folgenden Tagen behandeln wir täglich 80–100 Menschen. Männer, Frauen, Kinder, Mudschahidin, Mitarbeiter des *Iranischen Roten Halbmondes* usw. „Wir", das sind eine Krankenschwester und zwei Ärzte. Frauen dürfen wir nur im Beisein der Ehemänner untersuchen. Zwar darf ich das Stethoskop nur auf der Kleidung und nicht auf der Haut platzieren, aber immerhin dürfen wir zumindest ansatzweise so etwas wie eine körperliche Untersuchung durchführen. Viele Frauen klagen über Ganzkörperschmerzen, die sicherlich auch in vielen Fällen auf eine psychosomatische Genese hindeuten.

Die häufigsten Erkrankungen sind parasitäre Erkrankungen aufgrund von Wurminfektionen, Infektionen der Atmungsorgane, Lungenentzündungen, Tuberkulose, Hauterkrankungen wie Krätze, Läuse, Schuppenflechte, Pilzhauterkrankungen und bakterielle Hauterkrankungen, Erkrankungen des Magen-Darm-Traktes oder scheinbar psychosomatische und psychiatrische Erkrankungen. Darüber hinaus behandeln wir Menschen mit multiplen Schmerzen unklarer Genese, Mittelohrentzündungen in allen Schweregraden, Zahnerkrankungen, Bluthochdruck und Patienten mit Herzinfarkt, aber auch klassische Erkrankungen der Tropen, wie z. B. Malaria. Nach der Anamnese, bei der wir von unserem Dolmetscher in Farsi oder belutschicher Sprache unterstützt werden, und einer körperlichen Untersuchung teilen wir die notwendige medikamentöse Therapie direkt aus. Patienten mit ernsten, nicht ambulant behandelbaren Erkrankungen werden in ein iranisches Hospital eingewiesen. Patienten mit chronischen oder kontrollbedürftigen Krankheiten bekommen ein internationales Krankenblatt ausgehändigt und werden wieder einbestellt.

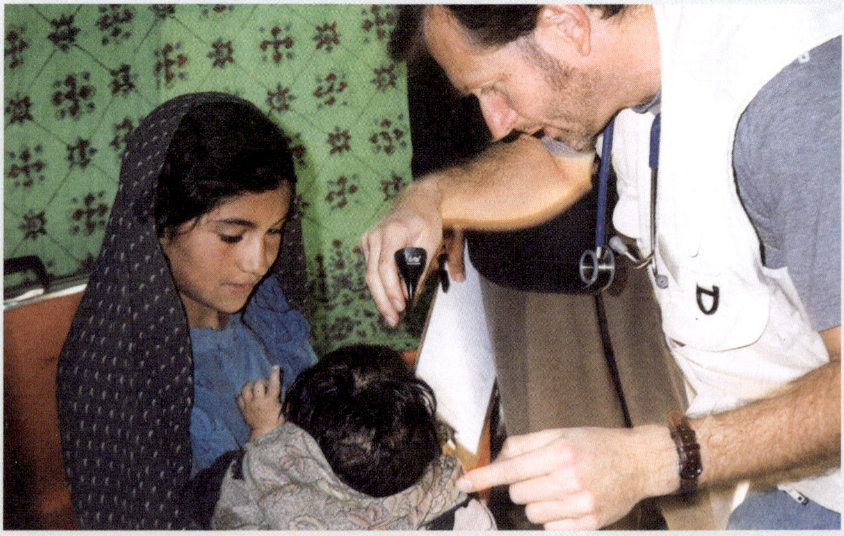

Das Lager besitzt drei medizinische ärztliche Anlaufstellen. Französische Kollegen von *Ärzte ohne Grenzen* mit dem Schwerpunkt auf der Behandlung von Frauen und Kindern, ein iranischer Kollege und wir. Es wird sehr schnell deutlich, dass eine ständige Kommunikation und Kooperation mit notwendiger Arbeitsteilung dringend erforderlich sind. Denn plötzlich werden neu ankommende Flüchtlinge vom *Iranischen Roten Halbmond* einfach nicht mehr ins Lager gelassen und müssen ungeschützt und ohne Versorgung außerhalb des Camps versuchen zu überleben.

Die Mitarbeiter von *Ärzte ohne Grenzen* kommen zu unserem kleinen Behandlungszelt und wir diskutieren die neue Situation. Sie wollen eventuell die Arbeit vorübergehend einstellen, falls der *Iranische Rote Halbmond* dieses repressive Verhalten beibehält. Wir erklären uns solidarisch und unterstützen das Vorgehen der französischen Ärzte. Am nächsten Tag erfahren wir, dass in der vergangenen Nacht zwei Kinder im Lager verstorben sind und ein Kind außerhalb des Camps erfroren ist. Zum Glück zeigt unsere Drohung Wirkung, sodass die Neuankommenden nun wenigstens wieder ins Lager gelassen werden.

Aber auch Skurriles erlebe ich hier an der afghanisch-iranischen Grenze. Ich kann mich noch genau an eine Begegnung mit einem der Mudschahidin – einem islamischen Widerstandskämpfer – in unserem Ambulanzzelt erinnern: Er gab uns zu verstehen, dass er mehrere Frauen habe und seit geraumer Zeit unter Potenzproblemen leide. Ich atme damals tief durch und denke: „Jetzt nur nichts falsch machen!" Ich erfahre, dass er unter Bluthochdruck leidet, was bei den meisten Mudschahidin der Fall ist, und dagegen Betablocker einnimmt. Zusätzlich haben viele von ihnen Magenprobleme im Sinne einer Magenschleimhautentzündung oder eines Geschwürs. Krieg ist eben Stress!

Ich setze also sein Medikament, das zu Potenzproblemen führen kann, ab und gebe ihm ein anderes, um den Blutdruck zu senken. Die Folge: Es kommen immer mehr Mudschahidin in unsere Sprechstunde und unser Patient, ein Anführer in dieser Region, lädt uns zum Tee in seine Militärstellung ein. Was sagt uns das? Die Männer sind auf der ganzen Welt gleich, oder auch: Ganz einfache menschliche (männliche) Probleme gibt es auch im hintersten Afghanistan in einer uns fremden Kultur, mitten im Krieg.

Neben diesem Mudschahidin werde ich einen aus Kabul geflohenen Mann nie mehr vergessen. Er kommt eines Tages in unser Ambulanzzelt und zeigt uns Röntgenbilder des Oberschenkels seiner Frau. Auf diesen Bildern ist eine totale Oberschenkel-Fraktur leicht zu erkennen. Da er unsere Nachfragen hinsichtlich der eingeleiteten Therapie nicht adäquat beantworten kann, gehen wir mit ihm in sein Zelt und finden seine Frau unbehandelt im siebten Monat schwanger auf dem Boden liegend. Wir führen als Erstes eine Schmerztherapie durch, soweit dies möglich ist, und veranlassen den sofortigen Transport in ein iranisches Krankenhaus. Welcher Arzt hat diese Frau untersucht, geröntgt und dann unbehandelt wieder zurück ins Lager geschickt?

Am Abend erfahren wir auf einem Treffen aller vor Ort tätigen NGOs beim *UNHCR*, dass der Streit um die Kostenübernahme der Behandlung des Öfteren zu solchen Situationen führt. Glücklicherweise kann ich mit den anwesenden Vertretern des *Iranischen Roten Halbmondes* sofort klären, dass es für solche Fälle eine seit Wochen schon existierende Abmachung mit dem *UNHCR* gibt, die die Kostenübernahme regelt. Ich werde eineinhalb Jahre später in Angola wie durch ein Wunder von dem weiteren Behandlungsverlauf der Frau erfahren.

An unserem letzten Tag fegt ein mittelschwerer Sandsturm über das Flüchtlingslager. Sofort befindet sich überall in unserem Behandlungszelt Sand. Auf den Medikamentendosen, auf Otoskop und Stethoskop liegt ein feiner Sandschleier, wir spüren an unserem Körper überall den Sand, doch die Patienten harren vor unserem Zelt unter schwierigsten Bedingungen aus, bis sie endlich an der Reihe sind.

Es war mein erster Hilfseinsatz in einem Flüchtlingslager in Asien. Zuvor hatte ich zwar in asiatischen Slums gearbeitet, aber das war nicht vergleichbar. Die faszinierende ethnische Vielfalt der Patienten, aber auch die augenscheinlich eklatanten Unterschiede, was den Gesundheits- und Ernährungszustand der Menschen anging, haben mich schwer beeindruckt. Viele Kinder befanden sich in einem außerordentlich schlechten Zustand. Besonders betroffen machte uns der apathische und depressive Ausdruck der Mädchen und jungen Frauen. Sie wirkten verloren, hilflos, ohne Hoffnung und Zukunft. Die Vergangenheit und die fundamentalistische Auslegung des Islam den Frauen gegenüber haben hier deutliche Wunden und Narben hinterlassen, die durch keine medikamentöse Therapie heilbar sind. Man kann nur erahnen, was sie erleiden und erdulden mussten und vielleicht immer noch müssen.

War das, was wir dort getan haben, also überhaupt sinnvoll und nützlich? Die konkrete medizinische Versorgung dient in erster Linie der Existenzsicherung für einen gewissen Zeitraum in der Hoffnung, dass sich die grundlegenden Lebensumstände ändern werden. Vor Ort ergibt diese Form der ärztlichen Versorgung natürlich nur Sinn, wenn parallel hierzu präventiv gearbeitet wird. Die Versorgung mit Wasser und Nahrung, und zwar ausreichender sinnvoller Nahrung, muss gewährleistet sein. Es müssen die hygienischen Ver-

hältnisse verbessert werden. Es müssen ausreichend viele Latrinen und Waschmöglichkeiten vorhanden sein und die Menschen müssen hinsichtlich hygienischer Standards geschult werden. Es muss dementsprechend ein Gesamtkonzept notwendiger Maßnahmen erstellt und in Absprache mit den einzelnen vor Ort tätigen NGOs umgesetzt werden. Kommunikation und Kooperation sind notwendig, Konkurrenz hat hier keinen Platz.

Der Symbolcharakter humanitärer Hilfe vor Ort, die persönlichen zwischenmenschlichen Begegnungen sind ebenfalls bedeutsam. Zu erleben, dass Helfer von sehr weit hergekommen sind, um ihnen, den allzu oft zu schnell vergessenen Opfern von Krieg und Terrorismus, zu begegnen und vielleicht ein wenig in dieser fast unerträglichen Lebenssituation zu helfen, hat für sich allein genommen schon einen Stellenwert.

Dass Christen nicht nur mit Gewalt assoziiert werden, sondern auch versuchen, Muslime in ihrer Not zu begleiten und zu helfen, ist mehr als ein symbolhaftes Zeichen. Dies wurde uns in vielen Gesprächen mit muslimischen Mitmenschen immer wieder bestätigt.

Das Sensibilisieren der Menschen in meiner Heimat, in Deutschland, in Europa, für die Lebenssituation der Menschen in Afghanistan ist immer wieder aufs Neue sinnvoll und notwendig.

Zum Schluss bleibt die Frage, oder sollte man es schon als eine Feststellung bezeichnen, ob man mit Stethoskop (medizinischer Versorgung) und Kreidetafel (Bildung) nicht mehr gegen die Wurzeln des Terrorismus ausrichten kann als mit Gewehrkugeln und Bomben?!

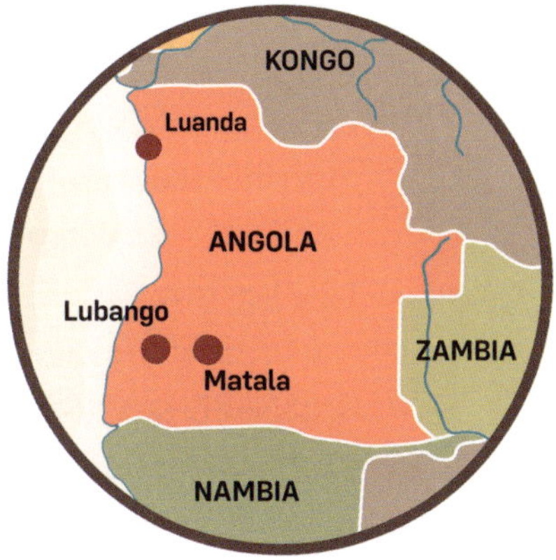

ANGOLA –

Der Tod gehört zum Alltag

2003 in Matala. Kurz nach dem offiziellen Ende des seit Jahrzehnten dort herrschenden Bürgerkrieges versuchen wir mit einfachsten Mitteln, die vom Bürgerkrieg gezeichneten Menschen medizinisch zu versorgen. Hierfür sind wir mit einem Ärzte- und Krankenpflegeteam der Hilfsorganisation *Humedica* in verschiedenen Flüchtlingslagern und einem Krankenhaus im Einsatz.

Die vielen kriegerischen Auseinandersetzungen in Afrika, die sogenannten Bürgerkriege, haben sehr oft mit der Kolonialpolitik und den sich daraus ergebenden Abhängigkeiten und Unterdrückungs- sowie Diskriminierungsmechanismen zu tun. Dies hat sich in all den Jahren nicht wirklich verändert, immer noch fällt der afrikanische Kontinent europäischen, US-amerikanischen, chinesischen und russischen Wirtschaftsinteressen zum Opfer. Zu schnell werden die daraus entstehenden Konflikte als das Resultat der in Afrika üblichen Korruption sowie der dortigen Mentalität diffamiert, während der globale Zusammenhang und die Ursachen, die in Wirtschaftsinteressen zu suchen sind, außer Acht gelassen werden.

Angola ist zum Beispiel ein Land mit großen Diamantvorkommen. Unter anderem europäische Länder beuten diese Vorkommen aus und nehmen daraus resultierende inländische Konflikte in Kauf bzw. befeuern sie, um diese innenpolitische Schwächung für sich gewinnbringend zu nutzen. Zurzeit ist die natürliche Ressource der „Seltenen Erden“ (Seltenerdmetalle), auch das Gold des 21. Jahrhunderts genannt, eine neue Ausbeutungsware, die knapp und unersetzbar ist. Naturstoffe wie zum Beispiel Lithium, Neodym, Europium, Erbium oder Scandium sind quasi die Grundlage des weltweiten digitalen Fortschritts. Insbesondere die Industrienationen verlangen nach diesen Schlüsselkomponenten für Computer, Batterien, Smartphones, Lasergeräte, Elektroautos usw.

Angola – wieder ein Land, das vom Bürgerkrieg und dem vergangenen Ost-West-Konflikt ausgezehrt und in weiten Teilen einer belastbaren Infrastruktur beraubt wurde. Wieder sind es die Vertriebenen, Hunderttausende von geflüchteten Menschen, die hungern und zusammengepfercht in Flüchtlingslagern weitgehend ohne medizinische Versorgung versuchen zu überleben. Im April 2003 haben Rebellen und die Regierung in Angola ein Friedensabkommen geschlossen. Inzwischen ist es zum Teil wieder möglich, Regionen zu erreichen, die während des Bürgerkrieges nicht versorgt werden konnten. Eine Gefahr aber bleibt: Weltweit ist wohl kaum ein Land so übersät mit Personenminen wie Angola.

Die Anreise zu unserem Einsatzort ist voller Hindernisse: Wir starten in Frankfurt, fliegen über Johannesburg nach Luanda, in die Hauptstadt Angolas. Der Weiterflug nach Lubango morgens um fünf Uhr ist jedoch nicht möglich, weil das Flugzeug offenbar völlig überbucht ist. Man setzt uns also auf eine Warteliste für den nächsten Tag – Diskussion zwecklos! Die Deutsche Botschaft nennt uns eine Kontaktperson, die uns bei der Organisation des

Weiterfluges unterstützen soll, doch der Kontaktmann erleidet einen Malariafieberanfall und ist ans Bett gefesselt. Trotz allem sitzen wir irgendwann endlich im Flugzeug nach Lubango. Nach einer anschließenden katastrophalen fünfstündigen Autofahrt erreichen wir endlich das Ziel unserer Reise: Matala.

Nun beginnt die eigentliche Arbeit. In den Lagern herrschen Armut, Verwahrlosung, Krankheit. Jeder Arzt behandelt etwa 80 bis 100 Patienten pro Tag. Auch hier behandeln wir vor allem parasitäre Erkrankungen, Erkrankungen der Atmungsorgane, Hautkrankheiten wie Krätze, Schuppenflechte und bakterielle Infektionen der Haut und Mangelerkrankungen.

Im Krankenhaus hingegen dominieren die schwereren Fälle. Die Versorgungslage ist schlecht, ein Angolaner wird derzeit im Durchschnitt lediglich 38 Jahre alt. Es vergeht kaum ein Tag, an dem nicht ein Patient, darunter viele Kinder, an einer zu spät erkannten oder behandelten Malaria oder an sonstigen Infektionen stirbt. Der Tod gehört zum Alltag. Das belastet uns mitteleuropäische Ärzte sehr, denn auch wir sind mangels diagnostischer und therapeutischer Mittel oft hilflos. Kinder, die wahrscheinlich aufgrund einer zerebralen Malaria krampfen, sind am folgenden Tag tot. Ein verzweifelter Mann spendet für seine Frau Blut. Wir versuchen ihre Malaria und Sepsis und Lungenentzündung „blind" zu behandeln. Ohne Erfolg! Die Frau stirbt noch in der folgenden Nacht.

Verordnete Medikamente müssen die Patienten oder ihre Angehörigen in einer nahe gelegenen Apotheke besorgen. Viele Familien können sich dies jedoch nicht leisten, also bekommt der Patient oder die Patientin im Zweifel keine Medikation. So „einfach" ist dies in vielen Regionen dieser Erde und besonders eben auch hier in Afrika. Die Verpflegung der Patienten obliegt ebenfalls den Angehörigen. Wir machen mehrfach die Erfahrung, dass eine Familie eine Krankenhauseinweisung ablehnt, weil sie nicht für die Verpflegung sorgen kann oder andere Familienangehörige, wie zum Beispiel Kinder, ansonsten unversorgt blieben.

Operationen sind nicht möglich. Ein Mann wird von seinen Verwandten mit einem Lungendurchschuss ins Krankenhaus gebracht. Die Schwestern verbinden die Wunde, wir legen eine Infusion mit schmerzstillenden Medikamenten und verabreichen Antibiotika gegen die sehr wahrscheinlich auftretende bakterielle Infektion der Einschusswunde. Mehr können wir im Augenblick nicht tun. Am darauffolgenden Tag wird unser Patient mit seiner Schussverletzung von Freunden in einem Pick-up zum nächstgelegenen größeren Krankenhaus gefahren. Ob er die Verletzung überleben wird?

In Angola gehören Pistolen, Kalaschnikow-Gewehre, zerschossenes militärisches Gerät und Minenopfer zum Alltag, wie schon bei meinem Hilfseinsatz im Dezember 2001 in Afghanistan. Es ist erstaunlich, wie schnell ich mich an diesen Anblick „gewöhnt" habe. Obwohl man sich niemals daran gewöhnen darf!

Ein Soldat, den ich behandle, berichtet über die verschiedenen Funktionsweisen von Minen. Einige seien beispielsweise so konzipiert, dass sie „nur" den Unterschenkel desjenigen zerfetzen, der auf sie trete. Er solle überleben, aber mit dieser schweren Verletzung, eventuell mit einer Amputation, als abschreckendes und angsteinflößendes Beispiel gegenüber dem Feind wirken. Menschliche Perversion in grausamer Vollendung! In einem besonders gefährdeten Ort legt man uns nahe, die Fußpfade und sonstigen Wege nicht zu verlassen, da überall noch Minen vermutet werden. Der ununterbrochene Einsatz von zwei Minenentschärfungsfahrzeugen untermauert diese Gefahr.

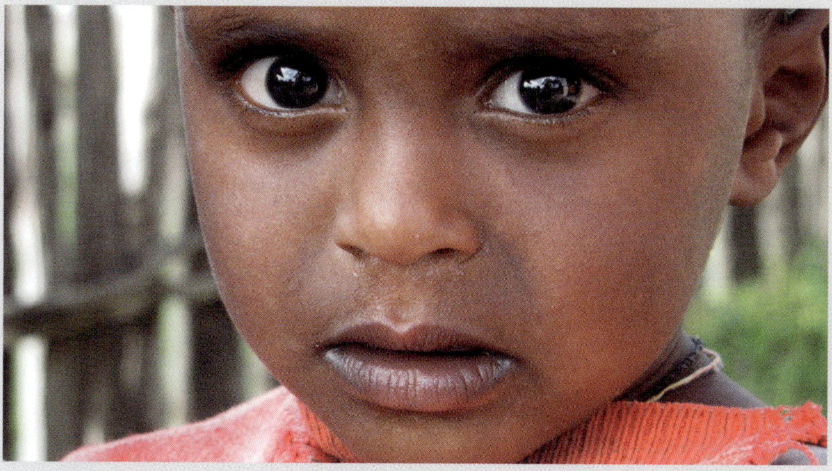

Auch wenn unsere medizinische Hilfe zeitlich begrenzt und sporadisch ist, spüren wir doch immer wieder, dass die betroffenen Menschen diese Hilfe gerne annehmen und sie als Zeichen der Anteilnahme verstehen und merken, dass sie nicht vergessen worden sind. Unser angolanischer Dolmetscher fragt uns, wie lange es unserer Ansicht nach dauern werde, bis man in Angola wieder ein normales Leben führen könne. Darauf haben wir keine Antwort. Es dürfte Jahre, wenn nicht Jahrzehnte dauern. Wir spüren die Sehnsucht des Mannes nach Frieden, Normalität und der Möglichkeit, eine ganz normale berufliche Ausbildung absolvieren zu können. Vielleicht kann die Anteilnahme der europäischen Öffentlichkeit mit dazu beitragen, dass der Wunsch dieses jungen Angolaners früher in Erfüllung geht, als man befürchten muss.

Aber es gibt auch Hoffnung. Zum einen stelle ich im Gespräch mit einem Kollegen fest, dass ein Bericht über meinen Hilfseinsatz in Afghanistan im Deutschen Ärzteblatt ihn zu diesem Einsatz in Angola bewegt hat. Öffentlichkeitsarbeit kann sensibilisieren und Hilfe mobilisieren – das motiviert mich. Zum anderen erfahre ich von einer Kollegin, die nach mir in Afghanistan tätig war, dass eine im siebten Monat schwangere Patientin, die wir damals mit einer frischen Oberschenkelfraktur gegen den Widerstand des *Iranischen Roten Halbmondes*, aber mit Unterstützung des Flüchtlingshilfswerks der Vereinten Nationen in ein Krankenhaus eingewiesen hatten, dort operiert und versorgt worden war. Sie wurde im Anschluss an die stationäre Behandlung wieder ins Flüchtlingslager entlassen, in dem die ärztlichen Nachfolgeteams die Weiterbehandlung durchführten. Nur ein Einzelfall – aber ein individuelles Schicksal, das uns zeigt, dass eine gewisse Versorgungskontinuität trotz aller Mängel und widrigen Umstände vorhanden ist. Das sind schon mindestens zwei Tropfen auf den berühmten heißen Stein!

KRIEGSWURZELN

Eine Wurzel
der Macht des Krieges
ist der Glaube vieler Menschen,
dem Tod
von Freunden
einen Sinn zu geben,
ginge nur dadurch,
wieder zu töten.

Eine Wurzel
der Macht des Krieges
ist der Glaube vieler Menschen,
dass Intoleranz
eine Tugend ist.

Eine Wurzel
der Macht des Krieges
ist der Glaube vieler Menschen,
dass die Mächtigen wissen,
was sie tun.

Eine Wurzel
der Macht des Krieges
ist der Glaube vieler Menschen,
dass Leid, Not und Tod
nur die anderen trifft.

Eine Wurzel
der Macht des Krieges
ist der Glaube vieler Menschen,
dass Unterdrückung
Freiheit bringen kann.

Eine Wurzel
der Macht des Krieges
ist der Glaube vieler Menschen,
dass Hass
eine Kommunikationsform ist.

Eine Wurzel
der Macht des Krieges
ist der Glaube vieler Menschen,
dass das Reden
vom Frieden ausreicht,
den Krieg zu verhindern.

Eine Wurzel
der Macht des Krieges
ist der Glaube vieler Menschen,
dass man nichts
gegen den Krieg tun kann.

Eine Wurzel
der Macht des Krieges
ist der Glaube vieler Menschen.
Und wo sind die Wurzeln
der Macht des Friedens?

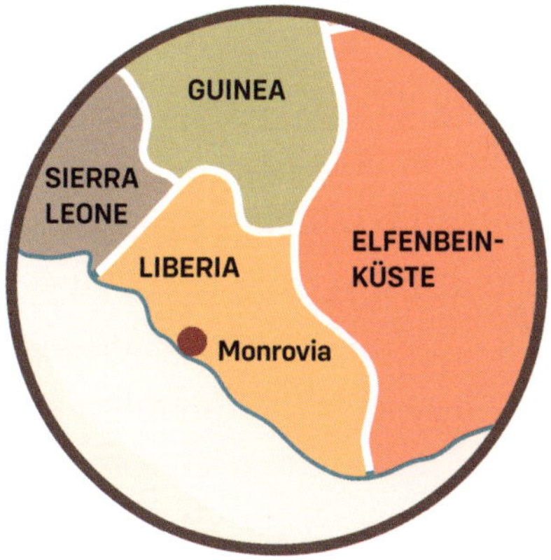

LIBERIA –

Das Krisenhinterhaus der Welt

2004 in Monrovia. In früheren Jahren muss die Hauptstadt Liberias eine prunkvolle westafrikanische Metropole gewesen sein. Eine Fahrt durch die Stadt lässt anhand der Überbleibsel von großen Prachtbauten und Villen die bessere Vergangenheit nur erahnen. Die Gegenwart sieht anders aus: Menschen, überall Menschen, zerschossene und zerfallene Häuser, Wellblechhütten, aus Bambus- und Stoffresten zusammengestückelte Behausungen, Berge von Dreck, Kontrollpunkte der nigerianischen *ECOMIL*[4]-Friedenstruppen, fliegende Händler, überflutete Straßen – Armut, die erdrückt. Monrovia quillt über vor Menschen, einheimischen und Hunderttausenden Flüchtlingen. Gerade noch das Leben vor den marodierenden Rebellen oder offiziellen Regierungstruppen gerettet, beginnt erneut der Kampf ums Überleben. Erneut bin ich mit *Humedica* unterwegs und versuche mit meinen Kollegen die Menschen in Unterkünften und zum Teil durch den Krieg stark beschädigten Kliniken medizinisch zu versorgen.

Die Masse an Geflüchteten – es sind 450.000 Menschen – übersteigt die vorhandenen Möglichkeiten einer geordneten Unterbringung und Versorgung bei Weitem. Zehntausende werden in Fußballstadien, in zerfallenen und zerschossenen Gebäuden, in Schulen oder auf öffentlichen Plätzen untergebracht. Im Fußballstadion, in dem noch vor Jahren 40.000 Zuschauer im Afrika-Cup der liberianischen Nationalmannschaft zugejubelt hatten, leben jetzt zehntausend Geflüchtete unter schwierigsten Bedingungen.

Sie haben sich aus Wellblechteilen, Bambusmattenresten und Stofffetzen notdürftige Behausungen gebaut. Tausende Menschen liegen in den Gängen des Stadions. Sie schlafen in diesen Gängen, Kinder schreien und spielen, Frauen schauen mit verlorenem Blick an uns vorbei, Männer sitzen lethargisch auf den Tribünenplätzen und beobachten das bunte Treiben auf dem zu Schlamm und Sand verkommenen Stadionrasen. *Ärzte ohne Grenzen* haben erste medizinische Versorgungsstrukturen eingerichtet: Außerhalb des Stadions werden in einem isolierten „Zeltdorf" die Cholerapatienten behandelt. Große Wassertanks wurden aufgestellt, Rohrleitungen mit Wasserausgabestellen sind teilweise verlegt. Nahrung wird von *UN*-Organisationen geliefert. In einem vom *Internationalen Roten Kreuz* betreuten Flüchtlingsauffanglager in einer Schule, in der die Schulräume als Schlafstätten und Wohnraum dienen, hängen zahlreiche Listen aus, auf denen die Namen vermisster Kinder oder Eltern stehen.

Da es immer noch relativ wenig zu essen gibt, müssen auch wir uns mit zwei Mahlzeiten pro Tag, bestehend aus Reis, einheimischem Gemüse, Bohnen, ab und zu Fisch oder Huhn und einigen Früchten, begnügen. Für verwöhnte Westeuropäer schon eine Umstellung, aber mit diesem Essen gehören wir eindeutig zu den Privilegierten. Zusätzlich setzt uns das extrem feuchtwarme Klima zu.

Unser Ziel ist ein kleines Hospital in Logan Town, einem Stadtteil Monrovias im früheren Rebellengebiet. Wir fahren durch zahlreiche Checkpoints der *ECOMIL*-Soldaten, vereinzelt assistiert von US-amerikanischen GIs. Die afrikanischen Soldaten sind schwer bewaffnet, an fast jedem Checkpoint steht ein Panzerspähwagen. Immer wieder sehen wir auch Gruppen von „Kindersoldaten" durch die Stadt ziehen. Sie tragen Gewehre, Macheten und teilweise auch eine Panzerfaust. Niemand scheint sich daran zu stören. Es scheint ein normaler Anblick zu sein für die Menschen in Liberia.

KINDERSOLDATEN

Die Definition von Kindersoldaten lautet: „... alle Personen unter 18 Jahren, die von Streitkräften oder bewaffneten Gruppen rekrutiert oder benutzt werden [....] darunter Kinder, die als Kämpfer, Köche, Träger, Nachrichtenübermittler, Spione oder zu sexuellen Zwecken benutzt wurden" (Definition nach den Pariser Prinzipien (2007), unterzeichnet von 105 Staaten, darunter Deutschland).

Nach Schätzungen, unter anderem von *UNICEF*, geht man von ca. 250.000 Kindersoldaten und Kindersoldatinnen weltweit aus. Insgesamt gibt es derzeit ca. 60 Konfliktparteien, die Kinder rekrutieren, um sie in bewaffneten Konflikten zu instrumentalisieren und als Soldaten und Soldatinnen zu benutzen. Dabei wird häufig die existenzielle Not der Kinder ausgenutzt, sie werden entführt oder massiv bedroht und mit falschen Versprechungen angelockt. Häufig werden die Kinder durch Drogen gefügig gemacht. Wenn Kinder versuchen, sich dem zu entziehen, werden sie brutal bestraft und zum Teil auch getötet. Dies dient dann wiederum der Einschüchterung aller anderen KindersoldatInnen.

Im Jahre 2019 wurden über 25.000 Fälle schwerster Menschenrechtsverletzungen gegenüber Kindern dokumentiert, wie zum Beispiel die Rekrutierung von Kindersoldaten, aber auch die Tötung und Verstümmelung von Kindern bzw. Angriffe auf Schulen und Krankenhäuser.

In der sogenannten „Liste der Schande" werden all jene Konfliktparteien bzw. Länder aufgeführt, die diese Form des Missbrauchs von Kindern betreiben. Zu diesen Ländern, in denen nachweisbar Mädchen und Jungen als SoldatInnen missbraucht werden, gehören: der Südsudan, die Zentralafrikanische Republik, die Demokratische Republik Kongo, Kolumbien, Nigeria, Somalia, Syrien, Jemen, Afghanistan, Liberia, Mali, Myanmar.

Laut eines Berichtes des Sonderbeauftragten der Vereinten Nationen für Kinder konnten im Jahre 2019 weltweit 13.200 Mädchen und Jungen, die als militärisch eingesetzte Gruppierungen fungierten, aus den jeweiligen bewaffneten Konflikten, in denen sie missbraucht wurden, befreit werden. Weiterhin werden Tausende von Kindern für bewaffnete Kriegseinsätze benutzt.

Die *UN*-Kinderrechtskonvention mit dem Zusatzprotokoll „Kinder in bewaffneten Konflikten" hat wichtige Maßstäbe erstellt, die die Rekrutierung von Kindern als KindersoldatInnen verhindern sollen. Dazu zählt die Benennung eines Sonderbeauftragten der *UN* „Kinder in bewaffneten Konflikten", eine Diskussion zur Situation der Kinder bei Entscheidungen des *UN*-Sicherheitsrates, die Einrichtung eines Monitoring- und Berichtverfahrens, die Einrichtung des Internationalen Strafgerichtshofes in Den Haag, der die Rekrutierung von Kindern als KindersoldatInnen als Kriegsverbrechen verfolgt, usw.

Die Kinderhilfsorganisation *terre des hommes* fordert:

- „Straight 18", es dürfen also keine Kinder unter 18 Jahren zwangsweise oder auch freiwillig als SoldatInnen eingesetzt werden. Dies gilt auch für die deutsche Bundeswehr, da dort weiterhin 17-Jährige für den Militärdienst rekrutiert werden dürfen und auch in den Schulen hierfür geworben werden darf.
- Bestrafung der Verantwortlichen für die Rekrutierung von KindersoldatInnen
- Hilfe für geflohene KindersoldatInnen, sowie deren Schutz und Versorgung
- KindersoldatInnen muss in allen Ländern politisches Asyl gewährt werden
- zusätzliche finanzielle Mittel für KindersoldatInnen-Hilfsprogramme
- Stopp von Waffenexporten weltweit

Der 12. Februar eines jeden Jahres ist der sogenannte „Red Hand Day", ein weltweit stattfindender Aktionstag, der sich gegen den Einsatz und die Rekrutierung von Kindern als SoldatInnen ausspricht.

Das Hospital liegt mitten in einem „normalen“ einheimischen Slumgebiet. Zusätzlich leben dort jetzt Schätzungen zufolge über 50.000 geflüchtete Menschen. In den Kriegswirren wurde das gesamte Hospital, wie übrigens alle Krankenhäuser in Monrovia, ausgeraubt und geplündert. Die Wonjah Smith Memorial Clinic verfügt also bei unserer Ankunft lediglich noch über einige wenige Medikamente. Strom und fließendes Wasser gibt es, wie in der gesamten Stadt, nicht. Das Dach der Klinik ist durch ein Geschoss beschädigt worden. Ein Teil des Klinikpersonals begrüßt uns. Einen Arzt gibt es hier nicht, aber eine sehr kompetente Arztassistentin: Victoria. Wir besprechen die Lage und laden unser rund 150 Kilogramm schweres medizinisches Equipment, bestehend aus Medikamenten, Verbandsmaterial, Untersuchungsinstrumentarien und Desinfektionsmaterialien, aus.

Am folgenden Tag beginnen wir mit der Arbeit, das heißt, wir eröffnen die Ambulanz wieder. Zuvor behandelte diese kleine Klinik nur gegen, wenn auch geringe, Bezahlung, da von diesem Geld Personal, Medikamente und medizinisches Gerät bezahlt werden mussten. Victoria erzählt mir, dass in den letzten Wochen maximal vier Patienten pro Tag ins Krankenhaus gekommen sind. Als sich die Information, dass die Kranken jetzt kostenfrei behandelt werden würden, wie ein Lauffeuer verbreitet, warten am Eröffnungstag schon über 50 Patienten vor der Tür. In den folgenden Tagen sind es über 100 Menschen täglich. Überall begegnen uns die Menschen mit Freundlichkeit und Dankbarkeit. Man spürt förmlich die sich entwickelnde und aufkeimende Hoffnung, dass mit dem Eintreffen der Hilfsorganisationen doch endlich der Bürgerkrieg vorüber sein und die Lebenssituation sich langsam, aber stetig verbessern müsse.

Das Krankenhausteam ist gut eingespielt: Bei jedem Patienten werden Blutdruck, Gewicht und Temperatur gemessen. Die Patienten sind hauptsächlich Geflüchtete, sehr viele Kinder und Frauen, vereinzelt auch Männer. Viele der Frauen sind schwanger. Einzelne erzählen von ihrem Schicksal. Allerdings kann man sich als Arzt bei der Masse an Patienten kaum die Zeit für ein Gespräch nehmen. Eine Frau, die eine Wurmerkrankung ihres Kindes behandeln lassen will, berichtet, dass sie an Unterbauchbeschwerden leide. Bei genauerem Nachfragen erzählt sie uns, dass sie vor Kurzem von drei Soldaten vergewaltigt worden sei und seitdem diese Beschwerden habe. Sie sagt dies in einer resignierend-melancholischen, scheinbar gleichgültigen Weise. Nur die subtile Körpersprache und zurückhaltende Gestik lässt die tiefe Betroffenheit und Verletztheit erkennen. Dies ist leider kein Einzelschicksal.

Vereinzelt kommen neben den für Krisen- und Kriegsgebiete typischen Krankheitsfällen, die häufig medikamentös zu behandeln sind, auch Notfälle zu uns. So lege ich unter Kerzenlicht eine Infusion an zur raschen Flüssigkeitssubstitution und Fiebersenkung eines an Malaria erkrankten Jugendlichen. Ein akuter Asthmaanfall wird behandelt, einen Patienten mit einer akuten Blinddarmentzündung schicken wir ins Hospital von *Ärzte ohne Grenzen* am Mamba Point, das eine unentgeltliche stationäre und chirurgische Behandlung anbietet. Leider liegt dieses Krankenhaus rund 20 Fahrminuten entfernt, was für einen Großteil der Patienten ein Problem darstellt, weil sie sich die Fahrt mit dem Taxi nicht leisten können. Krankenwagen gibt es keine.

Kurz später nehmen wir einen Ortstermin in jenem größten Krankenhaus in Monrovia, dem John F. Kennedy-Hospital, wahr. Der ärztliche Leiter führt uns durch gespenstisch leere Gänge und Behandlungsräume. Er schildert uns die chaotischen Zustände während des Krieges. Ihm und seinen Kollegen fehlten und fehlen nach wie vor Medikamente, medizinisches Behandlungsinstrumentarium, Stationsbetten und vieles mehr.

Zurzeit dient der Großteil des Krankenhauses als Ambulanz. Sein Ärzteteam besteht aus acht liberianischen Ärztinnen und Ärzten, die so gut, wie es unter den vorhandenen Umständen möglich ist, ärztliche Hilfe leisten. Er schildert sehr plastisch, was alles fehlt: Fachärzte wie Kinderärzte, Gynäkologen, Internisten benötigt er genauso dringend wie diagnostische Geräte und therapeutische Mittel. Der Aufzug funktioniert seit Langem nicht, der Treppenaufgang ist teilweise marode und zerstört. Betten gibt es kaum. Aus all diesen Gründen können keine stationären Aufnahmen und Behandlungen erfolgen. Er bittet dringend um Hilfe. Er zeigt uns anschließend den Isoliertrakt für die Cholera-Patienten, die gemeinsam mit *Ärzte ohne Grenzen* versorgt werden. Die Patienten liegen auf Pritschen mit einem Gummiüberzug und einem großen Loch in der Mitte für die Fäkalienausscheidung. Neben den Betten stehen Infusionsständer mit Infusionen, daneben ein Plastikeimer für Erbrochenes. Es ist schwülwarm, drückend, es stinkt, es gibt keine Ventilatoren – das ist schon für gesunde Menschen schwer zu ertragen.

All dies sind Auswirkungen von Krieg, Hass, Armut, aber auch zum Teil des Desinteresses der Weltöffentlichkeit. Der dritte Abschnitt des JFK-Hospitals scheint gut zu funktionieren. Gemeinsam mit dem *Internationalen Roten Kreuz* werden dort die Kriegsverletzten sowie sonstige Unfallverletzte stationär behandelt. Es existieren funktionierende Operationssäle, fünf Krankenstationen – zwei für Männer, eine für Frauen, eine für Kinder, eine für Mütter und Kinder – sowie eine „Intensivstation", die man allerdings nicht mit europäischen Standards vergleichen darf. Es gibt einen Labor-, Röntgen- und Sterilisationsbereich. Die Krankensäle quellen zum Teil über. So liegen oft 15 bis 20

Patienten in einem Raum. Man sieht viele Patienten mit Schuss- und Verbrennungsverletzungen.

Am Ende unseres Rundgangs bittet der ärztliche Leiter, der in Italien Medizin studiert hat, nochmals eindringlich um finanzielle Hilfe oder besser noch um konkrete Unterstützung in Form von ärztlichem Personal und medizinischem Gerät. Doch mehr als diese dringende Bitte mit ins heimische Deutschland zu nehmen, können wir erst einmal nicht tun.

Heute herrscht Frieden in Liberia, aber die Bürgerkriegszeit ist immer noch allgegenwärtig. In den Jahren nach dem Bürgerkrieg wurden mehr als 250.000 Menschen ermordet, über eine Million Liberianer flüchteten, meist ins Ausland. Immer noch findet die Aufarbeitung der Kriegsverbrechen nur sehr zögerlich und unvollständig statt. Viele der damals aktiven Kriegsverbrecher blieben straffrei. Und nicht nur dies, viele der Täter sind in wichtigen gesellschaftlichen Bereichen in Führungspositionen weiterhin aktiv: Warlords kamen zurück und manche der damaligen Mörder gingen sogar in die Politik, wie z.B. der Pastor Prince Johnson. Vieles von dem, was uns so unglaublich erscheint, hat aber auch seine historischen Wurzeln in dem transatlantischen Sklavenhandel des frühen 19. Jahrhunderts, insbesondere in den USA. Ungerechtigkeit, Unterdrückung, Ermordung und Ausbeutung wurden von den Kolonialmächten als legitimes Instrument der Mächtigen vermittelt und das hat sich tief in die Seelen der Menschen, insbesondere auf dem afrikanischen Kontinent, eingebrannt.

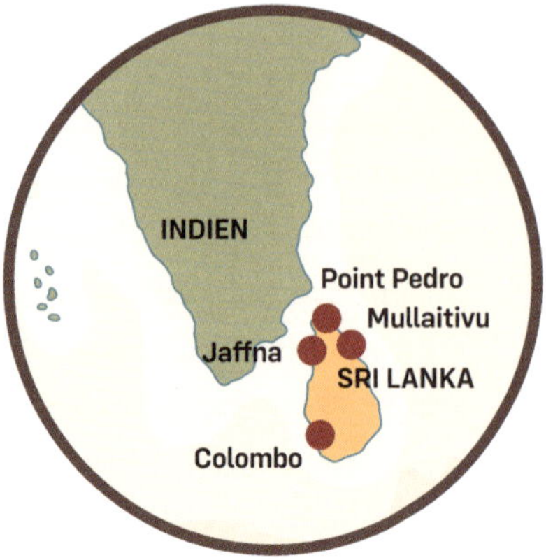

SRI LANKA –

Die Natur schlägt zurück

Silvester 2005 in Colombo und Jaffna nach dem Tsunami, der mehr als 220.000 Menschenleben forderte. Eigentlich habe ich andere Pläne für den Jahreswechsel, aber am zweiten Weihnachtstag ruft *Humedica* plötzlich bei mir an. In Südostasien sei es aufgrund eines Seebebens zu einer Flutkatastrophe gekommen. Ob ich vier Stunden später mit einem ersten Vorausteam nach Sri Lanka mitfliegen könne? Die Meldungen im Fernsehen deuten auf eine unvorstellbare Naturkatastrophe hin. Ich führe schnell Telefonate, überprüfe meine beruflichen Verpflichtungen. Sofort mitzufliegen ist leider nicht möglich, aber ich mache mich wenige Tage darauf, an Silvester, auf den Weg in das Krisengebiet.

Mit dem zweiten Einsatzteam von neun Personen geht es zunächst Richtung Colombo, der Hauptstadt Sri Lankas, und danach nach Jaffna im Norden. Über eine Tonne Medikamente und Verbandsmaterial nehmen wir mit an die Küste. Die Region ist vollkommen zerstört: Häuser sind weggerissen, zusammengefallen, Boote haben sich wie Geschosse in Häuser gebohrt. Obwohl wir ähnliche Bilder schon vor der Anreise im Fernsehen gesehen haben, hat dies eine andere Dimension. Das Ausmaß der Verwüstung so hautnah zu erleben, zu riechen, die Atmosphäre von Fassungslosigkeit, Ohnmacht und Hilflosigkeit bei den dort lebenden Menschen zu spüren, macht betroffen, führt zu einer eigentümlichen Beklommenheit.

Besonders irritiert die Ambivalenz der Bilder. Die Gegensätzlichkeit der Momentaufnahmen ist schwer miteinander vereinbar: Auf der einen Seite sehe ich ein ruhiges tiefblaues Meer mit wunderschönem Sandstrand und Palmen. Drehe ich mich aber um und schaue in die andere Richtung, sehe ich eine Zerstörung unglaublichen Ausmaßes. Ein Fischer, der vor seinem zerstörten Boot sitzt und sein zerfetztes Netz zu flicken versucht, berichtet uns immer noch fassungslos, dass die Flutwelle gut 30 Fuß hoch gewesen sei, also ungefähr acht bis neun Meter.

In Point Pedro und Umgebung sind bis zu 4.000 Menschen durch die Flutkatastrophe umgekommen. Weitere rund 20.000 sind obdachlos und nun auf etwa 20 Flüchtlingslager aufgeteilt, meist in Schulen. Dort gibt es notdürftig eingerichtete Schlafstellen, Wasser und Nahrung. Wir fahren regelmäßig in diese Lager und bieten dort unsere medizinische Hilfe an. Notwendig ist hierfür die Unterstützung von Dolmetschern, die uns Tamil ins Englische übersetzen. Eine große Hilfe sind uns dabei singhalesische Medizinstudenten. In zwölf reinen Arbeitstagen können wir so rund 2.200 Patienten behandeln.

Was dabei besonders auffällt, sind die zahlreichen Verletzungen. Diese sind zum einen verursacht durch zusammengestürzte Häuser oder im Wasser treibende Gegenstände während der Flutwelle. Zum anderen, und dies ist der häufigste Grund, durch den ins Meer gespülten Stacheldrahtzaun, der viele Militärstellungen umgab. Militärstellungen? Ja, in Sri Lanka herrscht Bürgerkrieg zwischen den Tamilen und den Singhalesen und genau deshalb gibt es zahlreiche Minen und Stacheldraht am Ufer und an den Stränden dieser Region im Norden Sri Lankas. Sie dienten zum Schutz vor Attacken durch den Bürgerkriegsgegner. Wir sehen sehr tiefe, mit Bakterien infizierte Schnittverletzungen. Teilweise ist eine Infektion des Knochens zu vermuten und eine Streuung der Bakterien im gesamten Körper. Wir säubern die Wunden, behandeln sie antiseptisch und verordnen eine Antibiotikatherapie, meist sofort, mittels Infusion, damit es nicht zu lebensgefährlichen Komplikationen kommen kann. Fazit: Bürgerkrieg und eine Naturkatastrophe sind eine todbringende Kombination für die Menschen auf Sri Lanka.

Zum Ende der Sprechstunde füllen wir ärztliche Berichte für die Koordinationsstelle aus. Die Spalten mit Angaben zu etwaigen Malaria-, Typhus-, Dengue-Fieber- und Cholera-Fällen können wir mit „nicht diagnostiziert“ angeben. Zum Glück! Auch dies ist eine wichtige Aufgabe, die wir erfüllen müssen, um sich abzeichnende Epidemien sofort zu erkennen, weiterzuleiten und gezielt anzugehen.

Die Behandlung, gerade der zahlreichen Verletzungen, wirkt sich positiv aus. Bei unseren Kontrollen stellen wir meist deutliche Wundheilungstendenzen fest. Doch leider gibt es auch Rückschläge: So hatten wir eine Patientin mit Verdacht auf eine superinfizierte Haut- und Knocheninfektion ins Distriktkrankenhaus nach Jaffna gefahren, da eine Amputation des Armes drohte. Am nächsten Tag treffen wir sie wieder im Flüchtlingslager an. Auf eigenen Wunsch hat sie das Krankenhaus sofort wieder verlassen, um ihren vermissten Ehemann zu suchen. Verständlich zwar, aber sehr gefährlich für die Patientin.

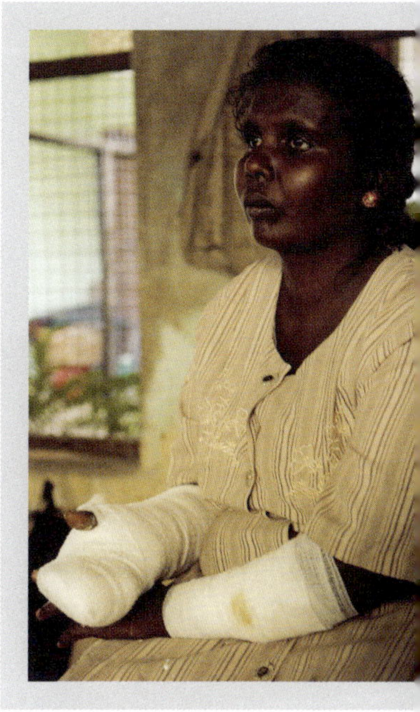

Und immer wieder spüren wir die Fassungslosigkeit und unvorstellbare Enttäuschung der Menschen über das Meer, das für sie bis dato das Leben symbolisiert und ihre Existenz gesichert hatte. Dieses geliebte Meer hat nun Leben genommen, Leben zerstört, die Existenzgrundlage, Haus und Beruf vernichtet. Dies führte zu einem Schockzustand, zu einer Lethargie, die ein Anpacken und Aufräumen von Trümmern und Überresten bislang blockiert und verhindert.

Wir begegnen auch einigen Menschen, die uns vom Tod ihrer Familienangehörigen berichten. Wir sind hilflos, ohnmächtig und oft sprachlos. Äußere

Wunden können wir zwar versorgen, aber diese inneren, tiefen Verletzungen bedürfen längerfristiger psychosozialer Hilfe. So sitzt ein zehnjähriges Mädchen mit leerem Blick vor mir – Vater und Mutter sind in der Flutwelle ums Leben gekommen. Eine Mutter beklagt unter Weinkrämpfen den Tod ihrer vier Kinder. Ein Vater hat seine drei Kinder und seine Frau verloren, erzählt er mit verängstigtem Gesicht. Gerade diese stillen Bilder sind es, die uns in Erinnerung bleiben werden, der stille Aufschrei, die melancholisch-depressiven Blicke der Betroffenen.

An unserem einzigen freien Tag fahren wir in eine andere Krisenregion, in die Stadt Mullaitivu, die sich im tamilisch kontrollierten Gebiet im Nordosten Sri Lankas befindet. Es ist unvorstellbar, mit welcher Gewalt und Wucht das Meer hier gewütet hat. Die Stadt ist vollkommen zerstört. Selbst massive Häuser bestehen nur noch aus Trümmerteilen. Oft steht nur noch das Fundament. Kleidungsstücke, Geschirr, Spielzeug, Schulsachen liegen überall. Die Welle muss ohne jegliche Vorwarnung zugeschlagen haben. Wir finden Fotoalben, eine Milchflasche für einen Säugling und viele Utensilien, die ein normales Familienleben symbolisieren. Plötzlich hat die Verwüstung, hat der Tod von so vielen Menschen ein Gesicht. Aus einem Haus, vor dem wir Bilder finden, ist deutlicher Verwesungsgeruch wahrzunehmen. Mit Sicherheit liegen noch Verstorbene unter den Trümmern. Leben und Tod vermischen sich in diesem Moment.

Und wieder diese Ambivalenz: paradiesische Strände neben vollkommen zerstörten Häusern. Werden die betroffenen Menschen je wieder Vertrauen zum Meer aufbauen können? Werden die Kinder jemals dieses Trauma verarbeiten können? Aus Angst davor, das Meer, die Flutwellen könnten noch einmal über sie einstürzen, können viele nicht mehr schlafen. Sie brennen sich bei uns ein, die Bilder völlig verstörter Kinder und Erwachsener, die nicht begreifen können und wollen, was passiert ist, die wütend oder lethargisch ihr Leid beklagen und trauern, trauern, trauern ... Die Zeit ist hier stehen geblieben und kann doch nicht angehalten werden. Hoffentlich vergessen wir diese Menschen nicht.

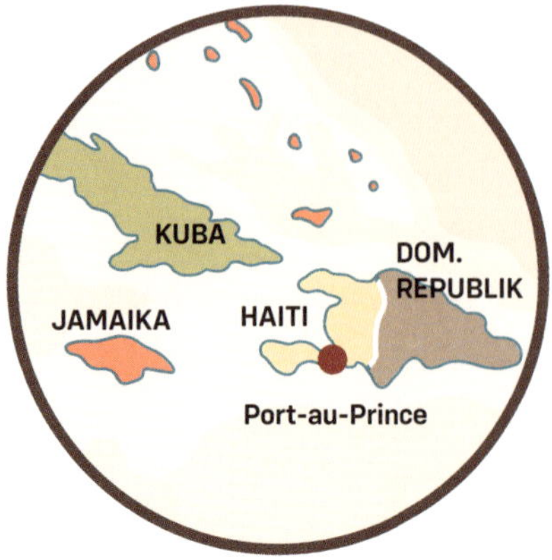

HAITI –

Leben in all seinen Facetten

2010 nach dem Erdbeben in einem Camp für die internationalen Helfer in der Hauptstadt Port-au-Prince. Wir übernachten fast alle im Freien, da weitere Erdbeben angekündigt sind. Immer wieder sind es Naturkatastrophen wie diese, die uns Menschen deutlich machen, wie unberechenbar das Leben ist, wie gewalttätig die Natur uns Menschen beeinträchtigen kann. Umso wichtiger ist es, dass wir Verantwortung für einen Klimaschutz und ein sensibles Umgehen mit dem Geschenk dieser Natur und dem Klima auf dem Planeten Erde übernehmen. Immer häufiger sind es gerade Naturkatastrophen und der Klimawandel mit deutlich zunehmenden Dürreperioden, Erdbeben, Stürmen und Flutwellen, die Menschen zur Flucht aus ihren dann lebensfeindlichen Heimatregionen zwingen. Über 200.000 Menschen kamen auf Haiti ums Leben.

Es ist mitten in der Nacht. Brian, unser amerikanischer Kinderarzt, fährt ins Krankenhaus. Einem 5-jährigen Mädchen, das durch die massiven Erdstöße des verheerenden Erdbebens in den Trümmern eines Hauses längere Zeit verschüttet gewesen war, geht es schlecht. Ich folge ihm etwas später nach. Das Mädchen atmet kaum noch. Simon, unser Koordinator und Rettungsassistent, beatmet es mit einem Beatmungsbeutel. Das Herz hört auf zu schlagen, wir führen eine Herzdruckmassage durch, spritzen verschiedene Notfallmedikamente, kämpfen gemeinsam um dieses Leben. Wir verlieren. Nach über 30 Minuten beenden wir unsere Wiederbelebungsversuche. Das Mädchen ist tot.

Wir sind traurig, betroffen, hilflos, sprachlos. Haben wir alles richtig gemacht? Brian macht sich Gedanken, ob er die Situation zuvor richtig eingeschätzt hatte. Er hatte das Mädchen am Tag zuvor im Krankenhaus aufgenommen. Brian ist ein kompetenter, sehr guter Arzt. Ich bin überzeugt davon, dass er gewissenhaft vorgegangen ist. Das Mädchen war einfach krank und zu lange verschüttet gewesen, wir hatten unter diesen Umständen keine Chance, ihr zu helfen. Ich kenne diese kritische Auseinandersetzung mit dem eigenen ärztlichen Verhalten aber selbst gut. Dieser Reflexionsprozess ist auch nötig, um getroffene medizinische Entscheidungen zu optimieren, auch wenn man objektiv gesehen alles richtig gemacht hat. Wir sind nur Menschen.

Das Mädchen wird vom Klinikpersonal auf einer Liege in einen anderen Raum gebracht. Die Träger sind ungeschickt und das verstorbene Mädchen rutscht von der Liege. Wir erstarren. Ist es Ungeschicklichkeit oder sind schon zu viele Menschen in Haiti gestorben, sodass Vorsicht und Ehrfurcht vor einem verstorbenen Menschenleben darunter gelitten haben?

Wir fahren auf der Ladefläche eines Pick-ups zurück ins Helfer-Camp. Es ist eine lauwarme Nacht. Einzelne wenige Wolken sind sichtbar, aber auch viele Sterne. Plötzlich beginnt es ganz behutsam zu regnen, seit langer Zeit zum ersten Mal in Haiti. Es fühlt sich an, als würde der Himmel gemeinsam mit uns um dieses junge Leben trauern und die Sterne weinen. Mir kommt der Song „Fragile“ von Sting in den Sinn. Ich schaue zu Brian und zitiere die Liedzeile „Like tears from a star“. Er nickt und wir schweigen, selbst den Tränen nahe.

Ein Tag der Aufregung und Erholung. Wieder hat es jemanden aus unserem Team getroffen: Brechdurchfall. Infusion legen, Pause für denjenigen.

Es ist Sonntag, aber dennoch wird operiert. Unter Anleitung von Peter, unserem kanadischen Anästhesisten, führe ich meine erste Spinalanästhesie durch, d. h. in den Spinalkanal wird ein Betäubungsmittel injiziert, damit der Patient vom Bauchnabel abwärts betäubt ist. Falls Peter uns nicht mehr helfen kann, wäre es für unser OP-Team von Vorteil, wenn ich ebenfalls eine solche Narkose durchführen könnte.

Die nächste Patientin macht uns alle sehr betroffen. Es ist Josephin, ein 12-jähriges Mädchen, das zahlreiche tiefe offene Wunden hat, die nur unter Narkose behandelt werden können. Sie ist während unserer Zeit hier schon zum dritten Mal im OP. Ihre Mutter und ihre Brüder wurden während des Erdbebens getötet. Der Vater und sie haben schwer verletzt überlebt. Ich stelle mir für einen Moment vor, dass meine Söhne und deren Mutter plötzlich durch ein Unglück sterben und meine Tochter und ich überleben würden. Unvorstellbar!

Wir behandeln Josephin wieder unter einer Form der Narkose, die ihr die Schmerzen nimmt, aber ihr Bewusstsein und damit ihre Atmung aufrechterhält. Während ihre tiefen Wunden gesäubert werden, spricht sie im Halbschlaf zu uns. Sie singt, dankt uns, dankt Gott, dass er ihr eine zweite Chance geschenkt hat. Sie spricht in Kreol, der Landessprache, teilweise in Französisch und Englisch. Sie ist so ein junger Mensch, der so viel Leid erfahren hat, aber dennoch eine Würde und Stärke ausstrahlt, die uns alle betroffen macht und zugleich fasziniert. Für einen Augenblick ist völlige Ruhe im OP. Wir zeigen einfach unseren Respekt und unsere Betroffenheit diesem jungen, so intelligenten und starken Menschen gegenüber. Peter sagt schließlich: „What an amazing girl!"

Josephin muss so viel Leid erleben und ertragen. Sie muss diese Behandlungen ihrer offenen Wunden, die trotz Betäubung und schmerzlindernder Medikation schmerzhaft ist, erdulden und ertragen. Und dann hat dieses junge zarte Geschöpf die menschliche Größe, uns, denjenigen, die ihr auch Schmerzen zufügen, für unser Handeln zu danken. Unglaublich!

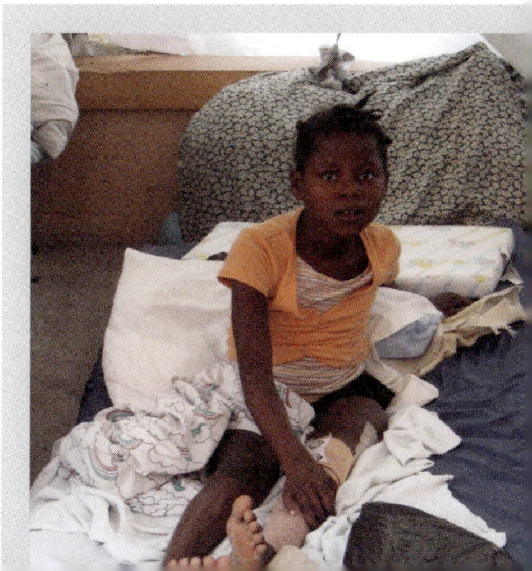

Doch wir haben nur kurz Zeit, diesen Moment nachklingen zu lassen, schon kommt die Information: Notfall! Ein junger Mann wird bewusstlos vor der Klinik aufgefunden. Die Untersuchung ergibt, dass er eine Hypoglykämie hat, eine Unterzuckerung. Zusätzlich hat der Patient Asthma. Im Rahmen dieser Unterzuckerung hatte er auch noch einen Krampfanfall. Schnell spritzen wir Glucose (Zucker), damit sich der Blutzuckerspiegel wieder normalisiert. Das klappt dann auch nach einiger Zeit, da wir leider keine hoch konzentrierte Zuckerlösung sofort zur Verfügung haben. Aber letztendlich ist der Patient wieder bei Bewusstsein, noch etwas verwirrt, aber wieder stabil. Wir erfahren, dass er seit über einem Tag nichts mehr gegessen hat. Auch eine Folge des Erdbebens – oder doch der Armut in diesem Land?!

Am Nachmittag fahren wir zur Erholung an einen Strand. Zeit zum Nachdenken, Verarbeiten und Kraftschöpfen. Zeit zum Durchatmen. Nachdenklich schauen wir dem Sonnenuntergang in der Karibik zu. Zurück im Camp trifft es den Nächsten von uns: Schwindel, Kreislaufprobleme, Infusion zur Flüssigkeitszufuhr legen. Wir machen Witze, dass wir jetzt langsam, aber sicher unser eigenes Lazarett eröffnen könnten. Wir sind ein sehr gutes Team. Das muss unter diesen Arbeitsbedingungen auch so sein.

Spät am Abend schauen wir gemeinsam mit den Helfern im Camp und den US-Soldaten auf einer Großleinwand das Endspiel des Superbowl in den USA an. That´s life in all seinen Facetten!

Zurück in Deutschland. Ich war in Haiti sehr wortkarg. Ich hatte nicht das Bedürfnis zu reden, denn jedes gesprochene Wort erschien zu trivial, banal, oberflächlich im Vergleich zu dem, was dort stattfand. Noch Tage später verspürte ich das tiefe Bedürfnis nach innerer Ruhe, nach der Nähe in der räumlichen Distanz. Es erschien mir so, dass ich erst einige

Tage nach meiner Rückkehr nach Hause das Erlebte näher an mich heranlassen konnte. In Haiti war es wichtig zu funktionieren, die zugeteilte Aufgabe der medizinischen Versorgung und Betreuung von betroffenen Patienten zu gewährleisten. Ich konnte und wollte abends nicht reden, herumalbern als emotionales Ventil, bei einer Flasche Bier anstoßen. Es erschien mir alles respektlos, nicht wertschätzend genug diesen Menschen und deren Schicksalen gegenüber. Ich spürte, wie tief mich das Leid, die Trauer, die Armut und die Perspektivlosigkeit berührt haben.

Dem tausendfachen Tod so nah gewesen zu sein, öffnet die Augen für die Vulnerabilität und Fragilität, aber auch Einzigartigkeit und Schönheit des Lebens. Welch ein privilegiertes Leben führe ich und was mache ich daraus? Muss ich erst immer wieder so nah mit dem Tod konfrontiert werden, um die Bedeutung des Lebens zu erkennen?

Kein Wort, kein Bild, kein Film kann das Leid Haitis in seinem Ausmaß transparent machen. In jedem dieser Kommunikationsversuche sind Distanz und Zensur enthalten. Nur die Ganzheit des unmittelbaren Erlebens vor Ort, von Menschen in ihrer Differenziertheit von Ohnmacht bis Tatkraft, von verwundbarer Architektur, zerstörender und zugleich Leben schenkender Natur – nur dieses Spektrum von Eindrücken und Empfindungen vermittelt eine Ahnung des Geschehenen. Ich wollte manchmal einfach nur weinen und die betroffenen Menschen in den Arm nehmen. Später hätte ich es gekonnt, als ich dort war, nicht!

PAKISTAN –

Ein Zeichen für Klimaveränderungen

Im Sommer 2010 in Peschawar. Infolge des außergewöhnlich heftigen Monsunregens kommt es im Juli und August im nordwestlichen Pakistan zu heftigen Überschwemmungen. Die meterhohen Wassermassen zerstören Straßen, Brücken, Ackerland und mehr als 1,5 Millionen Häuser. Laut *UN*-Angaben sind 14 Millionen Menschen betroffen, Tausende werden zu Umweltflüchtlingen.

Wir sind auf einem Friedhof tätig, in einem dort aufgestellten Zeltdorf für die Flutopfer. Eine skurrile Situation: Behandlung zwischen Gräbern. Leben und Tod liegen in der Tat sehr nah beieinander für die Menschen in Pakistan. Viele Gräber sind aufgrund der Flutwelle leer gespült worden. Der Friedhof von Charsadda soll der größte der arabischen Welt sein. Es ist unangenehm heiß, bestimmt um die 45° C, und der Schweiß rinnt in Strömen an uns herunter. Die Zeltventilatoren funktionieren nur zeitweise, da der Strom immer wieder ausfällt. Es ist fast unerträglich heiß in unserem Untersuchungszelt.

Viele PatientInnen haben Durchfall und Dehydrations-Zeichen, sie leiden also unter starkem Flüssigkeitsverlust. In einem speziellen Behandlungszelt lege ich ihnen Infusionen an, um damit ihrem geschundenen Körper wieder Flüssigkeit und Elektrolyte zuzuführen. Anfangs sind die Blicke unserer PatientInnen noch sehr ängstlich, doch dies ändert sich spätestens dann, wenn die Hälfte der Infusion eingelaufen ist. Sie spüren durch die Flüssigkeitszufuhr, dass es ihnen besser geht und ihnen die Maßnahme hilft. Auch für mich ist es schön, den Erfolg einer Behandlung durch ein breites Lächeln bestätigt zu bekommen! Relativ einfach und sehr effektiv ist die Therapie auch bei Wurmerkrankungen, die bei diesen Lebensumständen kein Wunder sind. Die PatientInnen bekommen sofort eine Tablette, die für sechs Monate wirken sollte. Auch alle Familienmitglieder werden dann gleich mitbehandelt.

Um einen Eindruck von der staatlich organisierten medizinischen Versorgung vor Ort zu bekommen, besuchen wir eines der größten Krankenhäuser in Peschawar. Wir sehen uns insbesondere die chi-

rurgische Abteilung und die Aufnahmestation an. Man ist uns gegenüber sehr aufgeschlossen, zeigt und erklärt uns alles, was wir erfragen, doch die hygienischen Standards entsprechen nicht denen in Europa. Hunderte von Menschen laufen kreuz und quer, blutverschmierte Patienten auf Liegen, umringt von Angehörigen und Freunden. Lautes Klagen und Weinen durchdringt das hektische Treiben im Krankenhaus. Menschen sitzen auf dem Boden, wir sehen Urinlachen und Abfalleimer voller Kanülen und Infusionsflaschen. Pro Tag kommen bis zu 300 PatientInnen, nach Bombenanschlägen, meist durch die Taliban verursacht, wird ein zusätzlicher Schockraum geöffnet. Die Peschawar-Region im Norden Pakistans, direkt an der afghanischen Grenze gelegen, ist eine Hochburg der Taliban.

Auch die Krankenstationen sind voll mit Patienten mit Schusswunden und Verletzungen, die von Bombenanschlägen herrühren. Wir können nur erahnen, was die Ärzte und Krankenschwestern hier leisten müssen. Wie wir erfahren, besitzen sehr viele Menschen in Pakistan Schusswaffen. Und wie uns die Ärzte berichten, ist die Gereiztheit während des Ramadans mit dem Aushalten von Durst und Hunger bis zum Einbruch der Dunkelheit deutlich erhöht. Gewalttätige Auseinandersetzungen nehmen dann zu. Betroffen machen uns auch die Auswirkungen der Bombenanschläge. So begegnen wir einem älteren Mann, der uns traurig und verstört anschaut. Sein Vorderfuß wurde abgerissen, zusätzlich hat er einen komplizierten Schulter-Oberarmbruch erlitten. Was hat er mit dem Konflikt zu tun? Was hat er den Taliban getan? Und wird er die Behandlung überleben? Viele Fragen bleiben wie so oft bei solchen Hilfseinsätzen unbeantwortet.

Dafür ist jeder Einsatz eine Chance, Neues zu lernen. Neue Dinge und Fähigkeiten, aber vor allem Neues über Kultur und Gepflogenheiten vor Ort. Von meiner Dolmetscherin lerne ich zum Beispiel, dass ich Frauen hier nicht einfach fragen kann, ob sie schwanger seien, da die Unverheirateten natürlich nicht schwanger sein könnten. Um dieses kulturelle Fettnäpfchen zu umgehen, frage ich nun immer zuerst, ob sie verheiratet seien, um dann die Frage nach einer möglichen Schwangerschaft anzuschließen. Daraufhin kommt es trotzdem nicht selten zu amüsierten Diskussionen zwischen Dolmetscherin und Patientin. Warum ich denn nachfragen würde, ob sie verheiratet sei? Also wieder in ein kulturelles Fettnäpfchen getreten. Ich erkundige mich, wie und woran ich denn erkennen könne, ob eine muslimische Frau verheiratet sei. Bei uns Christen gäbe es den Ring am Finger als entsprechendes Erkennungszeichen, bei Hindus einen bestimmten Farbpunkt auf der Stirn – und bei ihnen? Man erklärt mir, wieder etwas belustigt: an den Kindern. Also wenn eine muslimische Frau Kinder habe, sei sie verheiratet – und umgekehrt. Wieder etwas gelernt.

Eine junge muslimische Patientin macht mich nachdenklich: Sie schildert mir in sehr gutem Englisch, dass sie schon seit geraumer Zeit Schmerzen in den Gelenken habe. Sie leide unter einer Depression, versuchten ihr die einheimischen Ärzte zu vermitteln. Doch auf mich macht sie überhaupt keinen depressiven Eindruck. Sind die Schmerzen vielleicht psychosomatischen Ursprungs? Wie muss es intelligenten muslimischen Frauen in Pakistan ergehen, die die Welt erkunden wollen? Versucht man sie mit dem Stigma einer Krankheit zu versehen, um sie zu isolieren? Ich sage ihr, dass ich nicht glaube, dass sie eine depressive Persönlichkeitsstörung habe, auch wenn eine psychiatrische Diagnosestellung nicht so einfach sei, besonders nicht durch lediglich einen Kontakt. Sie sei eine intelligente Frau und solle an sich glauben, betone ich und gebe ihr auch einige Schmerztabletten mit. Ihre Reaktion verblüfft mich: Sie bedankt sich außergewöhnlich intensiv. Meine Worte hätten ihr geholfen, dies sei sehr wichtig für sie. Auch gegenüber den anderen Frauen in diesem Land empfinde ich Solidarität und Respekt.

Ich bin im „Frauenzelt" und spüre jetzt an einem banalen Vorgang noch deutlicher die Benachteiligung und Geringschätzung der Frauen in dieser Kultur: Der Ventilator, der zu Beginn im Frauenzelt stand, wird kurzerhand abgebaut und ins Männerzelt gebracht, denn es gibt nur noch einen funktionierenden. Pech gehabt, dieser Luxus gebührt anscheinend den Männern. Nun werde ich aber, und dies ist ein besonderes und besonders schönes neues Gefühl, von der Solidarität der Frauen getragen. Für die gesamte Dauer der dreistündigen medizinischen Sprechstunde wedeln Mädchen und Frauen meiner Dolmetscherin und mir mit einem Bananenstaudenblatt frische Luft zu. Super! Sie tun dies hingebungsvoll und mit einem Lächeln im Gesicht. In unserem Zelt ist eine lustige und entspannte Stimmung spürbar. Und dann die Information, dass der Ventilator im Männerzelt nicht mehr funktioniert, da der Strom ausgefallen ist. Pech gehabt, ihr Männer!

Da meiner muslimischen Dolmetscherin gemeinsam mit mir die Wohltat der frischen Luft zukommt, interpretiere ich es nicht als ein wiederum männerspezifisches Privileg, sondern mehr als ein Aufgenommensein. Ich fühle mich als Mann unter all den Frauen auf eine ganz besondere Art und Weise sehr geborgen und beschützt. Und dies ist ein sehr schönes Gefühl.

Meine Kräfte schwinden langsam, aber trotzdem kontinuierlich dem Nullpunkt entgegen! Zudem gehen uns die Medikamente aus. Der Gesundheitszustand der Menschen in diesem Camp auf dem Friedhof ist einfach schlecht. Wir bemühen uns alle, durchzuhalten und so viele Patienten und Patientinnen wie möglich gut zu versorgen, unter Wahrung einer medizinisch differenzierten und kompetenten Vorgehensweise. Ob uns dies wirklich nach sechs Stunden bei 45° C in der stickigen Luft des Behandlungszelts noch gelingt?

Nach einigen Tagen fahren wir zu einem neuen Einsatzort, der noch vor Kurzem als zu gefährlich eingeschätzt worden war, da dort eine Taliban-Hochburg gewesen sein soll. Man will uns besonderen Polizeischutz organisieren. Die verabredeten Sicherheitsmaßnahmen sind jedoch leider nicht vorhanden. Wir beginnen trotzdem mit unserer Arbeit.

Wir erfahren und sehen auch noch, wie hoch hier, mitten in dieser Stadt, das Wasser gestanden hat. Es muss wirklich alles überschwemmt gewesen sein. Eine medizinische Versorgung hat es hier bisher, auch aufgrund der Sicherheitsbedenken, noch nicht gegeben. Entsprechend groß ist der Andrang an Patienten, der kaum abreißt. Wir versuchen eine Art Triage zu praktizieren, das bedeutet, vor allem die ernsthaft Erkrankten zu behandeln.

Ein neuer Tag. Wieder beginnen wir nahe der Taliban-Hochburg mit unserer medizinischen Sprechstunde. Schnell entsteht eine Patientenschlange von über 50 Menschen. Dann ein Anruf aus der Deutschen Botschaft in Islamabad: Es gäbe konkrete Hinweise dafür, dass ein Terroranschlag auf uns geplant sei. Wir sollen unsere Sprechstunde sofort abbrechen und in unsere Unterkunft fahren. Es warten aber immer noch zahlreiche Menschen auf unsere ärztliche Hilfe. Viele von ihnen haben einen sehr langen Fußmarsch zurückgelegt.

Was machen wir? Wir entscheiden, dass ein Teil des Teams unaufgeregt beginnt, unsere medizinischen Materialien zusammen- und unsere Medikamentenboxen in die Autos zu räumen. Ich behandle so lange wie möglich weiter. Wir versuchen unsere Angespanntheit nicht zu zeigen und behandeln fast noch alle Patienten, bevor wir zügig losfahren. Die Gefahr ist zu groß. Wir sind enttäuscht, aber Sicherheit geht vor. Es wäre, außer für uns persönlich, auch für die betroffenen Menschen fatal, wenn westlichen Helfern etwas zustoßen würde. Die Hilfseinsätze würden dann in diesem Gebiet sicher stark reduziert oder sogar eingestellt werden. Wie so oft wären es die Ärmsten der Armen, die am stärksten leiden müssten.

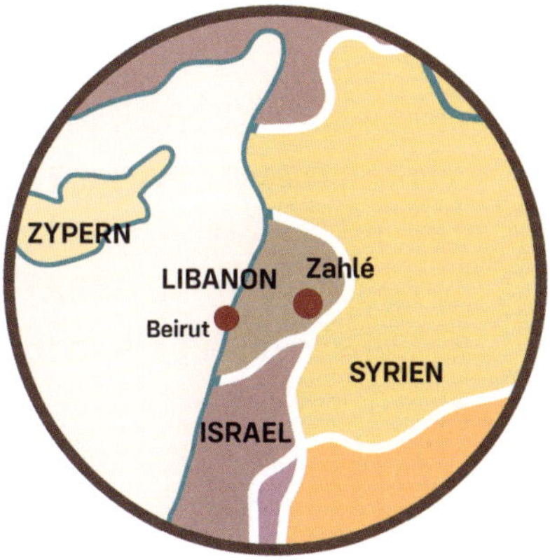

LIBANON –

Der syrische Bürgerkrieg fordert seine Opfer

2013 rund um Zahlé. Der seit 2011 brutal geführte syrische Bürgerkrieg, in dem der *Islamische Staat* die Zivilbevölkerung auf brutale Art und Weise unterdrückt, als Geisel nimmt und ermordet, fesselt meine Aufmerksamkeit von Anfang an. Dass große Welt-Player wie Russland oder die USA und lokale Machtinteressen wie die der Türkei und des diktatorischen Assad-Regimes die Menschenrechte außer Kraft setzen, empört mich maßlos.

Im Oktober 2013 melde ich mich deshalb für einen ärztlichen Hilfseinsatz, wiederum mit der Hilfsorganisation *Humedica,* im Libanon. In der Umgebung von Zahlé versorgen wir zahlreiche mit Nummern gekennzeichnete kleinere Flüchtlingslager, in denen sich Tausende aus Syrien geflohene Menschen befinden. Die Bevölkerungszahl im Libanon beträgt ca. 4 Millionen Menschen. Dieses relativ kleine Land hat bereits über eine Million geflüchtete Menschen aufgenommen. Viele von ihnen stammen aus Palästina und seit Beginn des Bürgerkrieges aus dem Nachbarland Syrien. Das müssen wir uns auf der Zunge zergehen lassen: Hier leben Einwohner und geflüchtete Menschen im Verhältnis 4:1 miteinander. In Deutschland diskutiert man hingegen bei einer Aufnahme von 1,2 Millionen geflüchteten Menschen im Verhältnis zu über 80 Millionen Einwohnern über Obergrenzen. Im Vergleich zum Libanon ist das nichts!

Wenn Fiktion Wirklichkeit wird

Unser erstes Flüchtlingslager mit der Nr.13 liegt direkt an einem militärischen Kontrollposten. An jeder Kreuzungsausfahrt stehen Soldaten sowie ein Panzer mit der Kanone nach Syrien ausgerichtet.

In ein Flüchtlingslager zu kommen, bedeutet jedes Mal, in eine andere Welt einzutauchen. Ich kann die Atmosphäre nicht in Worten beschreiben. Will man es wirklich verstehen, muss man sehen, hören, riechen und fühlen, was es bedeutet, dort leben zu müssen. Die große Diskrepanz und Distanz zwischen dieser Welt und meiner eigenen wird in manchen Lagern auf eine skurrile Art und Weise erkennbar. Die Zelte mancher Flüchtlingsfamilien sind mit Plakaten von Hollywoodfilmen oder berühmten Besuchern des Libanon eingehüllt worden. Besonders makaber erscheint mir ein Zelt mit einer Werbung für den Brad-Pitt-Film „World War Z“. Die imaginäre Darstellung von Krieg in der Kino- und Filmwelt ist hier brutale Realität und die Kinder sind wie so oft die besonders Leidtragenden. Aber auch eine große Abbildung unseres ehemaligen deutschen Papstes Benedikt XVI., der vor fast genau einem Jahr den Libanon besucht hatte, wirkt irritierend, provozierend oder sogar anklagend in dieser lebensfeindlichen Umgebung.

Der Aufbau der Sprechstundenbereiche und der Medikamentenausgabe wird langsam zur Routine. Schnell füllt sich unser Untersuchungszelt. Wieder kommen zahlreiche Mütter oder Großmütter mit ihren Kindern bzw. Enkelkindern oder auch die großen Schwestern mit ihren kleineren Geschwistern zu uns. Eine „Flüchtlingsmutter“ kommt mit ihren elf Kindern in meine Sprechstunde. Zudem hatte sie leider auch noch vier Fehlgeburten, wie ich im Gespräch heraushöre. Sie ist sehr um ihre Kinder besorgt. Wir erfahren von ihr, dass der Ehemann sich scheiden lassen und zu einer anderen Frau ziehen wird. Ohne Kommentar! Männer sind in den Camps Mangelware.

Wir diagnostizieren zahlreiche Infekte, die gerade bei Kindern unter diesen Lebensbedingungen oft rasch antibiotisch behandelt werden müssen. Bei der Masse an Patienten ist es schwierig, die notwendige Konzentration aufrecht zu erhalten. Genau dies ist eine der wichtigsten Herausforderungen. Aufmerksam und hellhörig, konzentriert und nachhaltig zu bleiben, um dann neben den vielen Routinebehandlungen die ernsthaft erkrankten PatientInnen zu erkennen und entsprechend adäquat zu therapieren. Was aber bedeutet Routine? Was sind banale oder leichte Erkrankungen? In einem Kriegsflüchtlingslager, nach Monaten der Flucht, der Entbehrungen, der unzureichenden Ernährung, der existenziellen Ängste, also dem größten Stressfaktor, den es für uns Menschen gibt, kann sich jede Erkrankung zu einer ernsten Gesundheitsstörung entwickeln.

Die Nacht ist dieses Mal von dumpfen Bombeneinschlägen begleitet. Sie sind zum Glück wohl weiter entfernt, aber Feuerwerk ist es mit Sicherheit nicht. Ich kann nur erahnen, was es bedeutet, dieses Geräusch zu hören und damit rechnen zu müssen, dass die Einschläge näher kommen. Zudem fliegen vermehrt Militärhubschrauber über die Bekaa-Ebene an der syrischen Grenze im Libanon.

Die unsichtbare Waffe

Wir sind inzwischen weitergezogen. Im Flüchtlingslager 19 halten wir unsere medizinische Sprechstunde in einem noch im Rohbau befindlichen Gebäude ab. Alles ist offen und der Wind bläst uns zeitweise heftig um die Ohren. Das Besondere in diesem Lager ist, dass hier viele Menschen leben, die sich in der Nähe des Giftgasangriffs durch den Diktator und Augenarzt (!) Assad in Syrien befanden, und nun Angst davor haben, was mit ihnen und mit ihren Kindern noch passieren könnte, nachdem sie vielleicht doch etwas von diesem Gift eingeatmet haben. Viele leiden noch unter Schwindel, Appetitlosigkeit und Gefühlsstörungen, besonders unter Taubheitsgefühlen in den Extremitäten. Natürlich kann das Einatmen von Giftgas auch Langzeitschäden verursachen, aber was können wir jetzt noch tun? Ich versuche, die Familien zu beruhigen, und erkläre, dass das gefährlichste die Sofortwirkungen des Giftgases gewesen seien. Plötzlich bin ich, obwohl mir dies vorher rational bewusst war, auch emotional dem Giftgasverbrechen so nahe! Das Leid bekommt ein Gesicht, es wird konkret und ist nicht mehr abstrakt. Diese Begegnungen lassen mich auch in den folgenden Tagen nicht los.

Mittlerweile ist durch die internationalen Kontrolleure bestätigt worden, dass es sich um das Giftgas Sarin handelt. Diese Menschen, diese Opfer eines auf allen Seiten brutal geführten Bürgerkrieges, werden die Erfahrung eines todbringenden Giftes, das unsichtbar und geruchlos das Leben nimmt, niemals vergessen. Sie werden diese psychischen und physischen Wunden ihr Leben lang in sich tragen.

SARIN, EIN GIFT AUS DEUTSCHLAND

Sarin, ein Nervengas, das als Massenvernichtungswaffe eingestuft wird, wurde von deutschen Forschern während des Nationalsozialismus Ende der Dreißigerjahre entwickelt. Diese absolut tödliche Substanz ist nach ihren Entwicklern benannt: Das „S" steht für Schrader, einen *Bayer*-Chemiker, Ambros von den *I.G. Farben* ist für das „A" verantwortlich, Ritter vom *Reichsamt für Wirtschaftsausbau* für das „R" und Hans Jürgen von der Linde vom *Heereswaffenamt* der Nazis für das „IN".

Ursprünglich war man auf der Suche nach einem Insektenvernichtungsmittel. Die Nationalsozialisten erkannten aber sofort, dass dieses Gift sich als chemischer Kampfstoff eigne-

te. Dass dieses vollkommen geruch-, farb- und geschmacklose Gas im Zweiten Weltkrieg von Hitler nicht eingesetzt wurde, lag wahrscheinlich auch an seinen eigenen katastrophalen Erfahrungen mit dem Einsatz von Giftgas während des Ersten Weltkrieges. Wie tödlich es ist, zu welch massiven Behinderungen es führen kann und wie in höchstem Maße traumatisierend es auf die Überlebenden wirkt, hatte er selbst erlebt.

Sarin kann durch Einatmen, über die Haut eines kontaminierten Opfers bzw. auch dessen Kleidung und sogar über das Trinkwasser aufgenommen werden. Die Opfer einer Sarin-Exposition sind sehr schwer medizinisch zu behandeln. Es wirkt schon in kleinsten Mengen tödlich. Die ersten Symptome sind relativ uncharakteristisch. Je nach Stärke der Kontamination erleben die Betroffenen ein Engegefühl in der Brust, eine laufende Nase, Muskelzuckungen, Erbrechen oder Sehstörungen. Dies können die Vorboten sein, bis schließlich durch eine Dauererregung der Nervenzellen der Kreislauf kollabiert, die Patienten ins Koma fallen und die Atemlähmung zum Tode führt. Zur Blockade dieser verheerenden Auswirkungen auf die Nervenzellen kann die Substanz Atropin gespritzt werden, dies muss allerdings sofort geschehen. Saddam Hussein setzte dieses Giftgas gegen irakische Kurden und im Konflikt mit dem Iran ein. Es starben Tausende Menschen.

Kinder, die nicht mehr reden

Unterwegs zum nächsten Flüchtlingslager. Viel Zeit zum Nachdenken bleibt nicht! Dort angekommen erfahren wir als Erstes, dass am Tag zuvor zwei Kinder in einen Brunnen gefallen und an ihren Verletzungen verstorben waren. In wenigen Stunden soll die Trauerfeier stattfinden. Wir entschließen uns, in ein anderes Camp zu fahren, um die Trauerfeier nicht zu stören. Im nächsten Lager werden wir mit der Information begrüßt, dass am Tag zuvor ein Mann verunglückt und verstorben sei. Wir beginnen dennoch mit unserer Sprechstunde. Irgendwo müssen wir weitermachen.

Viele der geflüchteten Menschen sind von Aleppo, im Norden Syriens, bis hier nach Zahlé, in der Mitte des Libanon, geflüchtet, da die türkische Grenze geschlossen ist. Welche Strapazen! Immer häufiger kommen Mütter zu uns, wie auch in diesem Lager, und berichten von gravierenden Verhaltensauffälligkeiten ihrer Kinder. Die Ursache: Nach Bombenexplosionen und Kampfhandlungen in direkter Nähe hätten die Kinder aufgehört zu sprechen, würden ständig weinen und nachts oft aus dem Schlaf laut schreiend aufwachen. So auch der kleine Salloum.

Was kann ich, was können wir für diese Kinder tun? Bei der Masse an betroffenen Kindern, unter diesen Umständen, als Flüchtlinge in einem fremden Land! Wir versuchen, das Mental-Health-Centrum einzuschalten mit wenig Hoffnung auf eine nachhaltige Hilfe für diese traumatisierten kleinen Menschen. Frustration pur! Und Wut pur auf all die Verantwortlichen dieses katastrophalen Bürgerkrieges. Aber auch auf die doch sehr schleppend fortschreitende Unterstützung der geflüchteten Menschen durch die *UN*.

Das UNO-Kinderhilfswerk *UNICEF* berichtete gerade vor wenigen Wochen, dass die Hilfsprojekte für die Flüchtlingskinder im Libanon bislang nur zur Hälfte finanziert seien und allein bis zum Ende dieses Jahres noch rund 80 Millionen US-Dollar fehlten. Es ist ein Tag der Trauer!

MIGRATIONSKINDER UND SELEKTIVER MUTISMUS

Vom selektiven Mutismus sind in der Regel Kinder zwischen dem vierten und achten Lebensjahr betroffen. Die Häufigkeit für das Krankheitsbild selbst liegt unter einem Prozent, wobei aber Mädchen, Migrantenkinder sowie Kinder mit zweisprachigem Hintergrund potenziell häufiger betroffen sind. Um die Störung zu diagnostizieren, muss die Kommunikationsverweigerung gegenüber nicht vertrauten Personen oder Situationen für einen Zeitraum von mehr als vier Wochen vorliegen, um einfache Schüchternheit als Ursache ausschließen zu können. Oft kommunizieren die betroffenen Personen nur mit dem engsten Familienkreis, etwa der eigenen Mutter oder den Geschwistern (Lempp 2016, S. 28).

Die Häufung von selektivem Mutismus bei Kindern mit Migrationshintergrund wurde in mehreren Studien festgestellt. Über die Ursachen rätselt die Wissenschaft noch. Jedoch gibt es Hinweise in einer Studie von den Pädagogen Yoel Elizur und Gustavo Perednik von der Universität in Jerusalem aus

dem Jahre 2003. Diese stellten fest, dass bei Betroffenen mit Migrationshintergrund die sozialen Ängste besonders stark ausgeprägt sind, während bei den Kindern ohne Migrationshintergrund eher allgemeine Entwicklungsverzögerungen oder generelle soziale Unfähigkeit als ursächlich erschienen. Anhand dieser Ergebnisse lässt sich vermuten, dass selektiver Mutismus bei Kindern mit Migrationshintergrund aus der Unsicherheit heraus entstehen könnte oder nach traumatischen Erlebnissen. Die eingeschränkten Sprachkenntnisse einiger Betroffener lassen deren Chancen auf Beteiligung schrumpfen und erschweren die Kommunikation. Die daraus resultierenden sozialen Ängste wachsen sich schließlich zum voll ausgeprägten Krankheitsbild aus. Wies das Kind vorher schon Tendenzen zur Schüchternheit auf, so verstärkt sich dieser Effekt noch einmal (Starke 2016, S. 355 ff).

Die Geschichte einer jungen Mutter

Am heutigen Tag ist unsere letzte Patientin zugleich die „wichtigste“, da sie dringend ins Krankenhaus muss. David, unser immer zu einem Spaß aufgelegter Dolmetscher, der aber, wenn es darauf ankommt, engagiert und präsent ist, möchte mit mir zu einer nicht gehfähigen, körperlich sehr schwachen jungen Patientin gehen. Da es sich um eine Frau direkt nach der Geburt handelt, bitte ich Sabine, unsere Krankenschwester vor Ort, sich die Patientin anzuschauen. Die junge Frau heißt Fatima, ist 16 Jahre alt und hat vor vier Tagen ihr erstes Kind zur Welt gebracht. Sabine berichtet, dass das Zelt voller Menschen gewesen sei, was die Untersuchung der jungen Mutter sehr erschwert habe. Der kurze Überblick, den sie sich verschaffen konnte, ergab einen Verdacht auf eine Infektion im Bauchraum. Mit diesem Krankheitsbild muss die Frau schnellstmöglich in ein Krankenhaus gebracht werden. Hierfür müssen zahlreiche Formulare ausgefüllt werden. Wir stufen die Situation des Mädchens als hoch dringend ein, d. h. sie muss innerhalb von 24 Stunden im Krankenhaus vorgestellt werden. Am liebsten wäre es uns, wenn dies sofort geschähe. Die Angehörigen zögern erst, wollen es sich aber überlegen.

Am nächsten Tag bitten wir unseren Dolmetscher David, die Eltern von Fatima anzurufen, um zu erfahren, was mit ihr geschehen ist. Fatimas Mutter erklärt, dass sie noch am gestrigen Tage im Krankenhaus gewesen seien. Dort habe man sie aber wieder weggeschickt, da kein Gynäkologe anwesend gewesen sei. Irgendwie habe dann die Familie einen anderen Arzt erreicht, der Fatima, ohne sie zu sehen, verschiedene Arzneimittel verschrieben habe. Diese Medikamente hätte die Familie dann schnell noch in einer Apotheke besorgt. Klingt alles etwas chaotisch und verworren. Wir entscheiden kurzerhand, zu Fatima zu fahren, um uns selbst einen Eindruck zu verschaffen.

Im Flüchtlingslager angekommen, steht ein großer Bulldozer vor dem Camp Nr. 5, der Schutt und Steinbrocken der teilweise eingestürzten Bauruinen wegräumt. Schwer zu beschreiben diese Tristesse, in der die Menschen leben müssen. Fatima liegt in der Ecke eines Raumes mit ihrem fünf Tage alten Baby auf einer Matratze. Man sieht ihr die Schmerzen an, aber auch die Angst davor, wie es mit ihr weitergehen wird. Sabine untersucht die junge Mutter. Der Bauch ist weicher und nicht mehr so angespannt wie am Tag zuvor. Ein gutes Zeichen! Scheinbar wirken die verordneten Medikamente, denn Fatima geht es etwas besser im Vergleich zu gestern. Ich untersuche ihren Kreislauf. Sie hat einen hohen Puls, eingefallene Augenhöhlen und sieht dehydriert aus. Eine Anämie ist auf den ersten Blick bei Menschen mit einer brauneren Hautfarbe etwas schwieriger zu diagnostizieren. Ich entscheide mich für die Gabe einer Infusion. Wir werden heute nach Beendigung unserer Sprechstundentour im Camp Nr.19 noch einmal nach Fatima sehen.

Bevor wir am darauffolgenden Tag in die Lager Nr. 10 und 11 fahren, besuchen wir, fast mittlerweile schon routinemäßig, Fatima und ihre kleine Tochter Samira. Als wir in den kahlen Raum eintreten, sind wir etwas irritiert: Unterhalb von Fatimas Schlafplatz liegt eine ähnlich aussehende junge Frau, und siehe da, neben ihr liegt ebenfalls ein Baby, das gestern geboren wurde. Es ist Fatimas 17-jährige Schwester Amira. Die junge Mutter ist nicht allein, ein stolzer Vater zeigt mir mit einem breiten Lächeln seinen Sohn. Auch die Großmutter strahlt vor Freude, dass ihre beiden Töchter solch reizende Babys zur Welt gebracht haben. Fatimas Schritte sind zwar noch langsam und bedächtig gewählt, ständig eine Hand schützend an den Unterbauch gelegt, aber sie hat ein Lächeln auf ihrem Gesicht. Die Neugeborenengelbsucht von Fatimas Baby, die uns etwas Sorge bereitet hatte, ist ebenfalls fast vollkommen verschwunden. Das Stillen scheint jetzt auch gut zu funktionieren. Wir motivieren beide Mütter, ihre Kinder weiterhin mit Muttermilch zu versorgen, da dies so wichtig für ihre so zarten und verwundbaren kleinen Nachkommen ist. Ich merke Fatima an, wie zerbrechlich und schwach sie sich noch fühlt. Wir werden ihr morgen nochmals eine Infusion zum Regenerieren geben.

In den neuen Lagern behandeln Sabine und ich fast 200 Patienten. Es fällt auf, wie häufig junge Mädchen zu uns kommen. Sie haben oft Infekte der oberen Luftwege und Schwielen sowie dicke Hornhautschichten auf ihren Handinnenflächen. Ihr Blick ist traurig, introvertiert und leidend. Eine unbeschwerte Kindheit scheint schon lange der Vergangenheit anzugehören. Wir erfahren, dass

die Mädchen sehr früh, häufig schon im Alter von acht Jahren, auf den Feldern arbeiten müssen. Schwere Arbeit, der Sonne aber auch dem heftigen Wind und den immer intensiver werdenden Kälteeinbrüchen schutzlos ausgeliefert. Sie müssen schon jetzt zur Finanzierung der Familie beitragen. Wenn sie älter sind, und dies bedeutet am Beispiel von Fatima und ihrer Schwester mit 14 oder 15 Jahren, werden sie verheiratet und bekommen oft neun Monate später ihr erstes Kind. Die Erwartungshaltung an diese jungen Frauen – oder sind es doch noch Kinder? – ist das Gebären zahlreicher Kinder und deren Versorgung sowie die des Ehemannes. Deprimierend für einen aus der westlichen Kultur kommenden Beobachter. Deprimierend und frustrierend aber bestimmt auch für die betroffenen Frauen.

Kurz vor meiner Rückreise nach Deutschland besuche ich Fatima und Samira zum letzten Mal. Es geht ihr deutlich besser. Der Blutdruck ist normal, alle anderen Untersuchungsergebnisse auch. Fatima lächelt jetzt sogar, wenn sie mich sieht. Als ich ihr zu verstehen gebe, dass wir diesmal keine Infusion anschließen müssen, wird ihr Lächeln noch etwas breiter. David übersetzt ihr und der besorgten Großmutter, dass ich heute zum letzten Mal hier sei. Wir verabschieden uns, indem sich unsere Blicke umarmen, jedenfalls empfinde ich es so in diesem Augenblick. Wir reden nicht, unsere Augen und unsere Herzen verstehen, was wir sagen möchten, auch ohne Worte. Wie wird die Zukunft von Fatima und Samira aussehen?

Du – ich – wir

Wer bist du?
Was fühlst du?
Worunter leidest du?
Wie kann ich dich besser verstehen, sehen?
Könnte ich nur eine Minute
im Leben du sein,
dich in mir erfahren,
die Welt mit deinen Augen sehen,
mir würde sich eine neue, deine Welt, offenbaren.

Ich könnte dich verstehen!
Aneinander vorbeireden,
Gleichgültigkeit,
Hilflosigkeit
und Unverständnis
gehörten der Vergangenheit an.

Du und Ich
wären
von nun an
wir.

TÜRKEI –

Flüchtlingskinder ohne Perspektive

2015 an der türkisch-syrischen Grenze. Ich fahre auf eigene Initiative in die türkische Stadt Kilis, um dort ein Projekt für syrische Waisen- und Halbwaisenkinder zu besuchen und über eine mögliche Förderkooperation mit unserem Verein *Armut und Gesundheit e. V.*[5] zu sprechen. Mahmoud, ein ehemals sehr erfolgreicher syrischer Kaufmann, der seit 30 Jahren in Deutschland lebt und als Mercedes-Autohändler mit reichen arabischen Scheichs Millionengeschäfte abgeschlossen hat, engagiert sich hier besonders für syrische Flüchtlingskinder. Nach einigen Reisen zurück in seine Heimat, der Konfrontation mit dem Elend der Kriegsauswirkungen, beschloss er einen totalen Wandel in seinem Leben: Reichtum, adé und soziales Engagement vor Ort für seine von den Bürgerkriegswirren so stark betroffenen Landsleute. Seine Geschichte erinnert irgendwie an die biblische Geschichte von Saulus, der sich zum Paulus wandelte.

In der Stadt Kilis, mit dem Auto eine gute Stunde von der syrischen Großstadt Aleppo entfernt, leben schätzungsweise 400 geflüchtete syrische Kinder und Jugendliche als sogenannte Straßenkinder und über 2.000 Mädchen und Jungen, die Kinderarbeit nachgehen. Ein Skandal im Schatten der Diskussionen bezüglich menschenrechtskonformer Versorgungskonzepte für geflüchtete Menschen!

Viele Flüchtlingsfamilien, die hier unterkommen, müssen Unterkunft und Lebensunterhalt selbst finanzieren. Deshalb sind viele Jungen und Mädchen notgedrungen „Straßenkinder“: Sie suchen Plastik und verwertbaren Abfall, um mit dem Geld ihre Familien finanziell zu unterstützen. Sie können demzufolge keine Schule besuchen. Wir treffen einige von ihnen, die verwahrlost aussehen. Mit „Metall-Fahrgestellen“ und riesengroßen Plastiksäcken daran sammeln sie Abfall und verdienen damit oft gerade einmal drei Euro am Tag.

Mahmoud versucht diese Kinder von der Straße zu holen, indem er den Familien das Geld gibt, das die Kinder durch die Kinderarbeit verdienen würden. Die Familie verpflichtet sich im Gegenzug, den Nachwuchs in die Schule gehen zu lassen. Wir treffen den kleinen

Ali, der misshandelt und gezwungen wird, wieder auf der Straße Plastikmüll zu sammeln. Mit seinen kleinen verdreckten Füßen läuft der Sechsjährige nun quer durch die Stadt – und freut sich riesig über ein Paar Schuhe, die ihm Mahmoud spontan kauft.

Wir treffen den 20-jährigen Habid, der ebenfalls Plastikmüll sammelt. Er war noch vor Kurzem Student der Wirtschaftswissenschaften in Aleppo. Er erhält für einen „Müllsammeltag", für diese menschenunwürdige Arbeit, ganze sieben Euro, mit denen er seine gesamte Familie am Leben erhält. Er wirkt traurig, eingeschüchtert und hilflos und wünscht sich so sehr, sein Studium fortsetzen zu können.

Neben der Kinderarbeit spielt Armutsprostitution durch geflüchtete Frauen eine wichtige Rolle innerhalb der Lebensrealitäten von Menschen auf der Flucht! Dieses Thema unterliegt einer absoluten Tabuisierung. Die betroffenen Frauen und Männer reden nicht darüber und evidenzbasierte Studien gibt es dazu auch nicht. Aber alle, insbesondere die zivilgesellschaftlich Engagierten und politisch Verantwortlichen, wissen um diese Armuts- bzw. Flüchtlingsprostitution.

ARMUTSPROSTITUTION

Die meisten Männer und insbesondere Frauen prostituieren sich, weil sie von Armut betroffen sind! Armutsprostitution nimmt weltweit und besonders auch in Deutschland zu. Dieses Phänomen wird in unserer Gesellschaft und weltweit tabuisiert. Prostitution in Deutschland ist sehr oft im Kontext von Menschenhandel zu sehen. Zudem nimmt Prostitution von Bürgern, die aufgrund ihrer finanziellen Situation in eine Notlage geraten sind, so auch bei geflüchteten Menschen, zu. Viele praktische Erfahrungen deuten darauf hin! Die Berichte betroffener Frauen bestätigen dies ebenfalls.

Sexarbeiterinnen in Deutschland kommen hauptsächlich aus dem Ausland. Gerade aus Osteuropa werden Frauen unter falschen Versprechungen nach Deutschland gelockt, wo sie dann in die Prostitution gezwungen werden. Besonders häufig kommen die Frauen aus Rumänien (25 %), Bulgarien (17 %) und Ungarn (11 %). In Italien gibt es neuere Studien, die zeigen, dass sich geflüchtete Menschen aufgrund ihrer Notlage immer häufiger prostituieren müssen, um überleben zu können.

92 % der Prostituierten haben bereits in ihrer Kindheit Gewalt erfahren. Dabei wurden 43 % der Mädchen sexuell missbraucht und 52 % körperlich misshandelt (Studie des Bundesfamilienministeriums 2004). 70 % der Prostituierten haben eine Posttraumatische Belastungsstörung (PTBS) aufgrund von Gewalterfahrungen entwickelt. Somit tritt die PTBS bei Sexarbeiterinnen doppelt so häufig auf wie bei SoldatInnen aus Kriegsregionen. Weitere häufig feststellbare Erkrankungen sind Sucht- sowie Geschlechtskrankheiten. Nach einer Studie vom Minister of Supply and Services Canada, veröffentlicht im American Journal of Epidemiology, ist die Sterblichkeitsrate bei Sexarbeiterinnen/Prostituierten vierzigmal höher als in der Normalbevölkerung. Die Ursachen sind häufig Mord, Unfall, Alkoholkrankheit und illegaler Drogenmissbrauch. Das Mordrisiko ist achtzehnmal höher als in der Normalbevölkerung.

Das Nordische Modell verbietet Prostitution und legt dabei den Fokus auf die nachfragende Seite und kriminalisiert die Sexkäufer. Dieses Modell wurde erfolgreich in folgenden Ländern umgesetzt: Schweden, Island, Norwegen, Kanada, Nordirland, Frankreich, Irland. Die Ergebnisse sind dabei sehr interessant: So haben entgegen voriger Vermutungen Sexualdelikte und sexuelle Gewalt in diesen Ländern nicht

zugenommen. Zudem hat sich das Frauenbild als Objekt der männlichen Sexualität positiv im Sinne eines individualisierten respektvollen Umgangs verändert, und dies besonders schon bei männlichen Jugendlichen!

Die ganz „normale" Leidensgeschichte eines Kindes in Syrien

Auch die 14-jährige Hadeel lebt mit ihrer Mutter und ihrem Bruder Tamar in Kilis, in einem Waisenhaus, das von Mahmoud finanziert und gegründet wurde.

Hadeel erlebe ich in diesem Waisenhaus als junges, introvertiertes Mädchen, oft mit leerem Blick, melancholisch wirkend, sich um andere kleine Waisenkinder liebevoll kümmernd. Was mag sie erlebt haben? Was macht sie so traurig und zugleich so erwachsen, fast kontrolliert, nicht schwach, einfach vom noch kurzen Leben gezeichnet und dennoch für das weitere Leben bereit?

Eines Tages sitzen Hadeel, Mahmoud und ich in dem kleinen Büro des Waisenhauses. Schließlich entscheide ich mich, Hadeel direkt anzusprechen. Mahmoud übersetzt. Ich frage sie behutsam und zurückhaltend mit dem Hinweis, dass sie mir nicht antworten müsse, was sie, ihr Bruder Tamar und ihre Mutter in Syrien erlebt hätten? Es würde mich sehr interessieren, da ich Hadeel immer so traurig erleben würde, wenn ich überhaupt danach fragen dürfe. Ich habe das Gefühl, dass Hadeel reden möchte, wie ich es schon so oft bei Kindern erleben durfte. Sie sind froh darüber, gefragt zu werden, auch wenn die Frage ein schwieriges, ein belastendes, ein trauriges Thema berührt.

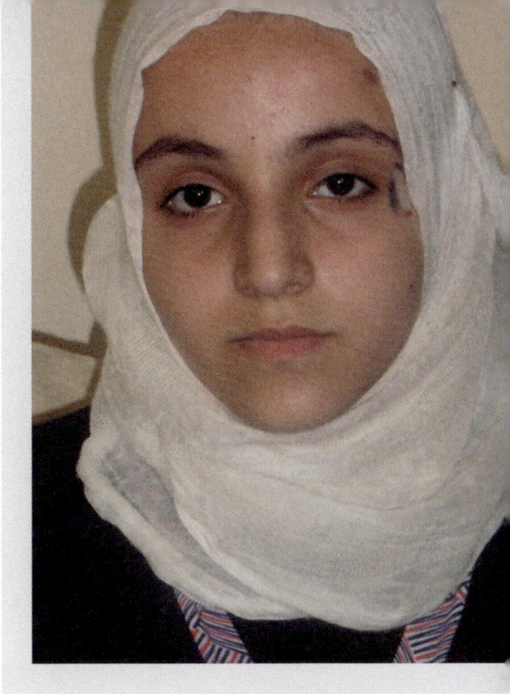

Hadeel beginnt mit noch unsicherer und leiser Stimme zu reden, aber mit einem zarten Lächeln im Gesicht. Was sie uns zwischendurch immer wieder weinend erzählt, ist traurig und unfassbar, spiegelt aber die Realität Tausender Kinder in Kriegsregionen wider: Hadeel lebte mit ihrer Mutter, ihrem Vater und ihrem Bruder in der syrischen Stadt Idlib im Nordwesten Syriens mit einer damaligen Einwohnerzahl von ungefähr 200.000 Menschen. Der *IS*, im arabischen *Daisch* genannt, kam immer wieder in diesen Ort. Assads Unrechtsregime bombardierte oder beschoss diesen Ort deshalb immer wieder mit Raketen.

An jenem Morgen ging ihr Vater über die nahe gelegenen Olivenfelder zu den Großeltern, um eine Axt zum Brennholzmachen zu holen. Es war Ramadan, die heilige Fastenzeit. Als er am Abend wieder zurückkam, der Strom war ausgefallen und Hadeel stand mit ihrem Vater im Hauseingang, erschütterte eine heftige Detonation den gesamten Ort. Eine Rakete war 500 Meter entfernt in einen Schulhof eingeschlagen. Der Vater ging daraufhin auf das Dach ihres Hauses, um zu schauen, was geschehen war.

Er entschied rasch, zum Ort der Zerstörung zu gehen, um nach Verletzten zu schauen und zu helfen. Hadeel und ihre Mutter warnten den Vater, ja, sie flehten ihn an, nicht dort hinzugehen, da nach einem Anschlag häufig ein zweiter folgte. Er fuhr mit seinem kleinen Mofa trotzdem los, sagte seiner Familie noch, sie sollten etwas „Bequemes“ anziehen, um eventuell schnell weglaufen zu können. Nach einiger Zeit kam der Vater außer Atem zurückgelaufen und schrie noch von der Straße aus: „Bleibt im Haus, kommt nicht heraus, eine zweite Rakete kommt!“ Das waren die letzten Worte, die Hadeel von ihrem Vater hörte.

Hadeel versteckte sich schnell im Bad, ihre Mutter und ihr Bruder unter der Treppe im Treppenaufgang des Hauses. Kurz darauf lag alles in Schutt und Asche, begleitet von einem unbeschreiblich lauten Knall. Ein Metallsplitter traf Hadeel an der linken Schulter. Das Dach war zusammengestürzt, die Inneneinrichtung des einen Zimmers war durch die Wucht des Aufpralls ins gegenüberliegende Zimmer geschleudert worden. Alles war in eine Staub- und Rauchwolke gehüllt. Hadeel lief auf die Straße und schrie: „Papa, wo bist du?“

Sie hält während des Erzählens kurz inne, Tränen laufen ihr langsam die Wangen hinab. Sie schaut melancholisch ins Leere und redet mit zarter, aber fester Stimme weiter. Sie hatte keine Schuhe an und verbrannte sich beim Suchen ihres Vaters beide Füße, da der Boden zu glühen schien. Dann passierte es! Hadeel fand ihren Vater, tot, zerfetzt von der Sprengkraft der Rakete, ein Kollateralschaden – eines der schlimmsten Unwörter, die es gibt. Hadeel realisierte den Tod des Vaters aber nicht. Zu aufgeregt war sie, zu geschockt von all dem Geschehenen! Sie lief, nein, sie rannte zu ihrem Onkel, um Hilfe für den Vater zu holen! Die Tochter des Onkels war allerdings auch schwer verwundet. Ein Metallsplitter hatte den Hals verletzt und zu einer starken Blutung geführt. Es herrschte totales Chaos, überall Verwundete und Tote, und keiner konnte der kleinen Hadeel helfen.

Sie lief zurück und hörte Gesprächsfetzen mit, nach denen der Raketenanschlag von der syrischen Armee Assads durchgeführt worden sein soll. Ein Informant musste den Angreifern per Telefon mitgeteilt haben, dass der erste Anschlag, der angeblich Stellungen der freien Armee gegolten hatte, fehlgeschlagen sei. Das Ziel sei 500 Meter entfernt gewesen, und ein zweiter Raketenangriff sei notwendig mit neuen Zielkoordinaten. Dieser Angriff tötete Hadeels Vater. Hadeels Tante tröstete endlich das junge Mädchen, das den zerfetzten Körper ihres Vaters ansehen musste. Ihre Mutter und ihr Bruder Tamar wurden von diesem Anblick zurückgehalten.

Um den Vater schnellstmöglich beerdigen zu können, mussten die zerstreuten Körperteile gesucht werden. Auch während der vielen Beerdigungen gingen die Luftangriffe weiter. Die Teilnehmer der Beerdigungszeremonien waren ständig Lebensgefahr ausgesetzt. Man erzählte sich, dass Hadeels Vater schon auf dem Weg zur ersten Anschlagsstelle die Vorahnung gehabt haben soll, dass er heute sterben würde.

Hadeels Familie, ihr Bruder und die Mutter blieben noch eine Woche in Syrien, dann flohen sie in die Türkei, wo sie in Mahmouds Waisenhaus unterkamen. Ein neues Leben in Sicherheit, aber ohne Perspektive und mit furchtbaren Erinnerungen.

Während ich anschließend im Waisenhaus sitze und Hadeels Geschichte aufschreibe, sitzen fünf Frauen zusammen mit mir in dem Raum, in dem das Essen zubereitet wird. Ich zeige den Frauen ein Bild meiner Kinder. Zwei Frauen zeigen mir auf ihrem Handy ihre Kinder. Und dann geschieht wieder einmal etwas Unfassbares, jedenfalls empfinde ich dies so: Eine Frau zeigt mir ein Bild von Hadeel. Es ist Hadeels Mutter. Wir können uns nicht wirklich unterhalten und differenziert verständigen, aber irgendwie geht es doch. Ich vermittle ihr, dass ich gestern mit Hadeel über die Ereignisse in Idlib, am Tag des Todes ihres Mannes, gesprochen hätte. Daraufhin zeigt Sana Reefay, so heißt die Mutter, mir auf ihrem Handy Bilder ihres Mannes und Bilder des zerstörten Hauses.

Es ist sicher kein Zufall, dass wir, Hadeels Mutter und ich, uns in diesem Moment gemeinsam in einem Raum befinden, in dem meine Gedanken ganz bei dem Schicksal ihrer Familie sind. Wo wir durch das Zeigen unserer Kinder auf unseren Handys zur leidenden Mutter und zum mitfühlenden Vater werden. Oder einfach zu Vater und Mutter, zu Eltern. Ein magic moment! Ein Moment der tiefen Berührung und der Begegnung. Martin Buber, jüdischer Religionsphilosoph, sagte einmal: „Alles wirkliche Leben ist Begegnung.“[6]

TRAUMATISIERUNG VON GEFLÜCHTETEN MENSCHEN

Fischer, ein renommierter Trauma-Experte, definiert ein extremes psychisches Trauma mit der Umschreibung: „Ein Trauma ist ein vitales Diskrepanzerlebnis zwischen bedrohlichen Situationsfaktoren und individuellen Bewältigungsmöglichkeiten, das mit Gefühlen von Hilflosigkeit und schutzloser Preisgabe einhergeht und so eine dauerhafte Erschütterung von Selbst- und Weltverständnis bewirkt."[7]

Die *WHO* definiert Traumata im ICD 10[8] als „ein belastendes Ereignis oder eine Situation außergewöhnlicher Bedrohung oder katastrophenartigen Ausmaßes (kurz oder lang anhaltend), die bei fast jedem eine tiefe Verstörung hervorrufen würde". Es wird zwischen einer primären, sekundären und tertiären Traumatisierung differenziert:

Eine primäre Traumatisierung liegt dann vor, wenn das traumatische Ereignis selbst miterlebt wurde, es handelt sich demzufolge um das direkte Opfer des Trauma-Ereignisses, es besteht ein direkter zeitlicher Zusammenhang, es werden unmittelbare sensorische Erfahrungen gemacht.

Bei der sekundären Traumatisierung sind anwesende Beobachter, Angehörige oder auch das Rettungspersonal bis hin zu Therapeuten des direkt Traumatisierten betroffen. Es besteht ein zeitlicher Abstand zum Geschehenen, es wurden keine eigenen sensorischen Eindrücke erfahren und es kann zu einer Übertragung der Gefühle des primär Betroffenen kommen. Es handelt sich sozusagen um eine Übertragung der Traumatisierung vom Betroffenen auf eine andere, primär nicht beteiligte Person aufgrund der Schilderung des Erlebten. Ebenfalls in diesem Zusammenhang verwendete Begriffe wären „vicarious traumatization" (stellvertretende Traumatisierung) oder auch „compassion fatigue" (Mitgefühlsmüdigkeit).

Die sekundäre Traumatisierung wird zudem in zwei Trauma-Typen unterteilt (Landolt 2004). Traumatisierungen nach Typ 1 sind einmalige Ereignisse, die spontan, akut und unvorhersehbar geschehen, wie z. B. ein Verkehrsunfall. Typ-2-Traumatisierungen treten wiederholt auf und sind teilweise auch vorhersehbar. Beispiele wären Kriegseinsätze oder auch wiederholt stattfindender sexueller Missbrauch. Des Weiteren wird zwischen „man-made disaster" und Naturkatastrophen bzw. technischen Katastrophen unterschieden. Bei „man-made disaster" ist der Katastrophenverursacher ein Mensch. Typ-2-Traumata und von Menschen verursachte Traumatisierungen gelten als schwerwiegender, da das Vertrauen in menschliche Beziehungen fundamental erschüttert würde.

Insbesondere bei geflüchteten Menschen stellen psychische Folgen, ausgelöst durch traumatisierende Erlebnisse wie Krieg, Verfolgung, Flucht, Folter oder sexuellen Missbrauch ein erhöhtes Erkrankungsrisiko für Depressionen, Suizidalität und eine posttraumatische Belastungsstörung dar. Diese werden häufig nicht erkannt und anerkannt und dann noch aufgrund der repressiven ablehnenden Behandlung in den Zufluchtsländern verschärft. Die notwendige psychologische bzw. psychiatrische adäquate Versorgung ist nicht gewährleistet. Wartezeiten von sechs Monaten und mehr bis zur Konsultation eines Facharztes sind gängige Praxis.

Die tertiäre Traumatisierung oder auch das Modell der sequenziellen Traumatisierung (Kettentraumatisierung) nach Hans Keilson (2005) ist gerade im Kontext der Behandlung Traumatisierter von Bedeutung. Entscheidend in dieser Phase der Trauma-Arbeit ist es, dass ein neues Leben mit sozialer Sicherheit und Stabilität aufgebaut werden kann und wird. Der Patient oder die Patientin muss sich wertgeschätzt und ernst genommen fühlen.

Genau dies geschieht aber leider in Deutschland häufig nicht bei der Begegnung mit MigrantInnen, AsylbewerberInnen und Geflüchteten. Im Gegenteil, sie erfahren Ablehnung auf eine brutale Art und Weise durch häufig rechtsradikal motivierte Übergriffe, aber auch durch die sogenannte PEGIDA-Bewegung mit ihren rassistischen Parolen. Etwas subtiler, aber genauso nachhaltig traumatisierend sind der häufig repressive bürokratische, behördliche Umgang und die praktizierte Kommunikation mit Menschen, die zu uns flüchten.

Menschen, die schwere Formen seelischer, körperlicher und/oder sexueller Gewalt erlitten haben, gehören laut der EU-Richtlinie 2013/33/EU zu den besonders schutzbedürftigen Personen. Nach dieser Richtlinie haben sämtliche EU-Staaten die Pflicht, die besondere und spezifische Lebenssituation dieser schutzbedürftigen Menschen zu berücksichtigen. Anamnese, Diagnostik und Therapie müssen zeitnah und kompetent, d. h. fachärztlich erfolgen. PatientInnen, bei denen eine Posttraumatische Belastungsstörung oder eine andere psychische Erkrankung festgestellt wurde, sollen nach den EU-Richtlinien nicht abgeschoben werden. Es wird eindeutig darauf hingewiesen, dass eine Abschiebung in diesen Fällen, allein durch die Maßnahme und/oder die Ankunft im Heimatland bzw. Einreiseland (Dublin-III-Problematik) zu einer erheblichen Krankheitsverschlimmerung führen kann.

Nach dem Erleben eines Traumas gibt es weitere Hauptsymptome für die Diagnose einer PTBS:

- Bei Intrusionen erleben Betroffene einzelne Momente der traumatischen Erinnerung immer wieder. Ausgelöst werden diese unkontrollierten und unvollständigen Erinnerungen meist unbewusst durch sogenannte „Trigger", dies sind häufig sensorische Reize, wie z.B. Bilder (enge und dunkle Keller), Geräusche (Silvesterknaller), Gerüche usw. Es kommt zu einem ungewollten Wiedererleben (Intrusion) des Traumas mit dem Zeigen der gleichen körperlichen und emotionalen Reaktionen wie zum Zeitpunkt des Ereignisses (Tagay/Schlotterbohm/Lindner 2016, 44).
- Ein weiterer zentraler Symptomkomplex ist das Vermeidungsverhalten. Hier kommen typische Strategiemuster zum Einsatz, um die Erinnerungen und Gedanken, die man in Verbindung mit der traumatischen Erfahrung hat, zu vermeiden. Dies kann auf der Verhaltensebene (keine Gespräche zu führen, die Erinnerungen an das Trauma hervorrufen können) und auf kognitiver Ebene (Flucht vor dem Auftreten von Intrusionen) geschehen. Viele äußerten ein Gefühl des Betäubtseins oder fielen in eine emotionale Starre (vgl. Maercker 2019, 15).
- Die dritte typische Symptomatik im Kontext einer PTSB ist das sogenannte Hyperarousal, welches eine Form

von Übererregbarkeit des autonomen Nervensystems darstellt. Der Körper der Betroffenen steht in ständiger Alarmbereitschaft, was zu Unruhe, Konzentrations- und Schlafstörungen, sowie zu Reizbarkeit und Schreckhaftigkeit führen kann (Tagay/Schlotterbohm/Lindner 2016, 44).

Besonders Kinder sind der Gefahr ausgesetzt, infolge von PTBS „gravierende kognitive und sozio-emotionale Störungen zu entwickeln und in ihrem weiteren Entwicklungsverlauf nachhaltig beeinträchtigt zu sein" (vgl. BMFSFJ 2017. 6).

Immer noch bestehen große Barrieren im Zugang zu psychiatrischer Behandlung für geflüchtete Menschen. So wird der Zugang zu psychiatrischer Behandlung durch strukturelle Barrieren, wie etwa die Bewilligung der Leistungsträger (Sozialamt, Jugendamt, Krankenkasse) sowie der eingeschränkten Autonomie und Bewegungsfreiheit des Asylrechts besonders erschwert (BAfF 2017, 35). Ebenfalls sind Kommunikation und Interaktion erhebliche Hürden, da es in Deutschland nur wenig bedarfsgerechte Angebote gibt. Es gibt immer noch nicht genügend sprachlich geschulte Therapeuten, die die Muttersprache der Flüchtlinge sprechen und somit erfolgreich therapieren können.

AM MITTELMEER –

Das stille Sterben

Ein jähes Ende

Im August 2015 auf Lampedusa. 2014, als die Situation über das Mittelmeer flüchtender Menschen immer prekärer wurde, die italienischen Behörden die Seenotrettung einstellten und Europa sich weigerte, ein menschenrechtskonformes Seenotrettungsprogramm aufzubauen, suche ich verzweifelt nach einer Möglichkeit, mich bei der Rettung von Flüchtlingen auf dem Meer zu beteiligen. Zufällig lerne ich Akteure, Aktivisten, engagierte junge Menschen in Hamburg kennen, die einen Fischkutter für Hilfseinsätze im Mittelmeer umbauen. Es handelt sich um die Geburtsstunde der mittlerweile sehr bekannten und profilierten zivilen Seenotrettungsorganisation *Sea-Watch*. Ich biete sofort meine medizinische Hilfe an. Wir erstellen einen Plan zur gesundheitlichen Versorgung von Geflüchteten, die gegebenenfalls von der *MS Sea-Watch 1* an Bord aufgenommen werden würden. Ich erstelle ein medizinisches

Hilfskonzept und übernehme als Arzt, gemeinsam mit Henning, einem erfahrenen Seenotretter der *Deutschen Seenotrettung* in der Ost- und Nordsee, in der Anfangszeit der *Sea-Watch* die medizinisch-logistische Koordination.

Monate später legt die *MS Sea-Watch 1* endlich ab. Der Seegang ist unverändert. Das bedeutet für mich, konzentriert die Übelkeit zu bekämpfen. Schon bald erhalten wir einen außergewöhnlichen Telefonanruf mit der Info, dass ein Hilferuf von einem Flüchtlingsboot empfangen worden sei. Eine Frau auf Sizilien nimmt schon seit Monaten Hilfstelefonate, speziell von geflüchteten Menschen, die sich mit ihrem Boot im Mittelmeer befinden und in Seenot geraten sind, entgegen und gibt diese Informationen dann an vor Ort befindliche Rettungsboote weiter. Sie ruft uns direkt an! Normalerweise werden wir von der zentralen Rettungsleitstelle in Rom kontaktiert.

Im Flüchtlingsboot würden sich über 600 Menschen befinden, der Motor sei ausgefallen und Wasser würde in den Maschinenraum eindringen, sagt sie uns. Die Koordinaten, die sie uns durchgibt, können allerdings nicht richtig sein, denn der ausgerechnete Standort des Bootes läge auf dem tunesischen Festland. Wir haben ein Satellitentelefon an Bord, das eine Vorgänger-Crew von einem geretteten Flüchtlingsboot einbehalten hatte. Ein sogenanntes Thuraya-Telefon. Wenn man die Funktionsweise dieses Telefons beherrscht, kann man den exakten Standort seines Bootes bestimmen. Wir versuchen das Flüchtlingsschiff über unser Thuraya-Satellitentelefon zu erreichen. Leider ohne Erfolg.

Stunden später erfahren wir, dass dieses Flüchtlingsboot beim Eintreffen von Rettungskräften gesunken ist und Hunderte Menschen ertrunken sind. Ein Teil hätte noch gerettet werden können, viele seien aber wahrscheinlich unter Deck eingeschlossen gewesen, wird uns berichtet. Es muss schrecklich gewesen sein! Die

Besatzung der *Dignity I*, eines der beiden Rettungsschiffe von der Hilfsorganisation *Ärzte ohne Grenzen*, muss die Hilfeschreie und den Versuch der Flüchtenden, nicht zu ertrinken, miterleben. Sehr wahrscheinlich über 400 Menschen sind es, die auf ihrer Flucht gestorben sind. Tode, die durch ein gemeinsames europäisches Rettungskonzept hätten verhindert werden können. Es hat einfach eine vollkommen andere Qualität, so dicht dran zu sein und die Tragik und Dramatik der Rettungsaktion mitzuerleben. Wir sind alle traurig und frustriert. Und natürlich auch wütend.

Doch für Trauer ist hier keine Zeit. Wir sind schließlich hier, um Menschen zu retten. Am Morgen sind wir alle wieder hoch motiviert. Wir halten weiterhin Ausschau nach Flüchtlingsbooten, so wie die Nachtschicht es im Dunklen getan hat. Dann kommt die erste Hiobsbotschaft: Der Generator unseres alten Fischerkutters ist ausgefallen und funktioniert nicht mehr. Ohne Generator geht es zwar weiter, aber wir sind doch etwas in unseren Handlungsmöglichkeiten eingeschränkt. Kurz danach folgt die zweite Hiobsbotschaft: Das Getriebe der *MS Sea-Watch 1* scheint nicht mehr rundzulaufen, es sind Geräusche zu hören, die man nicht hören sollte. Peer, unser Bordmaschinist, geht in den Maschinenraum, checkt sämtliche Möglichkeiten der Reparatur und entscheidet schließlich, dass wir die Rettungsfahrt abbrechen müssen. Wir sind frustriert, deprimiert, unsere Stimmung ist auf einem Tiefpunkt angelangt.

Diesen Schock müssen wir erst einmal überwinden. Ich überlege, wo die Kompetenz und Mitarbeit des medizinischen Teams vielleicht an anderer Stelle vor Ort gebraucht werden könnten, aber leider gibt es keinen Bedarf.

Nach eineinhalb Tagen im Einsatzgebiet müssen wir nun unverrichteter Dinge wieder nach Hause fahren. Der Frust sitzt tief. Über kurz oder lang benötigt das *Sea-Watch*-Projekt ein neues Schiff. Es handelt sich eben um einen alten Fischkutter. Die Idee, der Ansatz, das Hilfskonzept – alles ist richtig. Wir benötigen einfach mehr finanzielle Mittel, um uns ein Rettungsschiff anzuschaffen, das sich in einem besseren Zustand befindet. Wir werden nicht aufgeben! Trotzdem spüre ich ein skurril erscheinendes Schuldgefühl in mir gegenüber all den betroffenen Menschen, den Flüchtenden in den kaum fahrtüchtigen Booten. Ich habe das Gefühl, sie im Stich gelassen zu haben.

Auf unserer Rückfahrt von der libyschen Küste nach Lampedusa taucht plötzlich eine Taube auf und setzt sich auf unseren Segelmast. Wo auch immer diese Taube auf offener hoher See hergekommen sein mag, wir interpretieren sie als positives Zeichen. Wir dürfen nicht aufgeben! Für Menschlichkeit gibt es keine Alternative!!

Im Mittelmeer ertrinken derzeit auch die Menschenrechte. Die Menschenrechte sind die wesentliche Grundlage der europäischen Identität. Verlieren wir diese gemeinschaftliche Lebensbasis, verlieren wir uns. Und genau dies wird letztendlich die Idee eines vereinten Europas zerstören.

Der Kampf um Menschlichkeit, um die Rettung der Bootsflüchtlinge im Mittelmeer, darf nicht aufhören, er muss innerhalb der argumentativen Auseinandersetzung radikaler werden. Jeder Mensch hat das Recht auf ein Leben in Freiheit, in Sicherheit und Wohlstand. Refugees Welcome!

DAS MITTELMEER ALS FLUCHTROUTE

ZAHL DER ÜBER DAS MITTELMEER GEFLOHENEN MENSCHEN:

- 2016: 373.652
- 2017: 185.139
- 2018: 141.472
- 2019: 123.663
- 2020: 72.751

Das Mittelmeer ist die tödlichste Seeroute der Welt.

FAKTEN ZUR FLUCHT ÜBERS MEER:

- 2016 ertranken über 5.000 Menschen im Mittelmeer.
- 2017 starben oder verschwanden laut dem Flüchtlingshilfswerk der Vereinten Nationen mehr als 3.100 Menschen.
- 2018 gab es mehr als 2.200 Tote und Vermisste.
- 2019 starben 1.335 Menschen.
- 2020 fanden 1.166 Menschen den Tod bei der Flucht über das Mittelmeer.
- Die Zahl der Toten und Vermissten können jedoch nur Schätzungen sein. Die genaue Zahl der Opfer wird für immer im Dunkeln bleiben.

DER PULL-FAKTOR:

Immer wieder wird den Seenotrettungsorganisationen unterstellt, sie würden allein durch ihre Anwesenheit im Mittelmeer einen Pull-Faktor (Anziehungsfaktor) hinsichtlich der Flüchtlingszahlen darstellen. Dass also die Menschen flüchten würden, weil sie wüssten, es sind Seenotrettungsorganisationen vor Ort.

Eine Untersuchung von zwei Forschern der Scuola Normale Superiore in Florenz und der Universität Oxford fand heraus, dass es beim Vergleich von Zeiträumen mit starken und schwachen Rettungsaktivitäten keinen diesbezüglichen Zusammenhang gibt. Es gebe aber einen positiven Effekt auf die Anzahl der geretteten Menschen, d. h. es kommen nicht mehr geflüchtete Menschen über das Mittelmeer, es überleben aber mehr, es gibt also deutlich weniger Tote!! Wie pervers ist es, diese Fakten zum Anlass zu nehmen, die Seenotrettung zu kritisieren?!

DER VORPROGRAMMIERTE TOD IM MITTELMEER:
Fuhren 2012 meist noch hölzerne Fischerboote, waren es 2013 und danach zu 70 % Schlauchboote. „Und die waren nie dafür gemacht oder ausgerüstet, Italiens Küste zu erreichen", sagt Paolo Campana von der Universität Cambridge. „Die Schmuggler gaben ihnen gerade so viel Treibstoff, dass sie internationale Gewässer erreichten" – und oft nicht einmal ein Satellitentelefon, um einen Notruf absetzen zu können.

Wie könnte ein Fazit aussehen? Ich konnte niemanden retten. Das hat mir die Tragik und Ohnmacht dieser katastrophalen Situation gegenüber nochmals deutlich ins Bewusstsein gebracht. Aber es geht nicht um uns, es geht um die Menschen, die ihr Leben riskieren, um ein Leben ohne Furcht leben zu können. Drei Aspekte erscheinen mir besonders wichtig:

1. *Es muss sofort eine umfassende Rettungsstrategie realisiert werden, um die Flüchtlinge im Mittelmeer vor dem Tod zu retten. Dies ist eine Aufgabe, die Gesamteuropa leisten muss und nicht nur Italien.*

2. Es müssen legale Zugangswege nach Europa geschaffen werden. Damit würden die Schlepperaktionen aufhören und vor allem müsste niemand mehr sein Leben riskieren.
3. Die Situation in den Ländern, aus denen die Flüchtenden fliehen, muss verbessert werden. Kriegs- und Bürgerkriegsursachen müssen beseitigt und die wirtschaftliche Potenz in den betroffenen Ländern gestärkt werden. Mahatma Gandhi sagte schon vor mehr als 50 Jahren: „Armut ist die schlimmste Form von Gewalt."

Seit diesem ersten Einsatz ist die Situation an den Außengrenzen Europas, insbesondere im Mittelmeer, für die Frauen, Kinder und Männer auf ihrer Flucht nicht besser, sondern noch schlechter geworden.

Würde in der Begegnung erfahren

2016, ein Jahr nach dem frustrierenden Seenothilfeeinsatz mit der *MS Sea-Watch 1*. Von Lampedusa auslaufend, befinde ich mich auf der *MS Sea-Watch 2* in Malta. Ein erneuter Versuch, Menschen aus Seenot zu retten. Wahrscheinlich auch ein Versuch, das eigene „Trauma" von vor einem Jahr zu verarbeiten.

Nach einem ausführlichen Briefing, einer Inspektion des Schiffes, der Reinigung der 300 Rettungswesten, dem Auffüllen der Bordküche mit Lebensmitteln für unseren 14-tägigen Hilfseinsatz, laufen wir schließlich gegen Abend von Valletta in Richtung libysche Küste aus. Die zentralen Fragen für mich sind: Werden wir Menschen in Seenot antreffen und sie retten können? Wie wird ein eventuelles Zusammentreffen mit der libyschen Küstenwache ablaufen? Und wie wird die Kooperation sowohl mit den anderen zivilen Seenotrettungsorganisationen als auch mit europäischen

Militärschiffen im Rahmen des europäischen Mittelmeer-Flüchtlingskonzeptes „Sophia" verlaufen? Relativ bald muss ich mich jedoch hauptsächlich erst einmal mit meiner Seekrankheit beschäftigen.

Am dritten Einsatztag ist es dann so weit: Ein Crewmitglied entdeckt vom Beobachtungsposten aus mit dem Fernglas einen kleinen weißen Punkt am Horizont. Auf dem Radar unseres Schiffes ist dort ebenfalls schwach, aber sichtbar ein Boot zu erkennen. Wir nehmen Kurs auf dieses Boot mit der ungewissen Frage, ob es „nur" ein Fischerboot oder eventuell doch ein Schlauchboot ist, in dem sich Menschen auf ihrer Flucht über das Mittelmeer nach Europa befinden. Beim Näherkommen wird sehr schnell klar, dass es ein Boot voll mit geflüchteten Menschen ist.

Ich kann einfach nicht in Worte fassen, was in mir vorgeht, als ich in dieser scheinbar unendlichen Weite des Meeres plötzlich ein solch kleines Boot entdecke, in dem ca. 160 Kinder, Frauen und Männer dicht zusammengedrängt sitzen. Die Männer sitzen am Bootsrand, mit einem Bein halb im Mittelmeer baumelnd. Über 90 % der Bootsflüchtlinge können nicht schwimmen. Niemand hat eine Rettungsweste an. In der Mitte des Bootes sitzen oder stehen die Frauen und Kinder, häufig in einem Gemisch aus Meersalzwasser, Fäkalien und Dieselkraftstoff. Dies wiederum bedeutet, dass die Menschen, die stundenlang, eventuell tagelang in diesem sehr aggressiven Flüssigkeitsgemisch saßen, oft offene und infizierte Wunden haben.

Wir nähern uns diesem Boot mit unserem kleinen Schlauchboot und beginnen sofort, Rettungswesten zu verteilen und parallel dazu alle zu beruhigen. Dann werden als Erstes die Kinder, die Frauen und verletzte oder kranke Männer auf die *MS Sea-Watch 2* gebracht. Anschließend sukzessive alle anderen. Eine geglückte Rettung.

Unser nächster Rettungseinsatz wird mir in besonderer Erinnerung bleiben: Ich stehe um kurz vor 6 Uhr bei Sonnenaufgang auf unserem Ausschau- und Kontrolldeck. Plötzlich sehe ich einen kleinen schwarzen Strich, der nicht so recht in die Monotonie des Wellengangs vor der libyschen Küste passen will. Ich schaue und schaue und bitte schließlich unseren erfahrenen Einsatzleiter Ingo um Hilfe. Wir sind uns nicht sicher. Es gibt keinerlei Hinweis auf ein Boot auf dem Radarschirm, keine Meldung der Rettungsleitstelle *MRCC* in Rom. Plötzlich ein Licht, das aber sofort wieder verschwindet. Wir entschließen uns, näher heran zu fahren. Nach weiteren Minuten erkenne ich schemenhaft die Silhouette von Menschen. Es muss ein Holzboot sein, das im Morgengrauen schwerer zu entdecken war als die weiß schimmernden Schlauchboote. Unser Einsatzleiter löst den Alarm zum Rettungseinsatz aus. Es sind 29 Bootsflüchtlinge an Bord dieses kleinen Holzbootes. Unsere Schlauchboot-Crew kann alle 29 Menschen sicher an Bord der *MS Sea-Watch 2* bringen.

Willem, unser niederländischer Kapitän, sagt mir Tage später, dass das kleine Holzboot aufs offene Meer hinausgetrieben worden wäre, hätte ich es nicht entdeckt. Hinter uns waren keine Rettungskräfte mehr, die Chance für die Flüchtlinge, dann noch zu überleben, wäre sehr gering gewesen. Ich werde diesen Moment nie vergessen. Insgesamt können wir während unseres Einsatzes über 500 Menschen retten. Gemeinsam mit anderen zivilen Hilfsorganisationen haben wir das besondere Glück, dass bei insgesamt vier Rettungseinsätzen niemand verletzt wird, niemand über Bord geht, niemand stirbt.

Die geretteten Bootsflüchtlinge sind natürlich erschöpft, die Todesangst ist ihnen anzusehen, viele von ihnen haben deutlich sichtbare Verletzungen durch körperliche Misshandlungen. Meist werden diese verursacht durch das brutale Vorgehen der Menschenhändler, der Schlepperbanden und die massiven Übergriffe in libyschen Gefängnissen und Pseudo-Flüchtlingslagern. Zudem sind viele, insbesondere die Frauen und Kinder, dehydriert. Gerade die Schwangeren brechen erschöpft zusammen, als sie auf unserem Schiff endlich in Sicherheit sind.

Binnen kürzester Zeit verwandelt sich die Erschöpfung aber in ausgelassene Freude und Euphorie. Es wird gesungen, getanzt, gelacht, ein junger Mann schlägt sogar Saltos auf unserem Achterdeck. Was sie nicht wissen können, ist, dass dies noch lange nicht bedeutet, dass ihre Flucht zu einem Bleiberecht in Europa führen wird. Wir wissen es und halten bei all der Freude dieser mutigen Menschen still den Atem an. Wir sagen nichts und schämen uns, so privilegiert und reich zu sein, das Glück zu haben, für das wir absolut nichts tun mussten, in einem reichen und sicheren Land geboren worden zu sein.

SCHWANGERSCHAFT UND FLUCHT

Immer wieder begegnete ich Schwangeren oder Müttern, die gerade entbunden hatten, in den unterschiedlichsten Flüchtlingslagern, insbesondere im Libanon und auf der griechischen Insel Lesbos. Aber auch bei meinen Mittelmeer-Seenotrettungseinsätzen traf ich auf schwangere Frauen. Auf bis zu 30 % wird der Anteil Schwangerer an der Gruppe geflüchteter Frauen auf den verschiedenen Mittelmeer-Fluchtrouten, u. a. von *Ärzte ohne Grenzen*, geschätzt.

Nach Angaben des *Europäischen Advocacy-Netzwerks gegen Nationalismus, Rassismus und Faschismus* sind auf ihrer Flucht über das Mittelmeer zwischen den Jahren 2014 und 2020 mindestens 46 schwangere Frauen ertrunken. Diese Fälle sind dokumentiert und nachprüfbar, die Dunkelziffer wird mit Sicherheit noch höher sein. Ich habe selbst bei meinen Mittelmeereinsätzen miterleben müssen, dass gerade Schwangere dehydriert, physisch und psychisch erschöpft und oft auch von massiven Hautwunden und Entzündungen aufgrund des aggressiven Flüssigkeitsgemischs in den Schlauchbooten zu uns an Bord kamen. Zudem berichteten mir zahlreiche KollegInnen von vorzeitigen Geburten auf den Fluchtbooten oder unmittelbar nach der Rettung auf den Seenotrettungsschiffen.

Frauen fliehen zusätzlich zu den bekannten Fluchtursachen wie Terror, Krieg, existenzieller Armut und Naturkatastrophen vor frauenspezifischen Verfolgungskategorien wie sexualisierter Gewalt. Insbesondere vor einer systematischen Vergewaltigung als Kriegswaffe, Zwangsprostitution und

Menschenhandel, Zwangsheirat und der kulturell bedingten Genitalverstümmelung.

In der Resolution 1820 des *UN*-Sicherheitsrates mit der Überschrift: „Women and Peace and Security" wird Vergewaltigung im Kontext einer Kriegsstrategie als ein klares Kriegsverbrechen bezeichnet. Die *UN*-Sicherheitsresolution 1325 beinhaltet drei wichtige Aspekte zum Schutz der Frau. Erstens wird die Bedeutung des Schutzes von Frauen vor sexualisierter Kriegsgewalt benannt und mit der Forderung nach Prävention und Protektion verbunden. Zweitens wird die Strafverfolgungspflicht der Täter hervorgehoben (Penalisation). Und drittens wird die Beteiligung von Frauen an Friedensprozessen gefordert (Partizipation).

Im Libanon versorgte ich mehrere Frauen, die aus Syrien geflohen waren und in jungen Jahren ihr erstes Kind zur Welt brachten. Ich musste leider immer wieder erleben, dass es dabei häufig zu Schwangerschaftskomplikationen und Früh- sowie Fehlgeburten kam.

Auf der *MS Sea-Watch 2* behandelten wir mehrere Frauen, die angaben, in Libyen vergewaltigt worden zu sein. Ein 16-jähriges Mädchen hatte große Angst, aufgrund dieser Gewalttat schwanger zu sein. Der von uns durchgeführte negative Schwangerschaftstest erleichterte diese junge Frau sehr. Immer wieder höre ich bei Diskussionen in Deutschland den Vorwurf, warum Schwangere diese gefährliche Flucht z. B. über das Mittelmeer überhaupt unternähmen. Die wenigsten denken in diesem Moment daran, dass die Mehrzahl der betroffenen Frauen aufgrund von Vergewaltigungen schwanger wird.

Insgesamt ist die Gewalterfahrung von Frauen auf ihrer Flucht sehr hoch, wie eine Befragung von 663 geflüchteten

Frauen aus dem Jahre 2018 in Deutschland ergab (Jesuthasan 2018). Aus eigener Erfahrung berichteten 14,1 % der Frauen von Folterungen, 5,1 % von sexualisierter Gewalt durch Angehörige, 8,4 % von sexualisierter Gewalt durch Fremde und 13,1 % von einer Inhaftierung.

Die Auftrittsquote einer Posttraumatischen Belastungsstörung (PTBS) liegt im Kontext von frauenspezifischen Traumatisierungen u. a. nach sexualisierter Gewalt, insbesondere Vergewaltigungen, Genitalverstümmelung, Folterungen mit 50 % höher als bei Männern und Kindern, die geflüchtet sind. Bei dieser Betroffenengruppe liegt die Prävalenzrate bei 40 %, was natürlich auch sehr hoch ist (Gäbel et al. 2006).

Eine Studie der Charité aus dem Jahre 2017 an 639 geflüchteten Frauen ergab, dass fast 70 % der über 45-jährigen und 56 % der über 35-jährigen Frauen an einer PTBS oder/ und Depression erkrankt waren. Zusätzlich zeigte diese Studie, dass 40 % unter psychischen und 55% an physischen Beschwerden litten (Charité-Studie, Schouler-Ocak et al. 2017). Von diesen betroffenen Frauen nahm nicht einmal jede sechste tatsächlich Hilfe in Anspruch, da die Trauma-Ursachen oft stark tabuisiert sind und werden und es auch gravierende Defizite im Versorgungsangebot in Deutschland gibt.

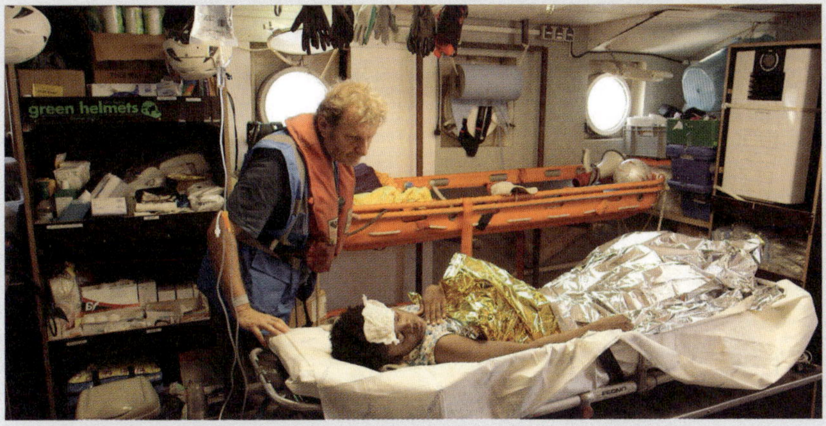

Unter den mehr als 500 Menschen ist eine junge Mutter mit ihren drei Kindern. Sie sitzt mit ihren beiden Töchtern und ihrem kleinen Sohn frierend in der Mitte des zweiten Schlauchbootes, das wir entdecken. Nun, da sie auf dem Schiff in Sicherheit ist, frage ich die junge Frau aus Gambia über einen Dolmetscher, warum sie diese gefährliche Reise mit ihren noch so kleinen Kindern unternommen habe. Sie antwortet, dass sie ihre beiden Töchter vor einer Genitalverstümmelung bewahren wolle.

In Gambia werden 70 % aller jungen Mädchen verstümmelt. Es ist kein religiöses Ritual wie die Beschneidung bei Jungs, sondern eine furchtbare Tradition aufgrund von patriarchalisch geprägten Normvorstellungen. Die Mutter, die diese Verstümmelung als junges Mädchen selbst hatte erleiden müssen, hatte sich geschworen, dies niemals bei den eigenen Töchtern zuzulassen. Diese Verweigerungshaltung hat sie und ihre eigene kleine Familie in ihrer Heimat zur absoluten Außenseiterin werden lassen, die bedroht, beschimpft und stigmatisiert wurde. Da der Druck auf sie und ihre Familie, gerade auch durch die Großeltern und hier fatalerweise besonders durch die Großmütter, immer größer wurde, entschloss sie sich, das Land zu verlassen.

Ich kann die Mutter sehr gut verstehen. Wir vermitteln ihr, dass die Beschneidung der weiblichen Genitalien in Europa verboten sei und sie keine Angst haben müsse, dass dies hier irgendjemand fordern und durchführen würde. Die Flucht vor der Genitalverstümmelung ist übrigens in fast allen europäischen Ländern kein ausreichender Asylgrund!

GENITALVERSTÜMMELUNG

Lange Zeit sprach man von Genitalbeschneidung bei betroffenen Mädchen und Frauen in Anlehnung an die Beschneidung von Jungs, bei der lediglich die Vorhaut abgetrennt wird. Bei Mädchen und Frauen wird, je nach Art der „Beschneidungspraxis", das gesamte äußere Genital entfernt. Dieses Handeln entspricht daher einer Gewalttat, die als Verstümmelung der weiblichen Genitalregion bezeichnet werden muss. Durch diese Begrifflichkeit wird auch deutlich, dass das Menschenrecht auf körperliche Unversehrtheit verletzt wird. Im Sprachgebrauch wird allerdings aus Rücksichtnahme auf die betroffenen Frauen von beschnittenen und nicht von verstümmelten Frauen gesprochen.

Jährlich werden laut *UNICEF* **mehr als drei Millionen Mädchen an ihren Genitalien verstümmelt. Das bedeutet, alle elf Sekunden ist ein Mädchen davon betroffen! Insgesamt sind weltweit ca. 200 Millionen Mädchen und Frauen von dieser Körperverletzung betroffen. In 39 Staaten wird nach Recherche von** *UNICEF* **diese Gewaltanwendung gegenüber Frauen immer noch praktiziert.**

Genitalverstümmelung, im Englischen Female Genital Mutilation (FGM) oder auch als Female Genital Cutting (FGC) bezeichnet, kurz FGM/C, ist die (Teil-)Amputation der äuße-

ren weiblichen Genitalien ohne medizinische Indikation. Der Schweregrad reicht von der teilweisen oder vollständigen Entfernung der Klitoris bis hin zur Entfernung der inneren und äußeren Schamlippen und anschließender Vernähung (Infibulation) der Vulva mit Dornen, Seiden oder Tierdarm. In diesen Fällen wird eine kleine Öffnung für Urin und Menstruationsblut durch Einführen eines Fremdkörpers gewährleistet. Die Beine der Mädchen werden manchmal vom Knöchel aufwärts zusammengebunden, sodass sie mehrere Wochen immobil sind, bis sich Narbengewebe über der Wunde gebildet hat.

Untersuchungen belegen, dass fast jedes dritte Mädchen die „Beschneidung" nicht überlebt. Sie verbluten oder sterben an Infektionen, wie z. B. dem Wundstarrkrampf.

Zwei weitere Begriffe und die damit verbundenen Gewalttaten gegenüber den betroffenen Frauen machen die Dimension der Misshandlung zusätzlich deutlich:

1. DIE DEFIBULATION

Bei infibulierten Frauen ist für den Geschlechtsverkehr eine Öffnung der Vagina notwendig. Gelingt dem (Ehe-)Mann durch die verbliebene Öffnung die Penetration nicht, wird die infibulierte Vagina von ihm – in selteneren Fällen von einer Beschneiderin – mit einem Messer oder einem anderen scharfen Gegenstand defibuliert. Dabei können zusätzliche Verletzungen im Genitalbereich der Frau entstehen. Zur Entbindung ist eine zusätzliche Erweiterung der Vaginalöffnung notwendig, um einen physiologisch angemessenen Geburtsverlauf zu ermöglichen.

2. DIE REINFIBULATION

Nach einer Geburt wird bei Frauen, deren Vagina für die Entbindung defibuliert wurde, in vielen Fällen bis auf eine winzige Öffnung reinfibuliert. Dazu werden die Narbenränder entfernt und das verbleibende Gewebe erneut zusammengenäht. Nach mehreren Wiederholungen ist u. U. kein Gewebe mehr für eine erneute Reinfibulation vorhanden.

Durch die Aufnahme von geflüchteten Frauen dringt das Problem der Genitalverstümmelung immer mehr ins europäische Bewusstsein. Schätzungen ergaben, dass in Europa ca. 500.000 Mädchen und Frauen davon betroffen und jährlich weitere ca. 180.000 davon bedroht sind. In Deutschland sind ca. 68.000 Frauen direkt betroffen und ungefähr 15.000 Mädchen von der Durchführung einer Genitalverstümmelung bedroht.

Häufig heißt es, Genitalverstümmelung sei gängige Praxis im Islam. Diese Behauptung stimmt jedoch so nicht. Auch in vorwiegend christlichen Ländern wie Äthiopien sind mehr als 70 % und in Sierra Leone sogar 90 % der Mädchen und Frauen beschnitten. Die Religion wird zwar oft als Grund vorgeschoben, auch von den religiösen Würdenträgern selbst, doch es ist vielmehr eine traditionelle Praktik, die vor allem in Ländern Afrikas und des Mittleren Ostens durchgeführt wird. Sie gilt vielerorts als wichtiger **Übergang vom Mädchen zur Frau.**

Die weibliche Genitalverstümmelung ist eine Tradition, die vor allem die patriarchalischen Machtstrukturen festigen soll. Da die Frau je nach Beschneidungsform wenig bis keine sexuelle Lust verspürt und häufig beim Sex starke Schmerzen hat, soll die Genitalverstümmelung sie zudem vorm Fremdgehen „schützen". Häufig sind die Opfer dieser Gewalttat, nämlich Frauen und Mütter, in einer Gesellschaft dann wiederum dafür verantwortlich, dass sich auch ihre Töchter der grausamen Praktik unterziehen. Dass die weibliche Genitalverstümmelung mittlerweile in vielen Ländern verboten ist, schützt die Opfer nicht. Der familiäre Druck ist häufig zu groß.

Frauen und Mädchen, die sexuelle Gewalt erlitten haben oder befürchten müssen, können als *Flüchtlinge* in Deutschland anerkannt werden. Das gilt auch bei einer drohenden Genitalverstümmelung. Es kommt jedoch auch vor, dass entsprechende Asylanträge mit der Begründung abgelehnt werden, dass nicht jede Frau im Herkunftsland davon betroffen sei und es Möglichkeiten gäbe, sich dieser Gefahr zu entziehen. Auch Vergewaltigung wird nur in Ausnahmefällen als Asylgrund akzeptiert.

Genitalverstümmelung sei als Asylgrund problematisch, so die Hilfsorganisation *Terre des Femmes*, da es oft nicht möglich sei, drohende Genitalverstümmelung nachzuweisen. Und dies, obwohl die Genitalverstümmelungspraxis sowie die Betroffenenzahl in vielen Ländern wie Somalia oder Gambia bekannt sind.[9] In Deutschland ist Genitalverstümmelung ein Straftatbestand.

34 Mitgliedsstaaten des Europarates haben die *Istanbul Konvention* (2011), einen völkerrechtlichen Vertrag mit verbindlichen Rechtsnormen zur Verhütung und Bekämpfung von Gewalt gegen Frauen und häuslicher Gewalt, ratifiziert. In Deutschland trat dieses verbindliche Abkommen Anfang 2018 in Kraft.

Was kann und muss gegen Genitalverstümmelung getan werden?

- Information und Aufklärung von betroffenen Frauen über den tradierten Irrglauben, dass diese Gewalttat zum „Frausein" dazugehören würde. Aufklärung darüber, dass eine solche Anwendung bei Mädchen und Frauen in Europa eine Straftat darstellt.
- Die Selbstbestimmung und Gleichstellung der Frauen und deren ökonomische Unabhängigkeit müssen intensiv gefördert und realisiert werden.
- Damit geflüchtete Frauen besser geschützt und informiert werden, müssen gender- und kultursensible Betreuungsangebote niedrigschwellig schon in den Sammelunterkünften anboten werden.
- Zudem wäre es unbedingt notwendig, dass der Kontext „Genitalverstümmelung" in die Ausbildungs- und Weiterbildungscurricula von werdenden Hebammen, ÄrztInnen und SozialarbeiterInnen aufgenommen wird.

HILFETELEFON „GEWALT GEGEN FRAUEN"

Unterstützung erhalten Betroffene von weiblicher Genitalverstümmelung auch über das bundesweite Hilfetelefon „Gewalt gegen Frauen" unter der kostenlosen Telefonnummer 08000 - 116 016. Neben den betroffenen Frauen können sich auch Angehörige, Freunde und Menschen aus dem sozialen Umfeld sowie Fachkräfte an das Hilfetelefon wenden. Das barrierefreie, anonyme und mehrsprachige Angebot steht rund um die Uhr zur Verfügung.

Es sind Momente der Begegnung, die in Erinnerung bleiben. Frauen in den Flüchtlingsbooten, die ihre Kinder schützend bei sich tragen, strecken unseren Hilfskräften sofort ihre Kinder als Erstes entgegen, als ob sie damit lautlos sagen wollten: „Nehmt mein Kind, ich vertraue euch, bringt es in Sicherheit". Es ist die Mutter aus Gambia, die mit drei Kindern diese gefährliche Reise unternahm, um ihre Töchter vor der Genitalverstümmelung in ihrer Heimat zu bewahren, die erschöpft und glücklich, leise singend an Bord der Sea-Watch 2 angekommen ist. Es ist der somalische Mann, dem kurz vor seiner Flucht über das Meer von libyschen Soldaten der rechte Fuß gebrochen wurde. Es ist das junge Mädchen aus Nigeria, das während ihrer Flucht misshandelt und vergewaltigt wurde und große Angst hatte, schwanger zu sein. Es sind die lautlosen Gespräche, die Blicke der Verbundenheit, die Gesten der Fürsorge und wohl die gemeinsame Hoffnung auf eine bessere, eine menschlichere Welt.

Bei meinem Hilfseinsatz vor der libyschen Küste, bei der Begegnung mit flüchtenden Menschen, ist mir sehr deutlich geworden, wie resilient, wie widerstandsfähig die Betroffenen sind. Immer wieder werden geflüchtete Menschen sehr defizitorientiert betrachtet. Eine solche Flucht allein oder mit Kindern, mit wenig finanziellen Ressourcen vollbracht zu haben, zeugt von Kreativität, Durchhaltevermögen, Widerstandsfähigkeit, einem sehr starken Willen und viel Mut.

Zurück mit festem Boden unter den Füßen. Zurück in einem der reichsten Länder der Erde. Zurück in der Zivilisation? Ist es wirklich zivilisiert, die Grenzen zu schließen, Menschen in Armut und Todesangst abzuweisen, abzuschrecken und einen Weg der Flucht wählen zu lassen, der mit Todesgefahr verbunden ist?

Nach der Schließung der Balkanroute und dem Vertrag mit einer türkischen Regierung, die sich in Richtung Diktatur bewegt, wird jetzt mit einem Regime verhandelt, das für die Misshandlung und den Tod von zahlreichen Geflüchteten mitverantwortlich ist. Das Leid und das Sterben von Menschen auf ihrer Flucht soll unter Ausschluss der Öffentlichkeit in katastrophalen Flüchtlingslagern auf syrischem Boden stattfinden, da die Türkei die Grenze aufgrund der europäischen Flüchtlingspolitik geschlossen hat. Und demnächst in libyschen Lagern.

Es ist unverschämt, wenn die Bundeskanzlerin Merkel behauptet, dass durch das „Sophia"-Programm zahlreiche Flüchtende im Mittelmeer gerettet worden seien. Es waren zivilgesellschaftliche Organisationen, wie Sea-Watch, Ärzte ohne Grenzen, Sea-Eye, Astral, Minden usw., die die Menschen gerettet haben. Das wird verschwiegen. Ich habe selbst erlebt, wie passiv die Kriegsschiffe des „Sophia"-Programms waren. Ich habe die Schilderungen zahlreicher Bootsflüchtlinge auf der Sea-Watch 2 gehört, in denen sie von Misshandlung, Vergewaltigung, Tötung von Menschen in Libyen unter Tränen berichteten. Ich habe die Verletzungen, oft durch Akteure der libyschen Küstenwache verursacht, ärztlich versorgt.

Unsere Nachfolge-Crew der Sea-Watch 2 wurde von der libyschen Küstenwache bei einer Rettungsaktion mit Waffengewalt behindert, wodurch zahlreiche Geflüchtete im Mittelmeer ertranken. Ein Schiff der Ärzteorganisation „Ärzte ohne Grenzen" wurde von der libyschen Küstenwache beschossen. Und dies werden die neuen humanitären Partner bei der Versorgung und Betreuung von geflüchteten Menschen sein?! Mir fehlen mal wieder die Worte. Das ist eine menschenverachtende Politik, die Leid und Tod zahlreicher Menschen zur Folge haben wird. Sind die Menschenrechte denn nichts mehr wert?

GRIECHENLAND –

Zuhören, Trost spenden

Im Frühjahr 2016 an der griechisch-nordmazedonischen Grenze. Ich reise spontan in das berühmt-berüchtigte Flüchtlingslager Idomeni. Nach einer abenteuerlichen Autofahrt durch Serbien und Nordmazedonien komme ich an. In einer mobilen Behandlungsstation, einem umgebauten kleinen Lkw, behandelt ein ärztlicher Kollege aus Baden-Württemberg im Auftrag der Hilfsorganisation *Humedica* bis zu 200 geflüchtete Menschen.

Die Situation in Idomeni ist katastrophal. In dem Flüchtlingslager, das für 1.500 Menschen ausgelegt ist, leben ca. 14.000 Geflüchtete, darunter viele Säuglinge, Kinder, Schwangere und auch ältere Menschen. Was derzeit in Idomeni geschieht, ist nicht zu akzeptieren: Menschen werden durch die griechische Polizei mit Gummigeschossen und Tränengas beschossen. Menschen, die aus Kriegsregionen unter Lebensgefahr geflohen sind – unfassbar. Man will wohl seitens der politisch Verantwortlichen ein Exempel statuieren und nimmt dabei lebensbedrohliche Verletzungen und eine erneute Traumatisierung billigend in Kauf.

Dass in der Mitte Europas Menschen unter freiem Himmel, in Zelten oder Eisenbahnwaggons leben, ist unvorstellbar. Wenn es regnet, besteht der Boden aus Schlamm. Zudem ist es immer noch sehr kalt, als ich dort bin, sodass überall kleinere offene Feuerstellen errichtet wurden. Die größte Angst der Menschen ist es, wieder in die Türkei abgeschoben zu werden. Das ist auch einer der Gründe, warum sie dort bleiben und nicht in die Busse einsteigen, die sie in andere Lager in Griechenland bringen sollen. Viele haben mir erzählt, dass es schlimm gewesen sei, wie sie in der Türkei, insbesondere von der Polizei, behandelt wurden.

Ja, es sind viele Nichtregierungsorganisationen dort, und es gibt viele private Initiativen, Menschen, die zum Beispiel einfach Tee und Lebensmittel verteilen. Es ist ohnehin auffällig, dass es in allen Ländern, in denen ich war, um geflüchtete Menschen medizinisch zu versorgen, viele Privatleute gibt, die sich trotz oft eigener Armut engagieren. Dieses solidarische Verhalten verdient Respekt und Anerkennung. Gerade auch, weil dies eine gelebte Willkommenskultur ist, in der Rassismus keinen Platz hat. Die Bürger sind sensibler als die politischen Entscheidungsträger der Länder.

Es gibt auch immer wieder Konflikte unter den geflüchteten Menschen in Idomeni. Im Camp haben sich Hierarchien herausgebildet. Das hat zum einen etwas damit zu tun, dass einige Geld haben und sich ein Zelt oder ein Billighotel leisten können und nicht wie andere im Freien schlafen müssen. Aber es hat oft auch etwas mit der Nationalität zu tun. Den Menschen ist klar, dass Syrer es in aller Regel irgendwie weiter schaffen. Im Camp gibt es aber auch viele Iraker, Afghanen und Pakistani. Sie wissen, dass sie nicht so große Chancen haben, sie leben zum Teil am Rand des Camps und sind oft in einem schlechten Gesundheitszustand. Als ich dort einmal einen Patienten behandeln will, kommt unser syrischer Dolmetscher, der selbst ein Geflüchteter ist, nicht mit. Er hat Angst, dass ihm sein Pass gestohlen wird.

Während einer unserer ärztlichen Sprechstunden kommt ein Vater mit seinem ca. 11-jährigen Sohn zu mir. Unser syrischer Dolmetscher übersetzt mir die Worte des Vaters: Sie kommen aus Aleppo, sein Sohn könne seit dem Beginn des Bürgerkrieges nicht mehr schlafen. Er zeigt mir eine mittlerweile äußerlich verheilte Schusswunde an der linken Brustseite seines Sohnes. Danach zeigt der Vater mir eine Granatsplitterverletzung an seinem Rücken. Ich bin traurig und betroffen und weiß nicht, was ich sagen soll. Ich bitte unseren Dolmetscher, dem Vater zu sagen, dass ich ihn so gut verstehen würde, seine Angst und Fürsorge für seinen Sohn, gerade weil ich auch vier Kinder habe. Ich bin dem Weinen nahe! Der Vater schaut mich an und tröstet mich mit den Worten: „Ich danke dir, dass du dir die Zeit genommen hast, mir zuzuhören." Wir umarmen uns schweigend!

Auch eine unserer nächsten Sprechstunden dauert wieder bis in die Nacht hinein. Plötzlich kommt ein junger Mann mit Tränen in den Augen zu mir und bittet mich, ihm in das Zeltdorf zu folgen. Es ist mittlerweile kalt geworden. Überall lodern Feuer, damit die Kälte erträglicher wird. Als Brennmaterial dient häufig Plastik. Es gibt so gut wie kein Holz in Idomeni, aber es gibt zahlreiche Plastikflaschen. Diese Plastikart brennt relativ gut, aber um den Preis eines beißenden und stechenden Geruchs. Die Rauchschwaden des Plastikfeuers treiben mir die Tränen in die Augen. Wir erreichen schließlich sein Minizelt, in dem seine hochschwangere Frau und er leben. Wenn man dies überhaupt Leben nennen kann. Mit zahlreichen Decken umhüllt, untersuche ich eine hochfiebrige, verängstigte zukünftige Mutter. Nach meiner Untersuchung gebe ich ihr Antibiotika und fiebersenkende Medikamente. Ich bitte beide dringend darum, uns morgen unbedingt über ihr Befinden zu informieren, da wir sie bei keiner gesundheitlichen Besserung ins Krankenhaus bringen müssten.

Da werde ich schon von dem nächsten Lagerbewohner gebeten, auch ihm zu folgen. Wir gehen in den auf den blockierten Bahngleisen stehenden Personenzug. In jedem Abteil sind sechs bis acht Menschen untergebracht. Unvorstellbare Enge, eine Luft, die nur noch einen geringen Sauerstoffanteil besitzt. Wieder untersuche ich, gebe Medikamente und bitte um „Wiedervorstellung", wenn sich der Gesundheitszustand nicht bessern sollte. Ich werde dieses nächtliche Szenario, den Gestank, die Angst und Hilflosigkeit der Menschen niemals vergessen.

Am nächsten Tag besucht uns ein strahlender junger Mann. Es ist der zukünftige Vater, der mich gestern zu seiner kranken Frau geholt hatte. Es ginge ihr viel besser, er bedankt sich. Wir lächeln gemeinsam und reichen uns die Hände.

SOZIALRASSISMUS UND RASSISMUS

„Political correctness“ ist meines Erachtens immer mit dem authentischen Anliegen verbunden, soziale Gerechtigkeit in einer Gesellschaft zu realisieren. Wie sieht es mit dieser politischen Maxime bei den bundesdeutschen Politikern aus? Immer wieder finden wir in der sprachlichen Auseinandersetzung Begriffe, die rassistisch, diskriminierend und Schuldzuweisend sind. Es wird von „illegalen Menschen“ gesprochen, von „sozial Schwachen“, von „bildungsfernen Familien“, was immer eine Stigmatisierung dieser gemeinten Menschen bedeutet.

Die Realisierung einer sozial gerechten Politik benötigt immer auch eine Sprache, die sich von diskriminierenden Inhalten klar abgrenzt und ausgegrenzten Personengruppen mit Respekt und Würde begegnet.

Es gibt eine politisch orientierte Rassenhygiene, die zwei Richtungen beinhaltet. Es geht um einen ethnisch-anthropologischen und einen eugenischen Rassismus. Beide rassistischen Strömungen sind inhaltlich identisch. Es geht um die Negierung der Gleichwertigkeit aller Menschen. Der zentrale Aspekt von Rassismus und Sozialrassismus ist die „Minderwertigkeit" des anderen. Alles Fremde oder Andersartige wird dann als nicht gleichwertig diffamiert, dies kann die ethnische Zugehörigkeit, Religion, Hautfarbe, politischen Ansichten, das Geschlecht, eine Behinderung oder Krankheit oder die Einkommenssituation betreffen. Oft geschieht dies in einem stufenweisen Prozess: In der ersten Stufe kommt es zu einer Kategorisierung von Individuen. Es folgt eine Stereotypisierung, dann entstehen Vorurteile und es kommt zur Diskriminierung der davon betroffenen Menschen. Die letzte Stufe ist die Dehumanisierung. Wenn ein Mensch nicht mehr als Mensch angesehen wird, dann erlaubt dies auch die Tötung dieses Wesens, da es jetzt nicht mehr als gleichwertig, als human angesehen wird.

Die Buchautorin Anne Alex (2016) schreibt zu diesen scheinbar unterschiedlichen Rassismusformen: „Soziale Ausgrenzung von Einkommensarmen und Rassismus scheinen auf den ersten Blick zwei völlig verschiedene Phänomene zu sein. Jedenfalls wurde dies im Denken der letzten 80 Jahre im Alltagsbewusstsein so konstituiert. Vergegenwärtigen wir uns die engere Bedeutung von Rassismus, stoßen wir unweigerlich auf unterschiedliche ‚Wert'-Zuschreibungen von Menschen und Menschengruppen. (...) Im Nazi-Deutschland wurde von minderwertigem und unwertem Leben gesprochen. Diese pseudowissenschaftliche Zuschreibung legitimierte dann die Sterilisation der Betroffenen bis hin zur Tötung dieses „unwerten Lebens."

Rassismus und soziale Gerechtigkeit sind somit zwei Seiten einer Medaille. Rassismus und soziale Ungerechtigkeit sind elementar miteinander verbunden und finden in dem Begriff des Sozialrassismus ihren begrifflichen Ausdruck. Das Bekämpfen von jeglicher Form des Rassismus bedeutet daher immer auch das Bekämpfen von sozialer Ungerechtigkeit, egal wo auf dieser Welt.

Im Zentrum der Auseinandersetzung mit Rassismus bzw. Sozialrassismus stehen für mich zwei Begriffe und die damit verbundenen inhaltlichen Aspekte. Es geht um die *Gleichwertigkeit* von Menschen und um die *Gleichwürdigkeit* in der Begegnung und Interaktion mit Menschen.

Gleichwürdigkeit ist ein Begriff, den der dänische Familientherapeut Jesper Juul quasi in die deutsche Sprache eingeführt hat. Diesen Begriff gibt es im Deutschen nicht, wohl aber in anderen Sprachen. Für mich drückt dieser Begriff eine fundamentale menschliche Beziehungs- und Kommunikationsebene aus: Menschen in Würde zu begegnen und ihnen damit ein Stück Würde, die gerade Menschen am Rande vieler Gesellschaften verweigert wird, wieder zurückzugeben.

Das Negieren der Gleichwertigkeit aller Menschen ist der Anfang des Rassismus und des Sozialrassismus. Das Nichtpraktizieren der Gleichwürdigkeit in der Begegnung mit meinem Mitmenschen, insbesondere mit den Menschen, die Diskriminierungs- und Ausgrenzungserfahrungen sammeln mussten, manifestiert Rassismus. Deshalb muss ein Bewusstsein der Gleichwertigkeit aller Menschen im Zentrum unseres Denkens und Handelns stehen und das Praktizieren der Gleichwürdigkeit im Zentrum der Begegnung mit unseren Mitmenschen.

IRAK –

Schicksalhafte Begegnungen

Im Juni 2017 in Mossul. Ich nehme mit der deutschen Hilfsorganisation *Cadus* an einem medizinischen Hilfseinsatz im Irak teil. Ich arbeitete in einem sogenannten Trauma-Stabilisation-Point, in dem schwer verletzte SoldatInnen und ZivilistInnen eine Erstversorgung erhalten. Mossul war das Zentrum des *Islamischen Staates* im Irak und wurde in heftigen Kämpfen von der irakischen Armee befreit. In der Endphase dieses Befreiungskampfes versorgen wir die verwundeten ZivilistInnen, SoldatInnen der irakischen Armee, aber auch verletzte IS-KämpferInnen.

Zudem bin ich in einem Flüchtlingslager in der Nähe von Erbil aktiv. Während meines dortigen Hilfseinsatzes berührt mich das Schicksal eines fünfjährigen Mädchens ganz besonders.

An einem sehr heißen Sommertag behandeln wir zahlreiche ZivilistInnen, die in unsere „Allgemeinärztliche Sprechstunde" kommen. Plötzlich bringen Soldaten der irakischen Armee uns ein 5-jähriges Mädchen zur körperlichen Untersuchung. Die Soldaten hatten es in der Altstadt von Mossul aus einem Erdloch gezogen. Die Eltern des Kindes sind IS-Kämpfer gewesen. Der Vater wurde durch eine Explosion getötet, die Mutter vor den Augen des Mädchens erschossen, als sie versuchte, irakische Soldaten zu töten. Das kleine zierliche und unterernährte Mädchen mit ihren roten Pumucklhaaren ist müde, verängstigt, erschöpft und hat zahlreiche Hautabschürfungen am gesamten Körper. Es spricht nur Russisch, die Eltern kamen aus Tschetschenien.

Nach unserer körperlichen Untersuchung soll der irakische Geheimdienst (Intelligent Service) das Mädchen übernehmen und verhören. Stefan, mein ärztlicher Kollege und gleichzeitig aktueller Einsatzleiter, vermittelt den irakischen Soldaten eindeutig, dass wir dies nicht akzeptieren werden. Es gibt eindeutige internationale Bestimmungen, die besagen, dass unbegleitete Kinder einer internationalen, zivilen Organisation nur unter Information der *UN* bzw. dem *UN*-Kinderhilfswerk *UNICEF* zu übergeben sind. Es folgen zahlreiche kontroverse Diskussionen. Schließlich fahren Stefan und ich mit dem kleinen Rotschopf zu einem hohen irakischen Militär. Wieder wird diskutiert. Stefan fährt zu einem General, um unseren Standpunkt vorzutragen. Ich warte mit unserer kleinen Patientin derweil in der Militärstation.

Nach einer Stunde kommt Stefan zurück. Das Mädchen müsse bis zu einer endgültigen Entscheidung bei den Soldaten bleiben. Wir signalisieren dem Colonel, dass wir damit nicht einverstanden seien, gehen aber schweren Herzens. Kurz bevor wir mit unserem Jeep losfahren, kommt ein Soldat zu uns und bittet uns, nochmals zum Colonel zu kommen. Er signalisiert uns, das Mädchen solle doch selbst entscheiden, wo es hingehen möchte. Sie zeigt deutlich, dass sie mit uns gehen möchte. Der Colonel willigt ein. Sie könne bis zur endgültigen Entscheidung bei uns bleiben.

Ich spüre während unseres Aufenthaltes in dieser Militärstation, dass es sämtlichen Soldaten unangenehm war, dass dieses Mädchen zum irakischen Geheimdienst gebracht werden soll. Sie bringen Plätzchen, eine Banane, einen kleinen Plastikhasen und spielen auf ihrem Smartphone ein Comic ab, das Khadeja, so heißt unsere kleine Schutzbefohlene, anschauen kann. Ein Soldat bringt ihr schließlich vier Weintrauben. Diese frischen Trauben schmecken Khadeja sichtlich sehr gut. Sie isst drei dieser Köstlichkeiten, die vierte schenkt sie mir. So klein, so viel Schreckliches erlebt und dennoch schon solch eine soziale Empathie. Schön, dass der Colonel seinem Herzen und nicht seinem Befehl gefolgt ist an einem Ort, wo ein brutaler Kampf gegen die Terrormilizen des IS ausgetragen wird.

Wieder in unserem Camp angekommen, wird Khadeja von Saskia, unserer Rettungssanitäterin, geduscht, eingekleidet und bekommt endlich etwas zu essen. Unser gesamtes Team ist nun quasi bis morgen ihre „Adoptiveltern".

Khadeja weint immer wieder und flüsterte still vor sich hin: „Mama, Mama. Meine Mama liegt auf der Straße." Die Vorstellung, dass dieses kleine Wesen mit ansehen musste, wie ihre Mutter erschossen wurde, macht einfach nur sprachlos. Mit der Zeit entwickelt sie etwas Vertrauen zu uns. Sie kommt zu mir und setzt sich neben mich auf mein Feldbett, ihre Blicke versuchen jetzt schüchtern und vorsichtig mit meinen Blicken Kontakt aufzunehmen. Schließlich legt sie sich auf meine Liege und schaut, was ich da mache. Ich versuche, auf meinem Notebook ein pädagogisch wertvolles Video zu finden. Ich entdecke die *Sendung mit der Maus* und fühle mich Jahrzehnte zurückversetzt. Khadeja scheint die *Sendung mit der Maus* zu gefallen. Ich glaube zumindest, in ihren Gesichtszügen ein erstes zaghaftes Lächeln erkennen zu können.

Plötzlich wird die friedliche Ruhe wieder gestört, als zahlreiche irakische Soldaten mit ihrem Vorgesetzten, einem Oberstleutnant, in unser Camp stürmen. Er gibt uns zu verstehen, dass er das Mädchen jetzt mitnehmen wolle. Stefan kennt diesen Oberstleutnant. Er hatte schon mehrere unbegleitete Kinder in seiner Obhut, versprach diese an Hilfsorganisationen zu übergeben, was aber nach unseren Recherchen sehr wahrscheinlich nie geschehen ist. Stefan bespricht sich kurz mit uns. Wir sind uns alle sehr schnell einig: Das Mädchen bleibt hier! Wir geben dem Oberstleutnant unmissverständlich zu verstehen, dass Khadeja bei uns bleibt, falls nicht, werden wir unsere Kooperation mit der irakischen Armee beenden und Mossul verlassen. Als ein klares Zeichen, dass wir es verdammt ernst meinen, stellen wir unsere Arbeit vorübergehend ein. Der Oberstleutnant ist sichtlich verärgert, voller Zorn im Gesichtsausdruck und heftig fluchend verlässt er unser Camp. Geschafft, Khadeja bleibt.

Schließlich schläft unsere kleine Schutzbefohlene ein. Das gesamte Team schaut in dieser Nacht immer wieder nach diesem so furchtbar traumatisierten Mädchen. Khadeja weckt mich mitten in der Nacht, sie muss zur Toilette. Auch dies schaffen wir gemeinsam. Sie schläft wieder ein, wacht aber immer wieder auf, ist unruhig, redet im Schlaf, schreit, legt sich wieder hin. Diese fragile kleine Seele, die in den Wirren des Krieges droht zerrieben zu werden.

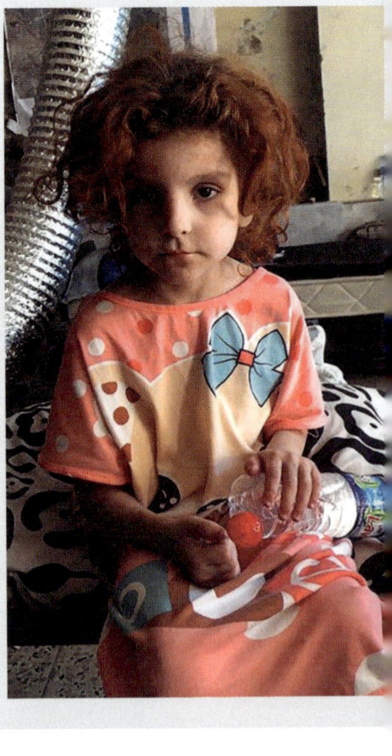

KINDERHANDEL

Es gibt nur wenige Studien zum Thema „Kinderhandel in Kriegsregionen“. Dieses unglaubliche Verhalten gegenüber Kindern findet im Verborgenen statt. Laut *UNICEF* geht man davon aus, dass weltweit täglich über 3.000 Kinder Opfer von Menschenhändlern werden. Jedes zweite Opfer des Menschenhandels ist ein Kind. Dieser Menschen- und insbesondere Kinderhandel ist zunehmend ein lukratives Geschäft und nimmt in Kriegsregionen deutlich zu.

Verschiedene Organisationen gehen davon aus, dass pro Jahr damit Gewinne von 7–10 Milliarden US-Dollar erzielt werden. Diese Kinder verlieren ihre Familie, werden in fremde Regionen und Länder verschleppt, zum Teil erleiden sie sexuellen Missbrauch, werden in die Prostitution gezwungen, werden in Form von Kinderarbeit oder als Arbeitssklaven ausgebeutet, an adoptionswillige Paare in reichen Ländern verkauft und zum Teil auch getötet, um Organe durch einen weltweit agierenden Organhandel zu verkaufen.

Art. 35 der *UN*-Kinderrechtskonvention fordert die Staatengemeinschaft dazu auf, aktive Maßnahmen gegen den Kinderhandel zu betreiben. In diesem Artikel heißt es: „Die Vertragsstaaten treffen alle geeigneten innerstaatlichen, zweiseitigen und mehrseitigen Maßnahmen, um die Entführung und den Verkauf von Kindern sowie den Handel mit Kindern zu irgendeinem Zweck und in irgendeiner Form zu verhindern.“

Es gibt einen Index der Realisierung von Kinderrechten. Eine Bewertung zwischen 0 und 10 stellt den Stand der Realisierung von Kinderrechten in einem Land dar. Je höher dieser

Wert ist, umso realer und würdevoller sind die Kinderrechte in einem Land verwirklicht.

In die Berechnung des Index fließen unter anderem folgende Parameter ein: Armut, Lebenserwartung bei Geburt, Kinderarbeit, Kinderehen, weibliche Genitalverstümmelung, Sterblichkeitsrate von Kindern unter fünf Jahren, Schulbesuch, HIV-Erkrankungen, ökologische Auswirkungen auf die Zukunft von Kindern, Freiheitsrechte, Krieg und andere Gewaltsituationen usw.

Dieser Index wird häufig auch durch die Darstellung von fünf Farben, die die fünf Stufen der Situation von Kinderrechten repräsentieren, visualisiert. Die Farbe Grün steht für eine gute Situation der Kinder, Gelb für eine befriedigende Situation, Orange für wahrnehmbare Probleme bezüglich der Kindersituation, Rot für eine schwierige Situation und Schwarz für eine sehr ernste Situation der Kinder in dem entsprechenden Land.

In Deutschland ist die Index-Stufenfarbe Grün, im Irak ist sie Rot. Es besteht also im Irak eine schwierige Kinderlebenssituation. Der Kinderhandel ist im Irak weiterhin ein weitverbreitetes Problem. Dies betrifft vor allem junge Mädchen, die als Prostituierte verkauft werden oder als Arbeitssklavinnen dienen. Im Irak ist Prostitution nicht gesetzlich verboten, jedoch sind die Herstellung, der Import und der Besitz von pornografischen Bildern oder Filmen streng untersagt.

Am Morgen arbeite ich wieder in der medizinischen Ambulanz. Schnell bildet sich eine große Schlange von PatientInnen. Plötzlich kommt Junis, unser Dolmetscher, aufgeregt zu mir und sagt, dass erneut Soldaten in unserem Camp seien, um Khadeja mitzunehmen. Schnell eile ich zurück ins Camp, wo Stefan schon mit dem

Anführer der Soldaten-Gruppe verhandelt. Schwer bewaffnet sind sie in einem gepanzerten Wagen mit einem Maschinengewehr auf dem Dach zu uns gekommen. Der Anführer kommuniziert über unsere Dolmetscher, dass er das Kind mitnehmen müsse, dies sei ein Befehl, dem er Folge zu leisten habe, sonst würde er bestraft. Er und seine Begleiter fühlen sich sichtlich unwohl in dieser Rolle. Alles Diskutieren hilft nichts, wir übergeben Khadeja unter Protest den Soldaten. Sie weint und schaut uns traurig an. Stefan gibt nochmals klar zu verstehen, dass wir dann sofort unsere medizinische Hilfe einstellen würden. Es hilft nichts.

Ich behandle meine zwei Patienten, die ich gerade untersucht habe, zu Ende und verlasse die Ambulanz. Wir beginnen, unser Equipment abzubauen. Wir sind frustriert, aber entschlossen. Wir diskutieren unsere Entscheidung im Team. Vernachlässigen wir dadurch all die anderen PatientInnen, die schließlich nichts für dieses Vorgehen der irakischen Armee können? Dann sind sie wieder Opfer des Krieges. Aber wenn wir jetzt nicht konsequent sind – und der Abbruch unserer Kooperation ist unsere einzige „Waffe" –, was wird aus Khadeja, was wird in Zukunft aus all diesen besonders hart betroffenen Kindern? Während wir ins Gespräch vertieft weiter abbauen, erscheint der zuständige Leutnant für unsere gemeinsam geführte medizinische Ambulanz, Leutnant Muhammad. Er hat unsere Entschiedenheit wohl jetzt erst erkannt. Er vermittelt uns, er wolle unbedingt diese Kooperation aufrechterhalten. Wir mögen ihm eine Stunde Zeit einräumen, er interveniere bei seinen Vorgesetzten. Wir sind gespannt, was passieren wird.

Nach einer Stunde kommt der Leutnant zu uns und sagt, wir hätten einen Termin im Hauptquartier der neunten irakischen Division, um dort mit dem General alles Weitere zu besprechen. Stefan und ich fahren durch total zerstörte Stadtteile ins Hauptquartier der Armee. Mehrere scheinbar sehr wichtige Militärs, unter ihnen ein 3-Sterne-General, begrüßen uns. Im Nebenzimmer sieht man einen Monitor, Joysticks, kleinere Drohnen auf dem Tisch – moderne Kriegsführung. Wieder diskutieren wir unseren Wunsch, Khadeja einer internationalen Hilfsorganisation zu übergeben, die aufgrund der immer noch angespannten und gefährlichen Situation hier in Westmossul keinen Zugang haben.

Der General gibt zu bedenken, dass Kinder bestimmt das fortsetzen würden, was schon ihre Eltern getan hätten. Wir erwidern, dass dies bei einem 5-jährigen Kind, wenn es in einer friedvollen Familie aufwachse, bestimmt nicht geschehen würde. Ich betone, dass ich nicht nur Arzt, sondern auch noch Pädagoge sei. Es geht hin und her. Stefan betont wiederum, wenn sie uns dies nicht erlauben würden, wäre damit die Kooperation beendet. Neue, scheinbar wichtige Militärs betreten den Raum. Es wird mit Bagdad telefoniert. Schließlich bekommen wir mitgeteilt, dass Khadeja wieder zu uns ins Camp gebracht werden würde und wir das Kind einer internationalen Hilfsorganisation übergeben dürften. Etwas ungläubig fahren wir zurück. Wird Khadeja wirklich wieder zu uns zurückgebracht werden?

Zurück im Camp bleibt uns nichts anderes übrig, als zu warten. Zwischendurch wird ein Soldat in unseren TSP (Trauma-Stabilisation-Point) gebracht. Er ist in eine Sprengstofffalle des *IS* geraten. Er hat zahlreiche äußere und innere Verletzungen. Keine Atmung, keinen Puls, seine Kameraden stehen aufgeregt um uns herum, wir versuchen alles. Ohne Erfolg. Er ist tot. Routinemäßig packt das irakische Paramedic Team den Toten in einen dafür vorgesehenen Plastiksack. Atempause! Dann kommt das schwer bewaffnete Militärfahrzeug, das Khadeja mitnahm, in unser Camp gefahren. Auf dem Arm des Anführers ist Khadeja. Sie streckt ihre Arme nach mir aus, ich nehme sie auf meinen Arm und setze sie auf mein Feldbett. Die Soldaten sind erleichtert, es ist überhaupt nicht ihr Ding, ein kleines Mädchen mitzunehmen. Sie zeigen uns fast schon entschuldigend Bilder auf ihrem Handy und erläutern, dass Khadeja von ihnen gut behandelt worden sei und dass sie sogar geschlafen habe. Ich schaue wieder Zeichentrickvideos mit ihr an. Wir werden in einer Stunde mit Militärbegleitung zu einer Stelle außerhalb Mossuls fahren.

Doch zuvor kommt wieder ein Notfall in unsere Ambulanz. Beim „Aufräumen" ihrer völlig zerstörten Wohnung ist eine Familie in eine Brandsprengfalle geraten. Ein 10-jähriger Junge hat Verbrennungen am gesamten Oberkörper, den Oberarmen und im Gesicht. Es sind wohl über 30 % der Hautoberfläche betroffen. Wir spritzen ihm ein Schmerzmittel und etwas zur Beruhigung, denn er ruft ständig nach seiner Mutter, die wohl schwer verletzt in ein Krankenhaus gebracht worden ist. Ich bringe den Jungen mit dem Krankenwagen ins General-Hospital. Die Fahrt mit Blaulicht und Sirene auf den teilweise zerbombten Straßen Mossuls ist abenteuerlich. Ich bin sehr froh, als ich den jungen Patienten in stabilem Zustand den irakischen Kollegen übergeben kann.

Nun machen wir uns, begleitet von Soldaten in ihrem Militärfahrzeug, auf den Weg. Es geht von Westmossul ins sichere Ostmossul. Vorbei an all der fast schon zur Gewohnheit gewordenen Zerstörung und Verwüstung. Es ist Mittagszeit und die Temperaturen steigen auf fast 50° C. Khadeja schläft auf meinem Arm ein. Nach ca. einer Stunde Autofahrt halten wir zwar an, können aber keine Hinweise auf eine internationale Hilfsorganisation entdecken. Viele Militärfahrzeuge stehen in der Nähe des Gebäudes, in das wir eintreten sollen. Wir werden zu einem kleinen Zimmer geführt. Dort begrüßen uns etwas genervt zwei ältere Männer in Zivilkleidung. Stefan und ich werden gefragt, wer wir seien, woher wir kämen und was wir wollten. Dann wird Khadeja angeschaut und befragt. An einem Kleiderhaken in diesem kleinen Raum hängen Militäruniformen. Ich bitte den älteren der beiden Männer darum, dass sie sich bitte auch uns vorstellen mögen, denn wir wüssten nicht wer sie seien. Er schaut etwas irritiert und vermittelt uns, er sei der höchste General im Gebiet Mossul.

Bei unserer Vorstellung erwähnen Stefan und ich, dass wir Doktoren seien. Der oberste General möchte wissen, welche Art von Doktoren. Wir erläutern, dass wir Ärzte seien. Und schon zeigt unser Gegenüber mehr Respekt und Anerkennung uns gegenüber. Er führt daraufhin mehrere Telefonate. An seiner Gestik und an der Lautstärke seiner Unterhaltung und dem Tonfall ist spürbar, wie wütend er ist, in dieser Angelegenheit miteinbezogen worden zu sein. Er telefoniert und telefoniert, scheint den uns begleitenden Soldaten zu beschimpfen, spricht mit wichtigen Personen in Bagdad. In der Zwischenzeit ist Khadeja auf meinem Armen fast eingeschlafen. Ich lege sie nach einem kurzen Blickkontakt mit dem General auf dessen Bett in diesem kleinen Raum. Sie schläft schnell ein. Der General deckt Khadeja, ja, man kann und muss sagen, zärtlich und behutsam zu. Dann telefoniert er weiter.

Schließlich fragt er mich, wie lange ich schon als Arzt arbeiten würde. Ich antworte: „Seit fast 30 Jahren." Daraufhin schildert er mir seine Krankengeschichte und bittet mich um eine Untersuchung seines Herzens. Ich beginne, ihn mit dem Stethoskop abzuhören, messe seinen Puls und den Sauerstoffgehalt im Blut. Dann vermittle ich ihm, dass alles bestens sei. Er ist sichtlich erleichtert. Irgendwie scheint das Eis etwas zwischen uns gebrochen zu sein. Er vermittelt über unseren Dolmetscher, dass es auch in seinem Interesse sei, Khadeja einer internationalen Hilfsorganisation zu übergeben. In der Zwischenzeit hat sein Adjutant die Uniform angezogen und nickt uns zu. An welche Organisation denn das Kind übergeben werden solle? Wir nennen die Organisation *Save the Children* und machen deutlich, dass wir Khadeja übergeben möchten. Wieder wird telefoniert.

Khadeja scheint tief und fest zu schlafen. Manchmal wird sie unruhig und spricht leise „Mama, Mama", bevor sie erschöpft weiterschläft. Der oberste General vermittelt uns, dass er noch mit einer wichtigen Person reden müsse. Stefan und ich sind angespannt. Nach einem weiteren hitzigen Telefonat sagt er uns, dass jetzt alles organisiert sei und wir mit Khadeja losfahren könnten. Er hoffe, dass dies nicht zu einer Verstimmung der deutsch-irakischen Beziehungen führe. Wir meinen nein, ganz und gar nicht, sofern in Zukunft die Übergabe unbegleiteter Kinder schneller und unkomplizierter funktionieren würde. Wir verabschieden uns, ich nehme die schlafende Khadeja auf meinen Arm. Sie ist so schwer und wirkt ganz entspannt. Wir fahren los, immer noch von Militärfahrzeugen begleitet.

Eine Viertelstunde später biegen wir in den Eingang eines Camps ein. Dort erkennen wir Schilder von *UNICEF* und auch von *Save the Children*. Wir werden in Begleitung der Soldaten in einen Wohncontainer geführt. Der Adjutant des Generals füllt ein Dokument aus. Stefan und ich schauen uns an. Ohne Worte auszutauschen ist für uns klar, auch an diesem Ort werden wir Khadeja keinem Soldaten übergeben. Plötzlich betreten zwei Frauen den Wohncontainer. Sie stellen sich auf Englisch als Vertreterinnen der Hilfsorganisation *Save the Children* hier in dem Ort Hamman Al Ill vor. Sie seien Sozialarbeiterinnen dieses Kinderhilfswerkes und hätten von uns schon gehört. Hatten wir es wirklich geschafft!?

Stefan schreibt die Kontaktdaten der Frauen und der Hilfsorganisation auf. Der Adjutant des Generals verabschiedet sich. Wir bedanken uns. Ich gebe Khadeja schweren Herzens aus meinen Armen in die Arme der Sozialarbeiterin. Khadeja weint, klammert sich an mich und schreit erschöpft. Stefan rät mir, die Übergabe schnell abzuwickeln. Ich tue es, kann die Tränen aber selbst nur schwer zurückhalten. „Aber nicht hier und jetzt", ermahne ich mich im Stillen. Ich schaue Khadeja in die Augen, streichle ihr sanft über den Kopf und lasse sie körperlich los.

Auf der Rückfahrt klatschen Stefan, unser toller Dolmetscher, Tiger, und ich uns ab. Wir haben das scheinbar Unmögliche möglich gemacht durch die Menschlichkeit, die in jedem Menschen vorhanden ist. Möge Khadeja in dieser Kriegsregion als potenzielle Feindin eine friedvolle und liebevolle Zukunft geschenkt bekommen.

Wir waren alle wirklich sehr, sehr erleichtert. Das Besondere war aber auch, dass sich die uns begleitenden Soldaten sichtlich mitfreuten, dass Khadeja bei „Save the children" war. Und diese Freude war authentisch. Als wir in unser Camp zurückkehrten, war die Freude bei allen groß. Auch die irakischen Soldaten in der medizinischen Ambulanz drückten ihre Anerkennung und Freude aus. Es war eine spürbare, jetzt offen gezeigte Solidarität mit unserem Handeln für dieses kleine Kriegskind des Feindes zu erkennen. Die Soldaten, die ständig mit dem Tod konfrontiert und täglich in brutale

Kämpfe verwickelt sind, zeigten ihre emotionale Seite. Der Krieg hatte also das normale zwischenmenschliche Mitfühlen bei ihnen noch nicht zerstört.

Und das besonders Schöne und Tolle kam erst noch: Unser Dolmetscher ist verheiratet und hat drei Kinder. Er besprach mit seiner Frau, das besondere Mädchen aus Mossul zu adoptieren, wenn keine Angehörigen von Khadeja gefunden werden sollten. Stefan und ich versprachen ihm, dass wir ihn, seine Familie und Khadeja dann finanziell unterstützen würden.

Bei sich selbst anfangen!

Wegschauen, nicht handeln bedeutet, selbst Teil eines Unrechtsystems zu sein. Wir sollten aus Geschichte lernen, gerade wir Deutschen. Martin Buber, österreich-israelisch jüdischer Religionsphilosoph und Verfechter eines religiösen Sozialismuss sagt: „Es kommt einzig darauf an, bei sich zu beginnen, und in diesem Augenblick habe ich mich um nichts anderes in der Welt als um diesen Beginn zu kümmern.“[10] Dem folgend, sollte jeder bei dem Thema „Menschenrechte und persönliche Wachsamkeit" bei sich selbst anfangen, so auch ich!

Nachdem mein Kollege Stefan mir das Anlegen der schusssicheren Keramikweste gezeigt hatte, dann einen passenden Schutzhelm herausgesucht und mit mir die Funktionsweise der Gasmaske ausprobiert hatte, werden wir zu einem Notfall gerufen. Zwei junge Männer sind in eine Sprengfalle geraten. Der eine von beiden ist schwer verletzt. Das linke Bein ist zerfetzt, er hat einen Pneumothorax, zudem massive Wunden am gesamten Oberkörper, am Kopf und den Händen und Füßen. Er wird mit einem Pick-up zu uns gebracht und schnell auf die Untersuchungsliege gehoben. Stefan, ein amerikanischer Arztkollege, ein irakischer Rettungssanitäter und ich untersuchen den Patienten und fangen sofort mit den Hilfsmaßnahmen an. Ich stehe direkt an der Untersuchungsliege und bemerke, dass dieser schwer verletzte junge irakische Mann mit seiner Hand seitlich meine Hose festhält.

Er hat sichtlich Schmerzen, er sucht nach Halt. Seine Hände sind blutverschmiert. Ich bemerke seine Angst, seine Panik und sein Greifen und Zupacken an meiner Hose. Zeitgleich registriere ich in diesem Moment meine Gedanken. „Ich habe nur eine strapazierfähige Hose, ich bin erst einen Tag am Einsatzort, wenn jetzt schon meine Hose blutverschmiert ist und ich dieses Blut nicht mehr entfernen kann, laufe ich die ganzen nächsten Wochen mit dieser blutverschmierten Hose herum." Ich streife seine Hand von meiner Hose und arbeite weiter. Er greift in seinem Kampf gegen den Tod und für das Leben nach meiner Hand. Wieder beginnt es in mir zu arbeiten: „Ich habe noch keine Schutzhandschuhe an, die Hand dieses Menschen ist immer noch blutverschmiert. Könnte ich mich mit irgendeiner Infektionskrankheit, mit was auch immer, infizieren? Ich muss doch handeln, etwas machen." Wieder entziehe ich mich diesem unmittelbaren Kontakt, dieser Nähe, diesem Versuch eines sich im Todeskampf befindenden Menschen, Halt zu finden, Nähe und Zuwendung durch einen anderen Menschen spüren zu dürfen.

Wir funktionieren als Team. Dieser schwer verletzte Mensch wird schließlich mit einem Krankenwagen ins nächstgelegene Krankenhaus gebracht. Er lebt! Er lebt noch! Wir sind alle angespannt und voller Emotionen. Ich setze mich allein auf unser Feldbett in unserer halb zerstörten Unterkunft und gehe gedanklich das Geschehene nochmals vor meinem inneren Auge durch. Wie habe ich reagiert, habe ich mein Fachwissen richtig eingesetzt, habe ich schnell gehandelt usw.? Und was war da noch mit der Hand des Patienten, als er versucht hatte, Halt zu finden, berühren zu können und berührt zu werden in dieser Situation zwischen Leben und Tod?

Ich war in dieser Situation nicht als Mensch für einen Menschen da, ich habe Distanz und keine Nähe geschaffen, muss ich erkennen. Mir war die Sauberkeit meiner Hose wichtiger als Nähe zuzulassen. Mir war die irrationale Angst vor der Berührung einer blutverschmierten Hand wichtiger als dieses direkte Haltgeben von Mensch zu Mensch. Ich war in diesem so wichtigen und entscheidenden Moment nicht sensibel, nicht empathisch, nicht wirklich da. Ein Mensch sucht in seinem Todeskampf meine Nähe und ich entziehe mich dieser Nähe. Das war falsch, es war arrogant, ignorant von mir.

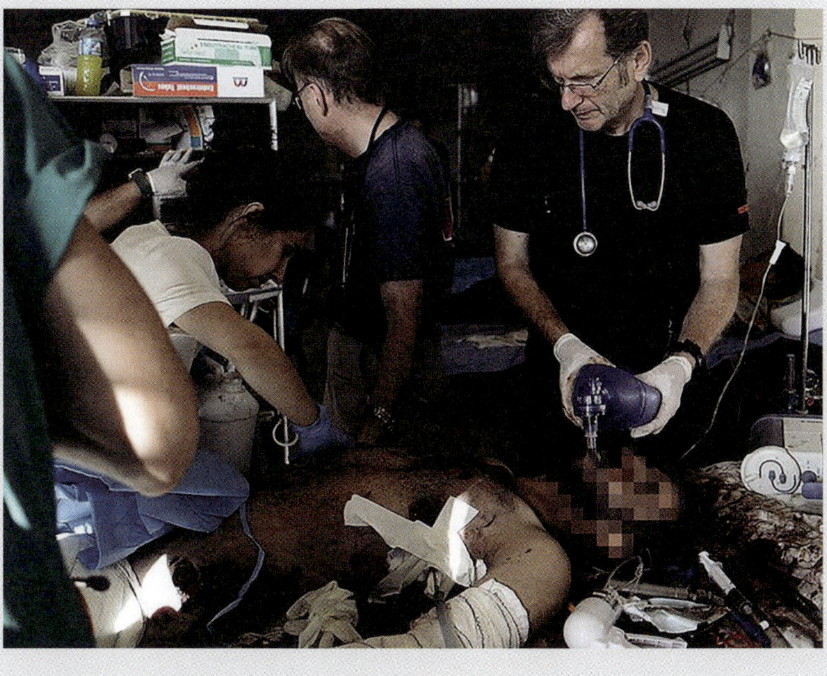

Es geht nicht um eine selbstzerstörerische Kritik, es geht um tabulose Kritik, es geht um stetige Wachsamkeit dem eigenen Leben, dem eigenen Handeln und dem fremden Leben gegenüber. Es geht um gelebte Zwischenmenschlichkeit, es geht um das „Einhalten" der Menschenrechte im Kleinen wie im Großen. Im konkreten individuellen Verhalten von Mensch zu Mensch sowie auch im Einfordern von strukturellen Bedingungen, die für die Umsetzung der Menschenrechte elementar sind.

Wir alle dürfen diese Sensibilität und Wachsamkeit unserem Verhalten gegenüber niemals verlieren, nicht vergessen. Für mich bedeutet dies während meiner Zeit im Irak und danach, Berührung, Kontakt nie mehr auszuschlagen. Begegnung auch in einer solchen Notfallsituation zuzulassen und wachsam zu sein, wachsam für die Not und das Bedürfnis des anderen und wachsam gegenüber meinen irrationalen Ängsten.

HELFEN

Helfen!
Warum?
Wofür?
Weshalb?
Weswegen?
Wem?
Nein!
Doch!

Wer hilft mir?
Sagen sie das alle?

Vielleicht?
Bestimmt!
Nicht fragen!
Nein!
Es tun,
es sehen,
es verstehen.

Dann sagen es schon nicht mehr alle!

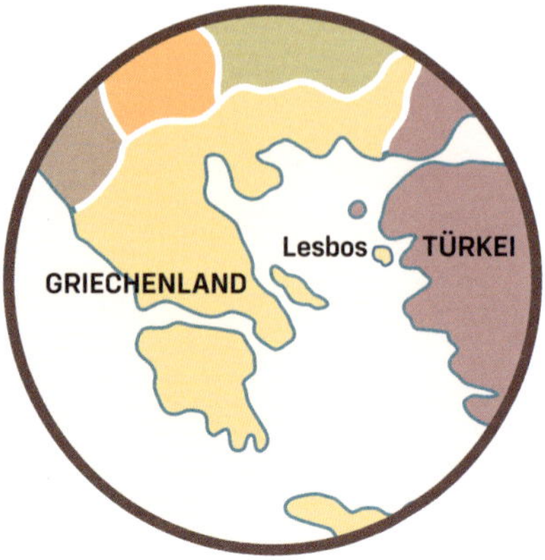

GRIECHENLAND –

Menschenrechte unter Beschuss

Im Jahr 2017 kurz in Athen, in den Jahren 2017 und 2020 auf Lesbos. In der griechischen Hauptstadt Athen haben geflüchtete Menschen im Hotel City Plaza ein neues Zuhause gefunden. Wie dieses Hotel von den betroffenen Menschen sowie engagierten Menschenrechts-Aktivisten geführt, betreut und gegen rassistische und fremdenfeindliche Widerstände aufgebaut und finanziert wird, beeindruckt mich zutiefst.

In diesem Jahr besuche ich auch erstmalig die Insel Lesbos und engagiere mich in den Flüchtlingslagern Pikpa, Kara Tepe und Moria. Ich habe keine offizielle Arbeitsgenehmigung bekommen, deshalb kann ich nur das Nötigste in meinem Rucksack mitnehmen.

Heute, im März 2020, begleite ich Fabiola José, eine chilenische Physiotherapeutin, die in Eigeninitiative eine physiotherapeutische Behandlungsstätte im Familiencamp Kara Tepe aufgebaut hat. Sie hat dafür einen kleinen Container zur Verfügung gestellt bekommen, in dem sie körperbehinderte Menschen behandelt. Heute will sie nach den Menschen im Moria-Camp sehen. Mit unserem afghanischen Übersetzer fahren wir los. Meine Eindrücke in Worte zu fassen fällt mir schwer! Kann ich das, was ich dort sehe, rieche und spüre überhaupt beschreiben?

Allein durch dieses Lager zu laufen, ist schon unglaublich deprimierend. Konzipiert für einige Tausend, leben hier wohl 14.000–18.000 geflüchtete Menschen. Es ist auffällig, wie viele Kinder hier leben. Schätzungen der Caritas belaufen sich auf ca. 8.000 Kinder. Die Behausungen sind eng, teilweise auf dem ursprünglichen Camp-Gebiet, mittlerweile in den umliegenden Waldstücken und Olivenhainen verstreut. Teilweise mit Strom, oft aber ohne. Es gibt nur wenige sanitäre Anlagen, dennoch begegnen uns die Menschen freundlich und dankbar, dass wir nach ihnen sehen und Fabiola verschiedene physiotherapeutische Hilfsmaterialien austeilt.

Es wird langsam dunkel und überall werden kleinere Feuer entzündet als Wärme- und Lichtspender. Und überall sind Kinder, Kinder, Kinder … Ich habe noch nie ein solches Flüchtlingslager in Europa gesehen. Erinnerungen an medizinische Hilfseinsätze in Bangladesch, Haiti und Sri Lanka schießen mir durch den Kopf. Aber doch nicht vor unserer Haustür, in Europa! Dann lese ich die Meldung, dass die Große Koalition in Berlin den Antrag, 5.000 unbegleitete Kinder, kranke und alte Menschen aus Lesbos aufzunehmen, abgelehnt hat. Die Menschen hier in den Lagern sich selbst zu überlassen, durch Krieg und Flucht traumatisierten Kindern keine Hilfe anzubieten, ist unmenschlich.

Schnell spricht sich herum, dass ich Arzt bin, und in kürzester Zeit befinden sich zahlreiche Kinder, Frauen und Männer bei uns, die um eine ärztliche Untersuchung bitten. Ich versuche, einige zu untersuchen, habe aber kein therapeutisches, sprich medikamentöses Equipment dabei. Viele zeigen uns ärztliche Befunde und

Rezepte, die die PatientInnen in Apotheken einlösen sollen, wofür ihnen aber das Geld fehlt.

Immer wieder sind es die Einzelschicksale, die mich zutiefst berühren. Ich lerne insbesondere die Not von körperbehinderten Menschen in den Lagern auf Lesbos kennen. Es ist eben etwas ganz anderes, Menschen kennenzulernen, ihnen in die Augen zu schauen, von ihrem Schicksal authentisch durch sie selbst zu erfahren. Es entsteht eine zwischenmenschliche Nähe, die nur durch diese Form der Begegnung erreichbar ist. Von einigen dieser Begegnungen möchte ich Ihnen berichten.

Die Geschichte der Familie Atala

Es ist ein sonniger Tag auf Lesbos. Wie jeden Morgen mache ich mich von meinem Hotel aus auf den Weg ins Kara-Tepe-Flüchtlingslager zu Fabiola. Auf meinem Weg durch Mytilini, der Hauptstadt der Insel Lesbos, begegne ich im Hafenbereich verschiedenen geflüchteten Menschen, die wild campen bzw. in Autowracks übernachten oder zwischen griechischen Kriegsschiffen, Parkanlagen und Häusern eine Übernachtungsmöglichkeit gefunden haben. Häufig sind dies kleine, notdürftig zusammengezimmerte Behausungen. Nach einer halben Stunde erreiche ich das Flüchtlingslager. Dort leben ca. 3.000 geflüchtete Menschen, die jeweils als Familie dort aufgenommen worden sind. Jeden Tag kommen Frauen und Männer mit multiplen Bewegungseinschränkungen und Behinderungen zu Fabiola in die Praxis. Besonders zwei junge Männer haben mich während meines Aufenthaltes in diesem Camp beeindruckt.

Da ist Yasser mit seinem Bruder Samir. Yasser ist 33 Jahre alt. Er wird von seinem jüngeren Bruder Samir im Rollstuhl sitzend in den Behandlungscontainer geschoben. Ich stelle mich kurz vor und Fabiola erläutert mir die Leidensgeschichte dieses jungen Mannes: Bei einem Bombenangriff der syrischen Assad-Armee in der Nähe von Idlib vor zwei Jahren wurde Yassers Ehefrau getötet und er selbst schwer verletzt. Auch jetzt hat er noch eine deutliche Querschnittssymptomatik, kann sich nicht selbstständig bewegen, ist auf den Rollstuhl angewiesen und hat zudem einen Urinbeutel, da auch seine normale Blasenfunktion gestört ist. Die Leidensgeschichte von Yasser und seiner Familie macht traurig, melancholisch und wütend zugleich. Yasser hat eine sechsjährige Tochter namens Daniah und eine fünfjährige Tochter mit dem Namen Raniah. Die drei waren nach der Katastrophe von Yassers Bruder von Idlib in die Türkei gebracht worden. Die Flucht war beschwerlich und zehrte an den körperlichen sowie psychischen Kräften aller Familienmitglieder. Da Yasser nicht selbstständig gehen kann, trug ihn sein Bruder Samir einen Großteil des Weges.

In der Türkei angekommen, waren sie für kurze Zeit in einem Flüchtlingslager, das kaum internationalen Hygienestandards entsprach. Die Familie beschloss, weiter über die Ägäis nach Griechenland zu fliehen. Also bezahlten sie die Schleppergebühren, wurden in ein Schlauchboot gepfercht und kamen nach 10 Stunden Fahrt auf Lesbos an. Völlig erschöpft waren er und seine beiden Töchter. Sie wurden nach einer kurzen Aufenthaltsdauer im Moria-Camp in das Familiencamp Kara Tepe überstellt.

Yasser zeigt mir seine Röntgenaufnahmen, die er auf seinem Handy gespeichert hat, mit der bangen Frage an mich gerichtet, ob er operiert werden könne, um dann endlich aus dem Rollstuhl aufstehen und wieder selbstständig laufen zu können. Fabiola macht währenddessen die ersten Übungen mit ihm. Es ist zutiefst bewegend zu sehen, mit welcher Intensität, Ausdauer und welchem Willen Yasser versucht, erste eigenständige Fortbewegungen, zuerst auf den Knien, dann aufrecht stehend, zu machen. Immer wieder unterbrochen von einer tiefen körperlichen, aber oft auch spürbaren psychischen Erschöpfung.

Oft fragt er Fabiola mit Tränen in den Augen, ob sie wirklich daran glaube, dass er wieder gehen könne. Fabiola nimmt sich dann Zeit für dieses Gespräch mittels Dolmetscher. Sie bereitet einen Tee zu, setzt sich zu ihm auf eine kleine Bank oder den großen Medizinball und macht ihm Mut. Sie berührt seine Beine, sie schaut ihm in die Augen, sie nimmt ihn in den Arm und tröstet ihn. Yasser akzeptiert diese Berührungen durch eine fremde Frau. Man spürt, welch große Bedeutung dieser Zuspruch für ihn hat.

Man spürt aber auch seine Ambivalenz, seinen Kampf zwischen Aufgeben und Weiterkämpfen, zwischen Hoffnungslosigkeit und Hoffnung, zwischen Verzweiflung und dem Mut, das Schicksal bezwingen zu wollen.

Er betont immer wieder, dass er für seine beiden kleinen Töchter als Vater da sein möchte. Dazu gehört für ihn aber auch, wieder Geld verdienen zu können, und dies ist nur möglich, wenn er gehen kann. Yassers älterer Bruder lebt in Deutschland in der Nähe von München. Er hofft so sehr, eines Tages mit seinem jüngeren Bruder Samir und seinen beiden kleinen Töchtern dorthin reisen zu dürfen. Die griechischen Behörden haben ihm allerdings vermittelt, dass die nächste Anhörung bezüglich seines Asylverfahrens erst in eineinhalb Jahren stattfinden wird. Welch deprimierende Perspektive, denke ich. Neben dem körperlichen und psychischen Leid kommt diese administrative Willkür hinzu.

Einige Monate später werden Yasser, seine beiden Töchter und Samir auf das griechische Festland nach Athen geschickt. Dort wartet er auf die Anerkennung seines Asylantrags. Dann höre ich einige Monate lang nichts mehr von der Familie Atala. Im April 2021 erreicht mich schließlich eine WhatsApp-Nachricht von Yasser. Er bittet mich dringend um Hilfe. Sein Asylantrag sei zwar anerkannt worden, dies hätte aber zur Folge, dass die staatliche Unterstützung sofort eingestellt worden sei. Als anerkannter Asylbewerber müsse er jetzt selbst für seinen und den

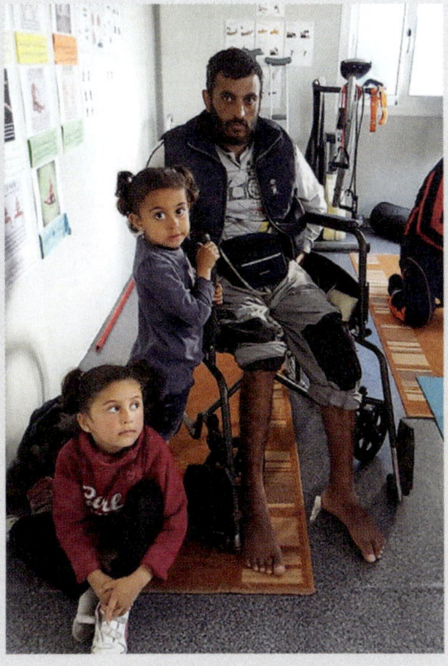

Lebensunterhalt seiner Töchter sorgen. Wie soll ein querschnittsgelähmter junger Mann das bitte machen?

Yasser berichtet mir weiter, dass die griechischen Behörden ihm unmissverständlich vermittelt hätten, bis Monatsende die von der *Caritas Hellas* zur Verfügung gestellte Wohnung zu verlassen, das sei leider herrschende administrative Praxis in Griechenland und man könne nichts dagegen tun. Warum scheint hier eine kirchliche Organisation das menschenrechtsverletzende Verhalten des Staates zu akzeptieren, ja, sogar zu unterstützen? Ich bemühe mich, der Familie einen Weg nach Deutschland zu ermöglichen.

Die Geschichte von Khalid

Khalid ist 33 Jahre alt. Er ist verheiratet mit Nashmia und hat mir ihr zwei kleine Kinder. Er lebte bis vor seiner Flucht in al-Hasaka, einer großen Stadt in Nordostsyrien. Im Sommer letzten Jahres zerstörte eine Bombenexplosion seine Wohnung. Die Bomben wurden vermutlich von Flugzeugen des Assad-Regimes abgeworfen. Immer wieder erfahre ich von diesen Gräueltaten eines Diktators gegen seine eigene Bevölkerung. Die Explosion führte dazu, dass Dachteile auf Khalid stürzten und er ein Schädel-Hirn-Trauma erlitt. Sein Vater starb. Schwer verletzt wurde er in Syrien behandelt. Seit diesem Zeitpunkt leidet er unter einer Paraplegie (Lähmung beider Beine) sowie einer spastischen Lähmung des rechten Armes. Trotz dieser Einschränkungen entschloss sich Khalid, mit seiner Familie über die Türkei nach Europa zu fliehen, da die Situation durch den Krieg in Syrien weiterhin lebensgefährlich für sie war. Im Dezember 2019 erreichte er die griechische Insel Lesbos. Seitdem lebt er im Kara-Tepe-Camp. Er geht dort regelmäßig seit einem halben Jahr in den kleinen Physiotherapie-Container von Fabiola.

Ich begegne Khalid im März 2020 zum ersten Mal. Mich beeindruckt seine Willenskraft, aber auch das Ausmaß seiner Behinderungen. Bei meinem zweiten Besuch auf Lesbos im August 2020 sind erste kleine Fortschritte im Bewegungsablauf zu erkennen. Ich hatte ihm einen neuen Rollstuhl versprochen. Dieses Versprechen kann ich im August einlösen. Khalid freut sich sehr darüber. Zudem können wir verschiedene Hilfsmittel zur physiotherapeutischen Behandlung seiner spastischen Lähmung an der rechten Hand übergeben.

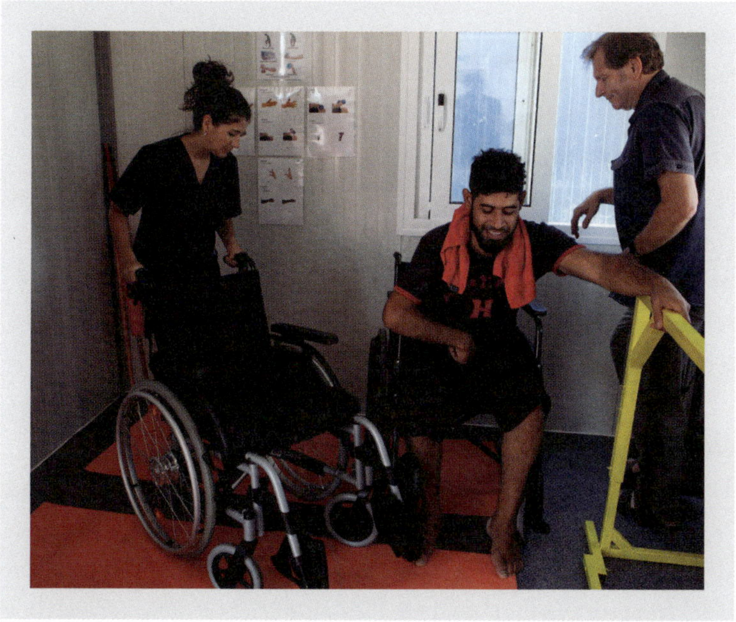

Nach einer Anhörung im Juli 2020 erhält er im August 2020 die Mitteilung, dass seine Abschiebung in die Türkei entschieden wurde. Er ist frustriert und total niedergeschlagen, versucht dies aber zu verstecken und uns, insbesondere Fabiola, emotional zu schützen. Er tröstet uns, obwohl wir für ihn da sein sollten.

Wir begleiten Khalid zu einem sogenannten „Unterzeichnungstermin“ eines Papiers an einem heißen Donnerstag Mitte August im Moria-Camp. Dies wäre wichtig bezüglich seiner Abschiebung in die Türkei. Der Bescheid der griechischen Ausländerbehörde ist in Griechisch abgefasst, es gibt eine in Arabisch übersetzte Information, die aber nur Standard-Mitteilungen enthält. Die Begründung seiner Ablehnung wird ihm nicht schriftlich mitgeteilt. Es ist alles sehr chaotisch. Wir wissen von anderen Fällen, in denen das Unterzeichnen dieses Papiers die Abschiebung erst manifestiert. Mit der Unterschrift akzeptiert der Betroffene die Abschiebung und legt keinen Widerspruch ein, nutzt keine Rechtsmittel. Ein Skandal! Wir verlassen die Asylbehörde im Moria-Camp mit der Vereinbarung, dass Khalid sich jetzt einen griechischen Rechtsanwalt nehmen wird, um gegen die Abschiebung zu klagen.

Wir erreichen mithilfe von Rechtsanwältinnen schließlich, dass die Abschiebung vorerst aufgeschoben wird. Auf diesen Zwischenerfolg folgen jedoch weitere abgelehnte Asylanträge und angedrohte Abschiebungen. Ich weiß noch nicht, ob wir es schaffen werden, Khalid und seine Familie nach Deutschland zu holen.

Der verborgene Friedhof

Da auf dem Armenfriedhof in Lesbos, speziell in der Hauptstadt Mytilini, für die verstorbenen, ertrunkenen Geflüchteten, die an den Strand gespült wurden, nicht mehr genügend Platz vorhanden war, wurde ein separater Friedhof eingerichtet. Dieser Friedhof der geflüchteten Menschen soll in der Nähe des Ortes Kato Tritos sein. Ich mache mich auf den Weg dorthin und frage unterwegs zahlreiche Dorfbewohner, wo denn dieser Friedhof sei. Das wisse man nicht, einen solchen Friedhof gäbe es hier nicht, davon weiß ich nichts, waren die häufigsten Antworten. Ich suche verzweifelt weiter nach dieser Ruhestätte. Schließlich weiß ein Mann in einem Bistro des kleinen Städtchens, wo der Friedhof ist.

Da er versteckt in einem Olivenhain angelegt sei, fährt er mit seinem Motorroller vor mir her, um mir den Ort zu zeigen. Der Friedhof sei allerdings abgesperrt und man dürfe nur mit einer besonderen Genehmigung dort hin. Wieder etwas Abgesperrtes, wieder genehmigungspflichtig!! Versteckt in einem freien Landstück, auf einem Acker, ohne Adresse und Hinweisschild, zwischen zahlreichen Olivenbäumen sind die Grabhügel und marmorweißen Gedenktafeln tatsächlich zu sehen. Ich beschließe, mir durch ein Loch im Zaun Zutritt zu verschaffen. Die letzte Ruhestätte der verstorbenen Menschen auf ihrer Flucht vor Gewalt und Tod ist ein lieblos und abseits gelegener Ort. Ein kaputtes und verrostetes Fahrzeug bildet quasi den Eingang. Ich zähle 87 Grabhügel. Die meisten Gräber haben eine marmorweiße 20 x 20 cm große Gedenktafel. Bei ca. einem Drittel von ihnen steht der Name des Verstorbenen, manchmal auch einer gesamten Familie. Dann gibt es zahlreiche Gedenktafeln mit der Inschrift: „Name unbekannt". Und es gibt neun neue Grabhügel ohne Gedenktafel.

Der Friedhof des Ortes Kato Tritos liegt ca. 500 m von hier entfernt. Auch jetzt sind diese verstorbenen, auf der Flucht gewesenen Menschen noch ausgegrenzt, irgendwie weggesperrt, im Nirgendwo verscharrt. Kein würdevoll und respektvoll hergerichteter Ort. Sicherlich hat Griechenland andere Probleme und vielen Griechen geht es aufgrund der europäischen Austeritätspolitik sehr schlecht. Dennoch kann man einen solchen Ort anders gestalten. Dies erinnert mich an einen obdachlosen rumänischen Patienten, den ich in Mainz behandelt habe und der leider auch verstarb. Auch er war selbst im Tod noch ausgegrenzt, da die Trauerfeier für die wenigen Anwesenden vor der Kapelle stattfand, denn eine Feier innerhalb der kleinen Kirche hätte Geld gekostet. Der unwürdige Umgang mit verstorbenen Menschen, die in Armut leben, findet also auch bei uns in Deutschland statt. Mit viel Traurigkeit, Melancholie und Demut verlasse ich diesen Ort.

Die Geschichte von Zeinab

Zeinab lebt mit ihrem Ehemann, mit dem sie als 14-jähriges Mädchen verheiratet wurde, in der Zone 12 im Moria-Camp. Sie ist 19 Jahre alt und vor den Taliban aus Afghanistan nach Europa geflohen. Die Zone 12 gehört zum sogenannten „Dschungel" im Moria-Camp, dem Teil des Flüchtlingslagers, der „illegal" entstanden ist und in dem mehr als 10.000 Menschen im Frühjahr 2020 leben müssen. Als Kind erkrankte sie an Kinderlähmung. Aufgrund dessen konnte sie das linke Bein nicht gut bewegen, es war sogar ein Hindernis beim Gehen. Daraufhin beschlossen die Ärzte in Afghanistan, das funktionseingeschränkte Bein zu amputieren. So wurde der Unterschenkel unterhalb des Knies operativ entfernt. Zeinab hatte noch vor ihrer Flucht eine funktionierende, wenn auch sehr einfache Unterschenkelbeinprothese erhalten. Damit konnte sie sich ohne größere Probleme im Moria-Camp fortbewegen, was aus mehrerlei Gründen lebenswichtig ist: So konnte Zeinab selbstständig zur Toilette gehen und vor allem die auf der entgegengesetzten Seite des Flüchtlingslagers befindliche Schule besuchen. Im Moria-Camp gibt es viele relativ steile und steinige Pfade, die sich gerade bei Regen in Schlammfallen verwandeln.

Eines Tages kam es nun bei regnerischem Wetter zu einem kleinen Sturz, der den Bruch der Beinprothese zur Folge hatte. Die Reparatur der Prothese konnte nur provisorisch durchgeführt werden. Eine neue Prothese wurde von den Behörden als nicht erforderlich empfunden. Dies hat nun gravierende Folgen für das Leben von Zeinab im Camp. Sie kann nicht mehr zur Schule gehen und somit auch nicht mehr den Englischunterricht besuchen, den sie so liebt. Auch das selbstständige Gehen zur Toilette ist kaum möglich, Zeinab ist somit von fremder Hilfe zunehmend abhängig. Als sie uns dies berichtet, laufen ihr stille Tränen die Wange herunter. Das ist die Realität für viele gehandicapte Menschen im Moria-Flüchtlingslager.

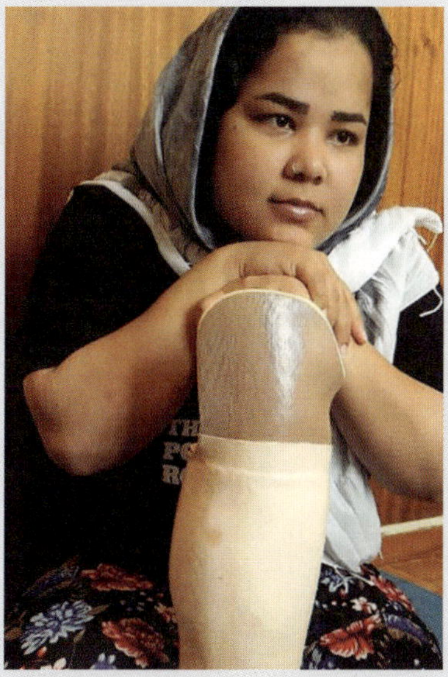

Drei Monate später bin ich wieder auf dem Weg nach Lesbos. In meinem Gepäck habe ich eine in Deutschland neu angefertigte Beinprothese für Zeinab. Die junge Frau kommt mit Krücken unter den Armen zu uns. Ich spüre die aufgeregte Spannung in ihr und hoffe inständig, dass die aus der Ferne angepasste Prothese wirklich passt. Als ich sie aus meiner Tasche hole, platziert Zeinab ihren Amputationsstumpf des linken Unterschenkels in die Prothese und macht damit ihre ersten Schritte. Sofort wird ihr Gesicht von einem befreienden Lächeln überflutet. Dann kommen die ersten Tränen. Einer Freundin von Zeinab laufen ebenfalls die Tränen über die Wangen. Diese Szene berührt auch alle umstehenden Frauen und mich zutiefst. Eine der Frauen sagt sinngemäß übersetzt: „Sind wir also doch noch nicht von der Welt vergessen. Lebt die Humanität doch auch hier auf Lesbos noch?!"

Zurück in Deutschland bekomme ich einige Tage später ein Foto von Zeinab zugeschickt. Es ist ein ganz besonderes Foto, denn es zeigt eine junge melancholisch und selbstbewusst in die Zukunft schauende junge Frau, gestützt auf die Beinprothese, die sie aus Deutschland erhalten hat. Nein, die Menschen auf Lesbos sind nicht vergessen!

Die Geschichte von Ali Resa

Bei meinem Besuch auf Lesbos nach dem Brand im Moria-Camp lerne ich in einer Behausung, die aus verschiedenen Decken und Plastikplanen als provisorische Unterkunft zusammengebastelt wurde, Ali Resa und seine fürsorglichen Eltern, Fatima und Yasin, kennen. Ali Resa leidet unter Autismus, einer im frühen Kindesalter auftretenden Entwicklungsstörung. Er ist acht Jahre alt. Fatima, die sehr gut Englisch spricht, und ihr Ehemann Yasin machen sich große Sorgen um ihren einzigen Sohn. Ali Resa ist aufgrund der Erlebnisse in seinem Heimatland, während der Flucht und der unbeschreiblichen Enge im Moria-Camp, die für einen Menschen mit Autismus die Hölle sein müssen, mittlerweile oft hyperaktiv und aggressiv, besonders anderen Kindern gegenüber. Fatima berichtet mir, dass ihr Sohn in solchen Phasen andere Kinder beißen würde. Um andere Kinder vor ihrem mit dieser Lebenssituation vollkommen überforderten Jungen zu schützen, lebt sie deshalb mit ihm und dem Vater in einem Olivenhain.

Mutter und Vater wirken sehr verzweifelt, gehen aber weiterhin sehr liebevoll mit ihrem Sohn um. Jetzt sollen sie in das neue Moria 2.0-Camp (Kara Tepe) umziehen. Dort müssen sie in einem Zelt mit fünf weiteren Menschen leben. In einem Zelt, das für acht Menschen eindeutig zu klein ist und für einen Jungen, der unter Autismus leidet, eine katastrophale Umgebung darstellt. Als wir

Fatima und Ali Resa im November 2020 im Zelt Nummer 580 suchen, sind sie nicht anwesend. Sie fliehen vor dieser räumlichen Enge, nehmen Nässe, Wind und niedrige Temperaturen in Kauf und halten sich mit ihrem Sohn in den Olivenhainen fernab der Zelte auf. Das ist pure Grausamkeit diesem Jungen und seinen Eltern gegenüber.

Und dann geschieht wenig später etwas Unerwartetes und Wunderschönes. Es ist für mich ein ganz besonderes Geschenk zum Jahresende 2020. Wir hatten Ali Resa auf unsere Solidaritäts-Betroffenen-Liste aufgenommen, die unser Verein *Armut und Gesundheit e.V.* gemeinsam mit Fabiola konzipiert und entwickelt hat. Auf dieser Liste befinden sich die Namen von ca. 100 gehandicapten Menschen, die dringlichst aus den Flüchtlingslagern auf Lesbos evakuiert werden müssen. Diese Liste stellen wir den politisch verantwortlichen Entscheidungsträgern auf Bundes- und Landesebene zur Verfügung. Nun erfahre ich von Fabiola, dass Ali Resa und seine Eltern im Dezember nach Deutschland evakuiert wurden. Sie sind mittlerweile in einer Sammelunterkunft in der Nähe von Hannover in Quarantäne. Wie schön für die drei! Und welch ein schönes Zeichen für alle Helfenden: Es gibt auch Hoffnung stiftende Momente in all dem Leid.

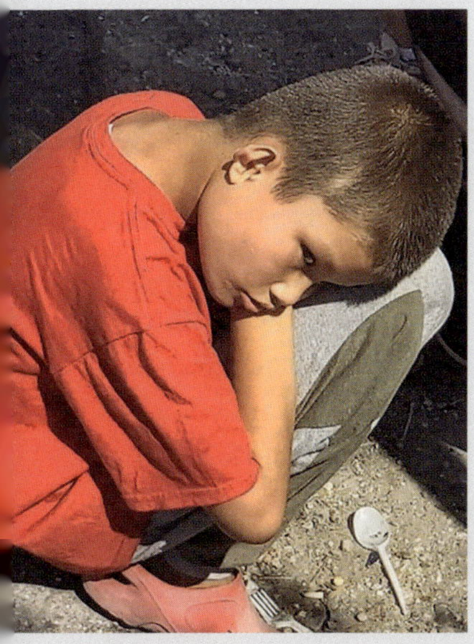

Die Geschichte von Abdulkarim und seinem Freund Wael

Ich treffe Abdulkarim im August 2020 zum ersten Mal in dem Physiotherapie-Container von Fabiola, als er im Rollstuhl sitzend Körperübungen durchführt. Abdulkarim ist ein 25-jähriger Mann aus Syrien. Er ist von Beruf Steinmetz, eine Familientradition für die männlichen Nachkommen. Da er in der Nähe von Damaskus lebte und weder zur syrischen Armee gehen noch von einer anderen Miliz zum Kämpfen gezwungen werden wollte, versuchte er aus Syrien in die Türkei zu fliehen. Auf diesem Fluchtweg half er einem körperbehinderten Freund, der ebenfalls diesen Ort des Schreckens verlassen wollte.

Sie kamen schließlich bis zur Stadt Idlib, noch ca. 30 km von der türkischen Grenze entfernt. Dort musste Abdulkarim eine Autobomben-Explosion, wahrscheinlich ein terroristischer Anschlag des IS, unmittelbar miterleben. Er sah die vielen Toten und Schwerverletzten und beschloss nun endgültig, sein Heimatland zu verlassen.

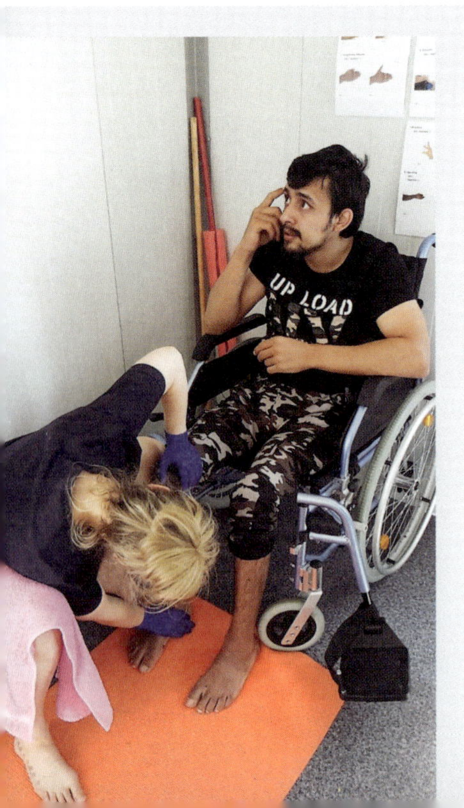

Als sie bei Nacht die syrisch-türkische Grenze überquerten, schoss ein türkischer Soldat Abdulkarim in den Rücken. Diese Schussverletzung war so schwer, dass er sich nicht mehr bewegen konnte und starke innere Blutungen hatte. Die türkischen Soldaten schickten ihn trotz dieser schweren Schuss-Verletzung zurück nach Syrien. Freunde brachten den schwer verletzten jungen Mann in ein grenznahes syrisches Krankenhaus, das ihm aber sofort vermittelte, dass er aufgrund der Art der Verwundung dort nicht behandelt und operiert werden könne. Er würde sterben, wenn er nicht in einem entsprechend ausgestatteten Hospital operiert werden würde. Daraufhin versuchte er, weiterhin stark blutend und mit starken Schmerzen, unterstützt von Freunden, nochmals in die Türkei zu gelangen und wurde schließlich in einem türkischen Krankenhaus in der Nähe von Reyhanlı operiert.

Man konnte zwar sein Leben retten, er war aber von der Bauchnabelhöhe abwärts querschnittsgelähmt. Seitdem kann er weder die Beine benutzen und bewegen noch seine Harnblasen- und Darmfunktion kontrollieren. Er floh weiter, von seinen Freunden getragen, bis zur türkischen Küste an der Ägäis. Von dort aus gelangten sie mit einem Gummiboot nach Griechenland auf die Insel Lesbos, wo sie Anfang 2019 in das berüchtigte Moria-Camp gebracht wurden.

Er zeigt uns die Eintrittswunde der Schussverletzung am Rücken. Die Kugel wurde von der Wirbelsäule abgelenkt und trat an der rechten Schlüsselbein-Schulterregion wieder aus. Zudem zeigt er uns Narben, die auf einen sogenannten Pneumothorax hinweisen. Eine lebensgefährliche Verletzung, bei der die Lunge kollabiert. Auf seinem Handy sind Bilder zu sehen, die ihn auf der Intensivstation des türkischen Krankenhauses zeigen.

Er wird heute zum ersten Mal von Fabiola und auch von Heidi, einer deutschen Physiotherapeutin, die mich begleitet, untersucht und behandelt. Er berichtet uns, dass er im Moria-Camp in einer kleinen Behausung mit zwei anderen körperbehinderten jungen Syrern leben müsse. All seine Bemühungen, aus diesem Camp in eine Übernachtungsstelle verlegt zu werden, in der er sich als

Rollstuhlfahrer weitestgehend selbst versorgen könnte, seien bisher gescheitert. Fabiola will versuchen, beim *UNHCR* zu erreichen, dass Abdulkarim in das Kara-Tepe-Camp oder in eine andere behindertengerechte Unterkunft verlegt wird.

Etwas später am Tag besuchen wir Abdulkarim in seiner Unterkunft. Auf dem Weg durch das Camp sehen wir, unter welch katastrophalen hygienischen Bedingungen die Menschen hier leben müssen. Die kleine Kammer, in der sich Abdulkarim aufhält, ist maximal 6 qm groß. Hierin befinden sich zwei Stockbetten mit vier Schlafmöglichkeiten. Sein Rollstuhl steht zusammengeklappt an der Seite. Ein Ventilator erzeugt ein wenig Frischluft. Dort lebt er mit Samir und Wael, zwei Syrern, die ebenfalls durch Schuss- und Bombenverletzungen körperbehindert sind. Samir hat eine hohe Oberschenkel-Amputation, die nach einem Bombenangriff in Syrien alternativlos war. Bei dieser Bombenattacke starben sein Vater und sein Bruder. Wael hat eine Lähmung im Fußbereich, nachdem er durch einen Granatsplitter so stark verletzt worden war, dass sein Fuß nicht mehr normal bewegt werden konnte. Durch missglückte Operationen und Narbenbildungen ist er nun deformiert und funktionsuntüchtig.

Ohne Wael und Samir könnte Abdulkarim dort überhaupt nicht überleben. Sie bringen ihn zu der einzig für ihn benutzbaren Toilette, besorgen die Urinkatheter für die Entlastung seiner Harnblase, beschaffen das Essen usw. Es ist erschütternd, diese Enge und diese hygienischen Verhältnisse zu sehen und in dieser kurzen Zeit des Besuchs auch atmosphärisch zu spüren, was es bedeutet, hier leben zu müssen. Nachts würden Ratten in diese Notunterkunft kommen, erzählen uns die drei. Abdulkarim zeigt uns während des Gespräches zahlreiche Kakerlaken, die an der Wand hinauf, und dann wieder herunterlaufen. Wie kann es sein, dass ein junger Mensch trotz *UN*-Behindertenrechtskonvention, trotz *EU*-Aufnahmerichtlinien, die Menschen wie Abdulkarim eindeutig als besonders schutzbedürftige Person deklarieren, hier dahinvegetieren muss??

Zudem muss Abdulkarim mindestens fünfmal täglich durch einen Urinkatheter den Urin selbst ablassen. Er berichtet uns, dass er bisher von den Hilfsorganisationen nur sehr wenige dieser Katheter – er benötigt pro Woche mindestens 35 davon – kostenlos zur Verfügung gestellt bekäme. Deshalb muss er sich auch selbst Katheter kaufen, wozu ihm häufig das Geld fehlt. Des Weiteren berichtet er uns davon, welch große Angst er jedes Mal hat, wenn er zur Toilette gefahren werden muss. Es gibt nur eine Toilette, zu der ihn Wael bringen kann, auf die er von ihm gehoben wird, wenn Abdulkarim den Darm entleeren muss. Man muss sich dabei vergegenwärtigen, dass ein Patient mit einer derartigen Querschnittslähmung nicht selbstständig dafür sorgen kann, dass der Stuhl auf normalem Wege ausgeschieden wird. Und das muss Abdulkarim alles hier bei fast 40° C unter diesen hygienischen Bedingungen über sich ergehen lassen.

Es ist bewundernswert, wie fürsorglich Wael und auch Samir sich um Abdulkarim kümmern. Ohne deren Hilfe wäre ein Leben in diesem Flüchtlingslager überhaupt nicht möglich. Es gibt so viele Menschen hier, die ein solches Leid erfahren müssen. Es sind eben keine Einzelschicksale mehr, es ist ein strukturelles und systemisches Versagen.

Kurze Zeit später, als ich schon wieder in einer anderen Welt leben darf, erfahre ich, dass Abdulkarim seit dem Lockdown aufgrund der ersten Covid-19-Fälle im Moria-Camp von einer physiotherapeutischen und medizinischen Versorgung fast vollkommen abgeschnitten ist. Er wurde von zahlreichen Ratten in beide Füße gebissen und leidet derzeit unter heftigen Fieberschüben. Aufgrund seiner Querschnittslähmung spürt er die Bisse nicht. Fabiola schickt mir eine Videobotschaft. Ich berate sie telemedizinisch, welche Medikamente sie ihm sofort geben kann und welche Salben zur Behandlung seiner Wunden benutzt werden sollen.

Die Fotos und Videos, die mir Fabiola übermittelt, sind erschütternd und skandalös. Hier sieht man keine abstrakten Zahlen und Ziffern, nein, an Abdulkarims Notlage sieht man beispielhaft, wie die brutale Realität für die Menschen im Moria-Camp aussieht. Ich mache mir große Sorgen um das Leben von Abdulkarim. Wenn er jetzt nicht evakuiert wird, besteht die Gefahr, dass er stirbt. Ich äußere mich auf meiner öffentlichen Facebook-Seite mit der dringenden Bitte um Hilfe. Ich bin für jede Aktion, Idee, Initiative dankbar und formuliere auch einen Appell an alle politisch Verantwortlichen.

Ich wiederhole meinen Facebook-Aufruf immer wieder. Zwei Tage später die nächste Horrormeldung: Das Moria-Camp brennt! Neben der generellen Sorge um die Menschen im Moria-Camp sorge ich mich besonders um Abdulkarim. Konnte er den Flammen mithilfe von Wael und Samir entkommen? Am späten Abend erhalte ich die besorgniserregenden Informationen aus Lesbos, die zeigen, dass die Situation der Menschen noch katastrophaler ist als zuvor. Aber ich erhalte auch die sehr schöne und erleichternde Nachricht, dass Abdulkarim den Brand überlebt hat! Er soll es trotz Fieber, Bisswunden und der Lähmung beider Beine in ein nahe gelegenes Waldstück geschafft haben.

Wahrscheinlich hat er keine Katheter mitnehmen können, um seine „gelähmte" Harnblase zu entleeren. Fabiola will zu ihm und ihn in eine sichere Unterkunft bringen, aber Hilfsorganisationen dürfen nicht auf das Moria-Areal. Ein Hauptargument: Es sei für Helfer lebensgefährlich, da faschistisch-rassistische Gruppierungen Helfer und geflüchtete Menschen überfallen würden. Ich steige kurzerhand ins nächste Flugzeug und mache mich auf den Weg nach Lesbos.

Nach meiner Ankunft beginne ich sofort mit der Behandlung von PatientInnen. Tausende geflüchtete Menschen aus dem abgebrannten Moria-Camp liegen am Straßenrand, übernachten in Zelten, unter den Überdachungen von Supermärkten, wo normalerweise Einkaufswagen platziert sind, in Lagerhallen, Abbruchhäusern und in Olivenhainen. Ich kenne solche Bilder von meinen medizinischen Hilfseinsätzen in den Slums in Bangladesch und Indien, aber nicht aus einem europäischen Land. Zudem suchen wir Abdulkarim. Endlich entdecken wir ihn in einem provisorischen Camp in einem kleinen Zelt. Er wirkt total erschöpft, hoffnungslos und depressiv. Ich habe Angst, dass er seinem Leben selbst ein Ende setzt. Er vermittelt mir über unseren Dolmetscher: „Doktor, ich kann einfach nicht mehr."

Und dann erhalte ich von Fabiola übermittelt eine Nachricht von Abdulkarims Rechtsanwälten, dass sich der Europäische Gerichtshof bei der griechischen Regierung über Abdulkarims Versorgungszustand informiert habe. Die griechischen Behörden hätten daraufhin mit dem Statement geantwortet, dass es ihm sehr gut ginge, er ein Zelt, genügend Wasser und Lebensmittel sowie eine gute medizinische Versorgung habe. Ich bin fassungslos über diese Lügen. Die Anwälte benötigen jetzt dringend einen Medical Report, der die wahre Situation beschreibt. Diesen Report schreibe ich noch am Abend und übergebe ihn an die Rechtsanwälte, die ihn sofort an den Europäischen Gerichtshof in Luxemburg weiterleiten. Trotzdem wird der Antrag auf eine behindertengerechte Unterbringung am nächsten Tag abgelehnt. Das Gericht ignorierte meinen Medical Report und folgte in seiner Urteilsbegründung den Lügen der griechischen Behörden. Wieder einmal fehlen mir die Worte!

In Deutschland angekommen versuche ich erneut alles Mögliche, um Abdulkarim nach Deutschland bringen zu dürfen. Ich spreche mit der Integrationsministerin von Rheinland-Pfalz, mit der Ministerpräsidentin, wende mich an Politiker in Berlin. In einer Bundestagsaussprache zu der Situation im Moria-Camp und besonders auch nach dem Brand erwähnt ein Abgeordneter sogar die Situation von Abdulkarim.

Und dann geschieht das Unfassbare: Ich werde von der Staatskanzlei der rheinland-pfälzischen Ministerpräsidentin darüber informiert, dass Abdulkarim und Wael nach Deutschland kommen dürfen. Das Bundesinnenministerium in Berlin hat der Aufnahme aus „humanitären Gründen" zugestimmt. Was für eine Erleichterung!

Zwei Wochen später befinde ich mich wieder im Flugzeug auf dem Weg nach Lesbos. Ich werde, wenn alles klappt, Abdulkarim und Wael auf ihrem Flug von Lesbos nach Athen und dann weiter nach Frankfurt am Main begleiten. Ich kann es immer noch nicht wirklich glauben, aber die Formalitäten sind erfüllt. Sie werden in Rheinland-Pfalz vorerst ihr neues Zuhause finden.

Auf Lesbos angekommen beginnt ein sehr bewegender und emotionaler Tag. Auf dem Weg zu Fabiolas Physiotherapie-Behandlungscontainer im Kara-Tepe-Camp erinnert nichts mehr an die katastrophale Situation vor ca. vier Wochen kurz nach dem Feuer. All die Bilder, meine Begegnungen mit so vielen leidenden Menschen erscheinen wie unwirkliche Bilderfetzen vor meinem inneren Auge. Doch dann tauchen die schneeweißen Zelte des neuen Camps auf. Von Windböen durchgeschüttelt, den Stürmen in der Ägäis ungeschützt ausgesetzt, auf einem militärischen Übungsplatz aus dem Nichts hingestellt und bei Regen durch Rinnsale, die zu Bächen werden, vom Wegspülen bedroht. Kein respektvoller und würdevoller Lebensraum. Ich spüre eine tiefe Melancholie in mir.

Nach einem hoch emotionalen Tag mit Tränen des Abschieds, Aufregung vor dem ersten Flug und Vorfreude auf das, was kommt, machen wir uns gemeinsam auf die Reise nach Deutschland. Es ist der Moment der großen Freude für Abdulkarim und Wael, als wir in Frankfurt am Main landen.

Bei einem Interview durch ein Fernsehteam im Dezember 2020 zu seinem Empfinden, jetzt in Deutschland sein zu können, antwortet Abdulkarim: „Von der Erde bis zum Himmel" – so groß sei der Unterschied zwischen seinem Leben im Moria-Camp und dem Leben hier in Deutschland.

Nach monatelangem Aufenthalt im Erstaufnahmelager in Speyer sowie in einer Sammelunterkunft in Mainz konnten die beiden Mitte März 2021 in eine barrierefreie Wohnung in Mainz einziehen. Die ersten medizinischen Checks brachten Abdulkarim kein Glück: Seine Querschnittslähmung ist nicht therapierbar. Bei Wael kann eine Operation eventuell die schmerzhaften Folgen seines Trümmerbruchs mit zahlreichen Weichteildefekten im linken Fuß mindern. Beruflich gibt es wiederum für Abdulkarim einen Hoffnungsschimmer: Der gelernte Steinmetz aus Damaskus kann seinen Beruf auch vom Rollstuhl aus ausüben. Eine Hospitanz in einem Steinmetzatelier steht in Aussicht. Wichtig für beide sind aber die unter Pandemiezeiten schwierig zu organisierenden Deutschkurse. Aber auch das werden sie schaffen!

Viele fragen mich, ob die Freude über den Erfolg, beide körperbehinderten Menschen von Lesbos aus einem katastrophalen Flüchtlingslager nach Deutschland gebracht zu haben, nicht sehr groß sei? Ja, ich freue mich für die beiden. Das tue ich aus tiefstem Herzen. Meine Gedanken sind aber bei den vielen zurückgebliebenen behinderten Menschen. Es geht nicht um die Geretteten, es geht um die noch zu Rettenden!

WARUM?

Warum wieder fort?
Freunde,
geliebte Menschen zurücklassen!
Abschiednehmen und trauern,
aber zugleich hoffen.
Hoffen, den Weg zu mir selbst
vielleicht in der Ferne zu finden.

Helfen?
Wirklich den Menschen in
sogenannten Krisenregionen dieser Erde zu helfen?
Als Arzt, als Sozialarbeiter, einfach als Mensch?
Oder geht es doch mehr um mich selbst?
Die eigenen Grenzen zu spüren!
Die Suche nach der Sinnhaftigkeit
des eigenen Lebens voranzutreiben.

Ruhe in der Unruhe zu finden!
Sinn im Chaos!
Erkenntnis im Leid!

Das Zentrum in mir,
das Verstehen des eigenen Ichs!

Rassismus, den niemand sehen will

Ja, der griechischen Zivilbevölkerung geht es nicht gut, und die europäischen Sparforderungen haben zu einer Zunahme von Armut in diesem traditionsreichen Land geführt. Die Säuglingssterblichkeit hat zugenommen und viele Griechen haben keinen Zugang zu einer qualifizierten Gesundheitsversorgung. Das sind aber alles keine Gründe, die rechtfertigen, was man den geflüchteten Menschen in den verschiedenen Flüchtlingslagern, insbesondere im ehemaligen Moria-Camp, und auch in den Krankenhäusern in Mytilini angetan hat und immer noch antut. Die folgenden skizzierten Erfahrungen beruhen auf den Aussagen von betroffenen geflüchteten Menschen und von Helfern, u. a. einer Schweizer Dolmetscherin, die im größten Krankenhaus auf Lesbos arbeitete:

- Geflüchtete Menschen werden offen rassistisch von ÄrztInnen im Krankenhaus behandelt, sie müssen stundenlang ohne Grund warten, werden nach zehn Stunden Wartezeit unbehandelt zurück ins Camp geschickt und sollen am nächsten Tag wiederkommen.
- Untersuchungen verletzter Gliedmaßen geschehen ohne Betäubung, es wird eine Erstbehandlung durchgeführt, dann wird den Patienten deutlich gesagt, sie müssten zurück ins Camp laufen (ein Fußmarsch von über einer Stunde). Auch bei schweren Beinverletzungen werden keine Hilfsmittel zur Verfügung gestellt (Krücken), kein Fahrdienst (Ambulanz) beauftragt und keine Schmerzmittel mitgegeben.
- Der Tod von Angehörigen wird in der Regel auf dem Gang lapidar vermittelt, ein Abschiednehmen von der verstorbenen Person wird selten ermöglicht.

- Es sterben ständig geflüchtete Menschen auf Lesbos. Auch bei dem Brand im ehemaligen Moria-Camp sind mindestens drei Kinder und zwei Mütter verbrannt. Dies wird von den Behörden verheimlicht. Die Angehörigen werden schnell auf das Festland gebracht.
- Bei den Bränden im Moria-Camp waren rechtsradikale Gruppen beteiligt. Kurz vor dem zweiten Brand kam die griechische Polizei um kurz vor Mitternacht und befahl den Bewohnern, die Container sofort zu verlassen. 30 Minuten später brannten die Container. Es kommt immer wieder zu rechtsradikalen gewalttätigen Übergriffen.
- Medizinische Hilfsorganisationen stellen Rezepte und Verordnungen aus, die Menschen wissen jedoch nicht, wo sie die Medikamente oder Hilfsmittel holen können, wie sie dort hinkommen und wie sie sie bezahlen sollen.
- Im neuen Moria-Camp fehlt es an Trinkwasser, Nahrung, sanitären Einrichtungen, genügend medizinischer Versorgung, und an einem würdevollen und respektvollen Umgang mit den betroffenen Menschen.
- Das neue Moria 2.0-Camp wurde auf einem Militärtruppenübungsplatz errichtet. Der Boden ist u. a. aufgrund der Schießübungen und der dort sich noch befindenden Munition mit Blei kontaminiert.

Ich beende jetzt diese Liste, obwohl ich sie noch weiterführen könnte, vielleicht sogar müsste. Das ist die Realität, die von griechischen Behörden vertuscht und verleugnet wird, und die ganz Europa nicht hören, sehen und wahrhaben möchte.

WERDEN DIE MENSCHENRECHTE IN EUROPA NOCH BEWAHRT?

Die Menschenrechte, deren Einhaltung und deren Schutz, scheinen sehr stark mit der Frage des ökonomischen Wohlergehens verbunden zu sein. Das Thema Menschenrechtsverletzungen hat in meinen Augen sehr viel mit der gesellschaftlichen Realität von Verarmung und Bereicherung zu tun. Mahatma Gandhi sagte vor über einem halben Jahrhundert: „Armut ist die schlimmste Form von Gewalt." Daran hat sich nichts geändert. In unserer Gesellschaft wird privater Reichtum gefördert und zugleich öffentliche wie private Armut in Kauf genommen. Wir besitzen den Reichtum, in einem wohlhabenden Land leben zu dürfen: in Sicherheit, ohne Krieg, ohne Hungersnot, häufig materiell abgesichert.

Es ist wohl eine menschliche Eigenschaft – oder ist es speziell eine Verhaltensweise von Menschen mit Besitz? –, diesen Besitz schützen zu wollen, Grenzen zu schaffen, damit niemand diesen Reichtum bedroht und er nicht geteilt werden muss. *Frontex* ist zum Beispiel ein Auswuchs dieser Mentalität.[11] Sie zeigt sich aber auch durch eine unzureichende finanzielle Unterstützung sozial benachteiligter Menschen. Das sogenannte Existenzminimum, Arbeitslosengeld 2 oder Sozialgeld, ist eindeutig zu niedrig. Diese materiellen sozialen Transferleistungen ermöglichen eben nicht eine partizipative Teilhabe an den Privilegien und Errungenschaften unserer freien demokratischen Gesellschaft, wie immer wieder fälschlicherweise, gerade von Politikern, suggeriert wird.

Das Menschenrecht auf eine adäquate Gesundheitsversorgung wird tausendfach in Deutschland verletzt. Es wird strukturell verletzt. Von Einkommensarmut betroffene Menschen sind kränker und sterben früher. So besteht ein Lebenserwartungsunterschied von elf Jahren bei den Männern und acht Jahren bei den Frauen zwischen dem reichsten und dem ärmsten Viertel der deutschen Bevölkerung. Fast ein Drittel der von Einkommensarmut betroffenen Männer erreicht das 65. Lebensjahr nicht.

Arm zu sein bedeutet, einer großen psychosozialen Belastung ausgesetzt zu sein, besonders in unserer leistungsbezogenen Gesellschaft. Fehlende Versorgungsstrukturen, Abgrenzung und Ausschluss – diese Form der Menschenrechtsverletzungen findet tagtäglich strukturell verankert in Deutschland statt. Diese Grenzziehung und Abschottung geschehen in ganz Europa, auf allen Kontinenten. Wir bauen imaginäre, aber auch reale Grenzen auf. Durch Diskriminierung, durch unsoziale, ungerechte gesetzliche Bestimmungen, durch Zäune, durch unterlassene Hilfe. Wir verbannen die Not vieler Menschen. Ausländischen Mitbürgern vermitteln wir immer deutlicher, dass sie doch in ihrer Heimat bleiben mögen. Wir hätten doch schon genug Hilfe geleistet. Gibt es ein Genug an Hilfe für Hilfsbedürftige, gibt es für Humanität eine Grenze, eine Obergrenze? In meinen Augen nicht!

Eine europäische Abschiebepolitik, die sogenannte Dublin-III-Praxis, die Flüchtlinge kriminalisiert und die toleriert, dass die häufig traumatisierten Menschen bei Abschiebung in Gefängnissen landen oder auch in die Wohnungslosigkeit geraten, ist ein Verbrechen gegen die Menschlichkeit. Menschen nach Afghanistan als teilweise sicheres Herkunftsland abzuschieben, aber gleichzeitig das Mandat des militärischen bundesdeutschen Engagements in dieser Region zu verlängern, ist skrupellos.

Der Feind ist schon längst in uns selbst, wenn wir wegschauen und die Menschen vergessen, wenn das Schicksal von sozialer Benachteiligung betroffener Menschen, von Menschen, die vor Armut und Terror flüchten, zu einer Routinemeldung der Nachrichtenagenturen wird. Dante Alighieri, ein italienischer Dichter und Philosoph aus dem 13. Jahrhundert, sagte zu dieser Verhaltensweise: „Wer eine Not erblickt und wartet, bis er um Hilfe gebeten wird, ist ebenso schlecht, als ob er sie verweigert hätte."

Das meistverletzte Menschenrecht steht in Artikel 25 der Allgemeinen Erklärung der Menschenrechte: „Jeder hat das Recht auf einen Lebensstandard, der ihm und seiner Familie Gesundheit und Wohl gewährleistet, einschließlich Nahrung, Kleidung, Wohnung, ärztliche Versorgung und notwendige soziale Leistungen, sowie das Recht auf Sicherheit im Falle von Arbeitslosigkeit, Krankheit, Invalidität oder Verwitwung, im Alter sowie bei anderweitigem Verlust seiner Unterhaltsmittel durch unverschuldete Umstände" [Artikel 25(1)].

Es geht also um Rechte, die den Menschen nicht gewährt werden, es geht nicht um Wohlfahrt oder Almosen! Nelson Mandela hat dies sehr treffend formuliert: „To overcome poverty is not a gesture of charity. It is about an act of justice. It is the protection of an fundamental human right, the right to dignity and a decent life."

Es braucht immer, aber in der heutigen Zeit ganz besonders, eine Haltung. Eine Haltung, die auf der Umsetzung von Inhalten, auf der Realisierung und Einforderung der Menschenrechte beruht.

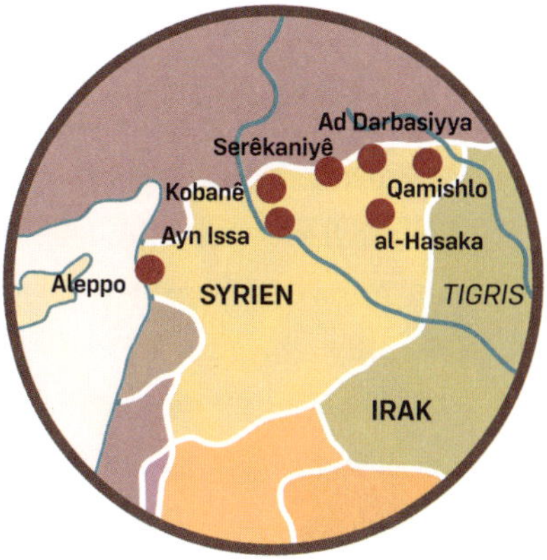

SYRIEN –

Es gibt Hoffnung

Zwischen 2017 und 2019 in der Rojava-Region. Die Rojava-Region grenzt direkt im Norden an die Türkei, im Osten an den Irak und im Westen an das Mittelmeer. Hier liegen bekannte Städte wie Kobanê (Ain al-Arab), Qamischli, ar-Raqqa und Manbidsch. Dieses Gebiet innerhalb Syriens wurde von kurdischen Militäreinheiten in brutalen Kämpfen vom *Islamischen Staat* befreit. Die kurdische Selbstverwaltung hat dort ein beeindruckendes basisdemokratisches System aufgebaut. In diesem Gesellschaftssystem gibt es ein gleichberechtigtes Miteinander verschiedener Religionen, Ethnien und sonstiger kultureller Identitäten. Die Rolle der Frau ist in dieser kurdisch-syrischen Gesellschaft absolut emanzipatorisch verankert. In den westlichen Medien wird kaum über diese demokratische Keimzelle innerhalb des syrischen Unrechtsstaates berichtet.

Bei meinen mehrmaligen Besuchen, besonders in Kobanê, und den vielen Gesprächen mit Vertretern der demokratischen kommunalen Rätestruktur beeindruckt mich immer wieder die gelebte und verinnerlichte basisdemokratische Grundhaltung.

Kobanê ist der Ort, der sinnbildlich für den blutigen Widerstand der kurdischen Volksverteidigungseinheiten im Kampf gegen den *Islamischen Staat* steht. Überall in dieser Stadt sind die verheerenden Auswirkungen des Krieges gegen den Terrorismus zu sehen. Überall sieht man zerstörte Häuser und Ruinen sowie zerstörtes militärisches Gerät, die die intensiven und brutalen Kämpfe zwischen dem *Islamischen Staat* und den kurdischen Befreiungsmilizen dokumentieren und wie Denkmäler der Unmenschlichkeit in den Himmel ragen. So unmittelbar mit Krieg und Zerstörung konfrontiert zu sein, sich mit all den Augenzeugen in einem ständigen Dialog zu befinden, hat eine apokalyptische Dimension.

Die kurdische Bewegung in dieser Region wird von Erdoğan, dem türkischen Antidemokraten und Machthaber, immer wieder als rein terroristische Organisation stigmatisiert. Er droht immer wieder mit einer militärischen Invasion, die er dann auch in der Afrin-Region und im Jahr 2019 in der Rojava-Region realisierte. Der *NATO*-Partner Türkei führt hier eine völkerrechtswidrige Militäraktion durch und agiert Hand in Hand mit islamisch-fundamentalistischen Gruppierungen.

Bei einem meiner letzten Besuche in Kobanê muss ich am eigenen Leib erfahren, was es bedeutet, mit der Angst vor einer militärischen Invasion in dieser Region leben zu müssen. Ich werde dieses Gefühl, diese Angst, diese Ohnmacht nie mehr vergessen. Während meiner mehrmaligen Hilfseinsätze in Nordsyrien besuche ich auch mehrere Flüchtlingslager: Al-Hol, Ayn Issa und viele mehr.

Nach etlichen erfolglosen Versuchen, im Frühjahr 2017 in die Region Idlib zu gelangen, um Dr. Kaddor, einem engagierten Arzt im Akra-Bat-Hospital, das lang ersehnte Dermatom[12] zukommen zu lassen, bin ich nun endlich in Qamishlo, im Norden Syriens, auf dem Flughafen angekommen.

Qamishlo liegt in Rojava, dem eigentlich kurdisch kontrollierten Gebiet in Nordsyrien. Der Flughafen von Qamishlo jedoch wird vom syrischen Assad-Regime kontrolliert. Durch Beziehungen bekomme ich ein offizielles Einreisevisum ausgestellt, ein Visum des diktatorischen Assad-Regimes. Es kostet 100 US-Dollar. Vom Flughafen geht es dann ins kurdisch kontrollierte Gebiet. Ständig wechselt man in dieser Stadt die „Seiten". Kurdische Militärkontrollen wechseln sich mit syrischen Assad-Regime-Militärkontrollen ab. Man hat nicht den Eindruck, dass hier ständig eine militärische Auseinandersetzung zwischen diesen Parteien drohe, vielmehr herrscht eine situativ bedingte Koexistenz. Der gemeinsame Feind ist der *Islamische Staat* (IS). Was passiert allerdings, wenn dieser besiegt und vertrieben sein wird?

Eintauchen in eine neue Welt

Ich komme ins „Home of Patients", einer Art Reha-Einrichtung für verletzte kurdische KämpferInnen der Volksverteidigungseinheiten (YPG) und der Frauenverteidigungseinheiten (YPJ). Zu Beginn und zum Ende meiner Reise wohne ich hier gemeinsam mit den Kämpfern und Kämpferinnen und teile mir ein Zimmer mit vier weiteren YPG-Soldaten. Es ist eine beeindruckende Atmosphäre in diesem Rekonvaleszenz-Wohnheim. Kämpferinnen und Kämpfer leben hier gemeinsam. Sofort sind der gegenseitige Respekt, eine liebevolle Fürsorge, ein von Würde geprägtes, weitestgehend hierarchieloses Miteinander spürbar.

Ich habe noch nie zuvor einen solchen Ort, eine solche zwischenmenschliche Atmosphäre, einen solchen Geist kennenlernen und erfahren dürfen. Und dies bei all der Tragik des spürbaren Grauens des Krieges. Ich sehe arm- und beinamputierte Männer und Frauen, alle in der Uniform der Befreiungsarmee. RollstuhlfahrerInnen, erblindete SoldatInnen, Verletzte, deren Wunden noch versorgt werden müssen. Physiotherapeutisch wird mit den spärlich vorhandenen Hilfsmitteln behandelt. Bezüglich einer Betreuung der seelischen Wunden erfahre ich nicht so viel. Eine wichtige Hilfe bei der Verarbeitung der Kriegstraumata ist mit Sicherheit diese gegenseitig gelebte Würde, dieser Respekt, diese authentische Fürsorge. Die Verletzten sind nicht ausgesondert, sie werden nicht ausgegrenzt, nein, sie gehören dazu, sie waren und sind Garant für die Freiheit des kurdisch bestimmten und gelebten demokratischen Gesellschaftsmodells. Ich befinde mich in einem

Kriegsgebiet und die Menschen strahlen etwas zutiefst Friedvolles aus. Klingt skurril, trifft es aber am besten.

Und ich, der aus einem superreichen, friedlichen Land kommt, der nach kurzer Anwesenheit wieder in die Sicherheit und Geborgenheit zurückfliegt, dieser Mensch wird hier sofort herzlich aufgenommen. Keine Vorwürfe, nein, Dankbarkeit dafür, dass ich hierhergekommen bin, bestimmt die Begegnung. Dankbarkeit für eine doch im Prinzip Selbstverständlichkeit: ärztliche Hilfe und Unterstützung dort hinzubringen und zu leben, wo sie dringend benötigt wird. An diesem Ort herrschen auch keine Frustration und Depression, es dominiert eine lebensbejahende, optimistische Freude. Vielleicht ist der Mensch gerade dann dem Leben sehr nahe, wenn der Tod so eng zu diesem Leben dazugehört. Ich fühle mich fast ein wenig beschämt ob all der mir entgegengebrachten Dankbarkeit und Fürsorge. Aber ich fühle mich sehr wohl an diesem Ort des Krieges und des Friedens.

In den nächsten Tagen schaue ich mir verschiedene Militär- und zivile Krankenhäuser in Rojava, in den Städten Qamishlo, ad-Dirbasiyya, Serêkaniyê und in Kobanê an. Überall wird mit großem Engagement unter schwierigen Bedingungen gearbeitet. Eine Grundausstattung, wenn auch mit vielen Defizitbereichen, ist mittlerweile vorhanden. Gerade die unfallchirurgische Versorgung steht dabei im Vordergrund. Die Verletzungen durch Gewehrkugeln, Geschosse, Granaten, Bomben der KämpferInnen, aber auch der Zivilbevölkerung sind eines der dominierenden gesundheitlichen Probleme. Es fehlt aber immer noch an so vielem, was Diagnostik und Therapie betrifft. Die Röntgengeräte funktionieren häufig nicht richtig, Ultraschall ist selten vorhanden, Computertomografie-Untersuchungen finden nur in wenigen Zentren statt.

Ich besuche das Gerí-Spê-Hospital in ad-Dirbasiyya, in dessen unmittelbarer Nähe durch Luftangriffe vollkommen zerstörte Häuser zu sehen sind. Vom Verantwortlichen dieses Krankenhauses werde ich durch die Abteilungen geführt. Die Terminologie ist eine andere, denn es ist eben nicht der Krankenhausverwaltungschef, es ist der Verantwortliche für dieses Krankenhaus, und dies ist keine sprachliche Spitzfindigkeit. Die Ausstattung ist spärlich, vieles erscheint unaufgeräumt, verschmutzt, irgendwie im Aufbau. In der Geburtsabteilung schildert er mir seine größte derzeitige Sorge. Vor wenigen Stunden seien hier zwei Kinder geboren worden. Beide hätten sofort in einem Inkubator behandelt werden müssen, dieser sei aber leider nicht vorhanden. Ein Neugeborenes sei daraufhin verstorben, das andere auf dem Weg in ein 100 km entferntes Hospital, dort gebe es noch diese Behandlungsmöglichkeit. Ob das Neugeborene diesen Transport überleben wird, ist sehr fraglich. Was er demnach für die Versorgung der Menschen hier dringend benötigt, ist ein Inkubator.

Da das Krankenhaus einen großen Einzugsbereich hat, kommen sehr viele Patienten und Schwangere hierher. Es gibt nur noch ein Dialysegerät für viele Nierenkranke. Immer wieder sterben Menschen an einer Niereninsuffizienz, da sie nicht adäquat behandelt werden können.

Wir fahren weiter, doch die Probleme bleiben die gleichen: Es fehlt hauptsächlich an Medikamenten, besonders an Antibiotika, Schmerzmitteln und Medikamenten zur Behandlung einer Zuckerkrankheit, speziell Insulin. Ich weiß von Studien, die besagen, dass seit Ausbruch des Bürgerkrieges in Syrien ca. 200.000 Menschen aufgrund von fehlenden Medikamenten verstorben sind. Ich beschließe, alles zu versuchen, um einen Inkubator hierherzubringen. Ob mir das gelingen mag?

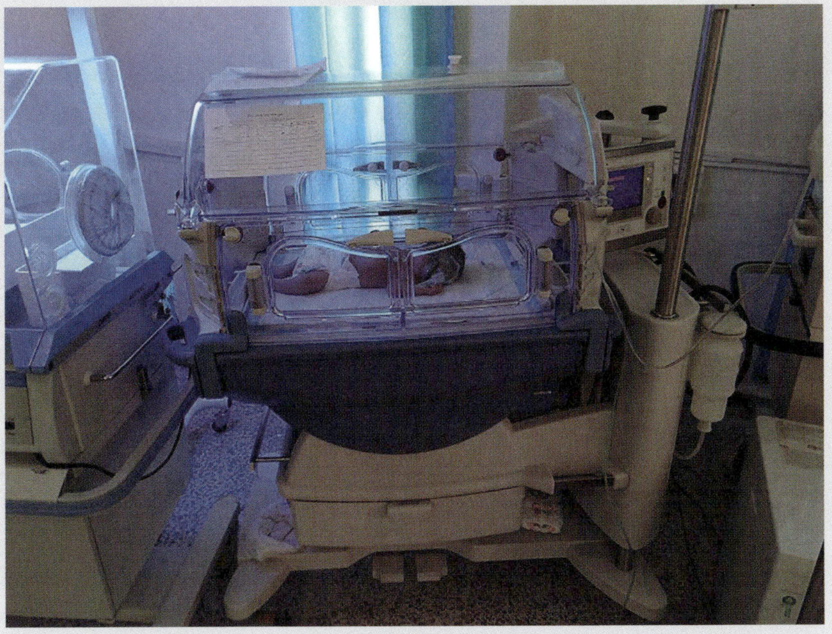

Unser Inkubator hat es geschafft. 18 Monate nach meinem Besuch des Krankenhauses liegt ein viel zu früh geborener Säugling in unserem High-Tech-Inkubator. Die Reise des Inkubators von Deutschland nach Syrien war keine leichte. Immer wieder mussten wir Rückschläge hinnehmen, waren Transportwege nicht möglich und wurden Absagen erteilt. Umso bewegender ist es, dieses kleine Wesen in „unserem" Inkubator sehen zu dürfen. Ein Hoffnungsschimmer im Chaos von Krieg, Ignoranz, Gleichgültigkeit und Menschenrechtsverletzungen. Man kann also etwas tun, gemeinsam, mit Beharrlichkeit, Geduld und Ausdauer.

Einen Inkubator in ein Kriegsgebiet zu bringen ist natürlich mehr als nur eine konkrete kleine Hilfe. Es ist ein Zeichen. Martin Luther soll einmal gesagt haben: „Wenn ich wüsste, dass morgen die Welt unterginge, würde ich heute noch ein Apfelbäumchen pflanzen." In Abwandlung dieses Hoffnung spendenden Zitats würde ich schreiben wollen: „Und wenn die Chance auf ein freies demokratisches Rojava und ein endgültiges Ende des Krieges noch so klein ist, würden wir immer wieder einen Inkubator für die fragilsten aller menschlichen Geschöpfe nach Syrien transportieren."

Kobanê – die Stadt des Widerstandes

Wir kommen schließlich nach Kobanê. Die Stadt, die zum Symbol des erfolgreichen Widerstandes der syrischen Kurden gegenüber dem *IS* wurde. Man zeigt mir die zwei Seiten von Kobanê. Direkt an der türkischen Grenze befinden sich die total zerstörten Stadtteile: ganze Häuserketten, die förmlich in Schutt und Asche liegen, fragile Häusertrümmer, skelettartige Häuserreste, zerstörte schwere Waffen, artillerieartiges Kriegsgerät, Raketenteile. Niemand traut sich, in diese Trümmerhäuser zu gehen, die Einsturzgefahr ist zu groß. Und niemand beerdigt die toten *IS*-Kämpfer, die dort in den Trümmern noch liegen. Aber es gibt auch die andere Seite von Kobanê: Es wird gebaut, es entstehen große Wohnhäuser, Banken, neue Straßen, Kanalisation … Das Leben geht weiter.

Unser Fahrer zeigt mir ein vollkommen zerstörtes Haus. Das sei sein Haus gewesen. Ja, er wäre wütend, traurig und fassungslos. Aber so ergehe es vielen in dieser Stadt des Widerstandes. Alle hier würden nach vorne schauen, das Leben ginge weiter und man werde diese Stadt wieder aufbauen. Die Basis für diese Kraft, Energie und den Mut scheint mir die starke Identifikation mit der parallel dazu kreierten neuen demokratischen Gesellschaftsstruktur zu sein. Der Glaube an Mitbestimmung, Beteiligung und gemeinsame Neugestaltung eines auf gegenseitigen Respekt und Würde basierenden Zusammenlebens.

Seit März 2011 sind nach offiziellen Angaben ca. 300.000 Menschen in Syrien getötet worden. Davon waren 90.000 Zivilisten, davon wiederum 10.000 Frauen und 15.000 Kinder. Nach *UNICEF*-Angaben befinden sich ca. 1 Million Kinder in und um Syrien auf der Flucht. Es gibt keine offiziellen Zahlen dazu, wie viele Kinder hierdurch zu Halb- und Vollwaisen wurden.

Wie ich von einer Vertreterin der *WJAR*-Organisation, der Stiftung der Freien Frauen in Rojava, erfahre, leben in Kobanê 989 wohnungslose Kinder. Häufig sind es Waisenkinder, deren Väter und Mütter durch den Widerstand gegen den *Islamischen Staat* gestorben sind. Für diese Kinder wird ein neuer Heimgebäudekomplex aufgebaut, zu dem auch eine Schule und ein Kindergarten, eine Küche, großzügige Wohnbereiche und Spielplätze gehören.

„Mein“ Verein *Armut und Gesundheit e.V.* in Deutschland unterstützt seit Ende 2016 den Bau und die praktische Führung dieses Waisenhauses namens Alan's Rainbow in Kobanê. Anfang Juli 2019 ist das Waisenhaus erfolgreich in Betrieb genommen worden, erste Kindergruppen leben dort mit ihren ErzieherInnen. Im zweiten Gebäude wurde eine Bildungseinrichtung für Frauen und Kinder eingerichtet. Erste Aus- und Weiterbildungskurse für Frauen haben stattgefunden. Die Stadt Kobanê unterstützt, soweit finanzielle Mittel vorhanden sind, die Einrichtung und Inbetriebnahme der Gebäude. Es ist ein Hoffnungsschimmer für viele Kinder, deren Eltern verstorben sind oder deren Eltern sie nicht mehr versorgen können.

In Kobanê besuche ich auch das neue Gesundheitszentrum, das unter anderem mithilfe der deutschen Initiative *Medizin für Rojava* aufgebaut wurde. Dr. Kurdu, ein dort tätiger Chirurg, erklärt mir, er habe so viele durch Explosionen, Bomben und Granatsplitter sowie Schusswunden verletzte PatientInnen, dass er notwendige Operationen aufgrund des Mangels an Osteosynthesematerials[13] nicht gut behandeln könne. Er benutzt das verwendete Material nach Sterilisation sofort wieder für den nächsten Patienten. Dr. Kurdu war während der *IS*-Offensive in Kobanê und erzählt: „Der *IS* war 200 m von unserem Krankenhaus entfernt, wir haben weiter operiert. Ob Krieg oder Frieden, wir bleiben hier und behandeln die Menschen.“

Überall begegnen wir Menschen wie Dr. Kurdu, die von ihren Erfahrungen, ihren Erinnerungen an die Zeit des Kampfes gegen den *Islamischen Staat* und in jüngster Zeit an die brutale Militärinvasion der Türkei in Afrin berichten. Da sind die Ärzte des Gerí-Spê-Krankenhauses, die uns von *IS*-Scharfschützen berichten, die in unmittelbarer Nähe des Hospitals auf alles Bewegliche geschossen haben. Viele PatientInnen seien auf dem Weg ins Krankenhaus erschossen worden. Da sind die Schilderungen von Zivilisten, von geflüchteten Menschen aus der Afrin-Region, die immer wieder unter Tränen von den vielen Verletzten und Toten auf den Straßen berichten. Da ist der Arzt aus ar-Raqqa, der mir auf seinem Handy ein Bild seines Kollegen zeigt, das er vor dessen Hinrichtung durch den *IS* machen musste, um nicht selbst erschossen zu werden. Ein anderer Chirurg sagt mir: „Wir machen alles wie im Krieg! Wir sind im Krieg. Die Angst vor einer türkischen Militärattacke lässt uns nicht los. Ich kann seit acht Jahren kein Buch in Ruhe lesen." Ein Frauenarzt berichtet, dass sich die Fehlgeburtenrate verdoppelt habe, seitdem wieder ständig Kriegsdrohungen vom Nachbarstaat Türkei ausgesprochen werden würden. Kriegsandrohungen, wie von Erdoğan propagiert, töten also auch schon ohne den Einsatz von Waffen.

Und da ist auch unser engagierter syrisch-kurdischer Arzt, Dr. Basrawi Ali, der mir die verschiedenen Gebäude zeigt, in denen er und seine Kollegen verletzte Menschen behandelt und operiert haben, als die *IS*-Terroristen nur noch wenige Hundert Meter entfernt waren. Basrawi zeigt uns ein großes, komplett zerstörtes Gebäude und führt uns zu dessen Kellerschächten. Durch dunkle Schlitze kann man die Kellerräume erblicken. Dort haben er und seine KollegInnen gearbeitet, nicht mehr darauf hoffend, ihre Familien noch einmal zu sehen.

Unvorstellbar, was all diese Menschen vor Ort in der Vergangenheit unter Einsatz ihres Lebens und auch jetzt trotz all dieser traumatischen Erlebnisse leisten. Sie sind bewundernswert, sie haben Mitmenschlichkeit, Mut und Würde gelebt. Ihnen gebühren all mein Respekt und meine Bewunderung. Und auch sie, die Helfer, brauchen unsere Hilfe und unser offenes Ohr für all die unvorstellbaren Gräueltaten, denen sie ausgesetzt waren. Sie sind eben auch Opfer, auch wenn sie aus dieser Opferrolle aktiv und mutig herausgetreten sind.

Das Flüchtlingslager Ayn Issa

Für die nächsten Tage fahre ich mit einem Gynäkologen, der normalerweise in Berlin arbeitet und überzeugter Kurde ist, in das Flüchtlingslager Ayn Issa. Es liegt 90 km südlich von Kobanê und ca. 50 km entfernt von der gerade stark umkämpften Stadt ar-Raqqa. Entlang dem Euphrat, vorbei an Olivenhainen, immer wieder vorbei an zerstörten Häusern, flachem grünen Land, Schafsherden, einer kurdischen Militärbasis und einer US-amerikanischen Militärstation erreichen wir die schon von Weitem weiß leuchtenden Zelte des Flüchtlingslagers. In Ayn Issa (übersetzt: das Auge Jesu) leben im März 2017 ungefähr 2.500 Menschen. Sie sind hauptsächlich aus dem Norden Iraks, aus der Region Mossul und der umkämpften Stadt ar-Raqqa geflohen. Das Flüchtlingslager wird von dem *UNHCR* und *Ärzte ohne Grenzen* betreut. Für all die geflüchteten Menschen stehen nur vier Toiletten und zwei Wasserstellen zur Verfügung. In den Zelten leben bis zu zehn Menschen, meist Frauen und Kinder. Abends wird es empfindlich kalt, tagsüber sehr warm. Es gibt keine

Heizmöglichkeit wie ich sie in Flüchtlingslagern im Libanon kennenlernen durfte.

Der kurdische Frauenarzt bietet eine frauenärztliche Sprechstunde in einem von einer schweizerischen Hilfsorganisation gespendeten Gesundheitsmobil an. In einem kleinen Häuschen bietet *Ärzte ohne Grenzen* eine allgemeinmedizinische ärztliche Versorgung an. Ich frage Dr. Massud von *Ärzte ohne Grenzen*, ob ich ihn unterstützen dürfe. Er nimmt das Hilfsangebot dankend an. Das Erkrankungsspektrum ist so, wie ich es seit über 25 Jahren von meinen Hilfseinsätzen kenne: Säuglinge und Kleinkinder leiden unter Durchfallerkrankungen, Mittelohrentzündungen, Lungenentzündungen, Hauterkrankungen von der Windeldermatitis bis zu Krätze. Die Mütter haben oft Gelenkschmerzen und sind einfach erschöpft und psychisch stark belastet. Wir behandeln so gut, wie wir es mit den begrenzt vorhandenen Medikamenten können.

Warum es medikamentöse Versorgungslücken trotz lokal vorhandener Medikamente gibt, bleibt ein Rätsel. Warum es so lange dauert, bis die versprochenen zehn Dixi-Toiletten endlich im Lager ankommen, ist ein mehr oder weniger großes Mysterium. Ich möchte nicht spekulieren, aber dies ist zumindest sehr ärgerlich und führt zu einem katastrophalen Versorgungsdefizit. Mein Gang durch das Flüchtlingslager zeigt die ganze Tristesse der Lebenssituation dieser vor Krieg und Armut geflohenen Menschen. Worte können das nicht wiedergeben.

Eine Mutter kommt aufgeregt zu uns und berichtet von ihrem 12-jährigen Sohn, der eine Epilepsie habe. Sie sind aus Mossul, ca. 300 km entfernt, bis hierher geflohen. In Mossul hätte ihr Sohn immer dann, wenn es Bombeneinschläge und Explosionen gab, angefangen zu krampfen. Jetzt seien sie schon drei Wochen im Flüchtlingslager und sie habe seit der Flucht keine antiepileptischen Medikamente mehr. Das Besondere sei allerdings, dass ihr Sohn seit der Flucht auch nicht mehr gekrampft habe. Ich versuche sie zu beruhigen und erkläre ihr, dass vielleicht gerade die mit den Bombenexplosionen verbundene Angst der Grund für die Anfälle gewesen sein könnte. Einerseits haben wir auch keine Antiepileptika in unserer Apotheke und andererseits erscheint mir dies eine sinnvolle Erklärungs- und Interpretationsmöglichkeit zu sein. Die Mutter ist dankbar und wünscht mir Allahs Segen.

Zudem behandeln wir Verletzungen, die auf der Flucht entstanden sind, während mein ärztlicher Kollege Frauen untersucht und behandelt. Die werdenden Mütter sind häufig sehr um ihre ungeborenen Kinder besorgt. Da wirkt der Ultraschall-Beweis der Herzaktionen des Fötus wie eine große Erleichterung und sehr beruhigend.

Bei meinem letzten Besuch dort zwei Jahre später im Oktober 2019 leben in dem Flüchtlingslager Ayn Issa mittlerweile 25.000 Menschen. Wenn wir in Europa unsere Außengrenzen schließen, können die Menschen aus den Kriegsregionen nicht mehr fliehen und die Situation in den dortigen Flüchtlingslagern wird immer katastrophaler.

Auf dem Rückweg nach Kobanê fahren wir an kilometerlangen Lkw-Konvois vorbei. Zumeist transportieren sie Container, dazwischen befindet sich militärisches Gerät. Meine Begleiter vermitteln mir, dass dies ein Militärkonvoi sei, in den Containern würden, von außen nicht sichtbar, mit Sicherheit Kriegswaffen, Fahrzeuge und Munition transportiert. Der Konvoi fährt in die US-Base. Eine militärische Offensive der US-amerikanischen Einheiten vor Ort gemeinsam mit den kurdischen KämpferInnen zur Vertreibung des *IS* aus ar-Raqqa scheint unmittelbar bevorzustehen.

Ein Abschied von vielen

Zurück in Qamishlo wohne ich wieder im „Home of Patients“. Ich werde wieder herzlich empfangen und fürsorglich betreut. Der Abschied fällt mir schwer. Trotz der so kurzen Zeit habe ich viele dieser Menschen ins Herz geschlossen.

In Gedanken beantworte ich mit einem Lächeln eine Frage, die mir wahrscheinlich in der Heimat häufig gestellt werden wird: „Hast du denn keine Angst gehabt?“ Ich habe Respekt vor dieser Situation, dieser Kriegsnähe in Rojava, aber nicht unbedingt Angst. Das Gefährlichste war, mit einem Schmunzeln ob der Lebenssituation dort, nicht angeschnallt Auto gefahren zu sein und jeden Tag und Abend in einer Nikotinwolke verbracht haben zu müssen. Alle, besonders die ÄrztInnen, sind Kettenraucher. Ich habe dies mit meinem westlichen, in gesicherten Verhältnissen lebenden Hintergrund zeitweise thematisiert, habe dafür jedoch nur ein müdes Lächeln und Schulterzucken kassiert. Was interessiere die Gefahr, in 20 Jahren sehr wahrscheinlich an Krebs zu erkranken, wenn man nicht einmal wisse, ob man den nächsten

Tag in diesem Kriegsgebiet noch erleben werde? Nachvollziehbar, aber meinen Lungen nicht wirklich zuträglich.

Was bleibt? Es bleibt sehr vieles, das sich nicht alles in Worte fassen lässt. Es braucht Abstand und Distanz, um das Erlebte zu verarbeiten. Beeindruckend war die Herzlichkeit der Menschen, die gelebte Mitmenschlichkeit als etwas zutiefst Natürliches. Eine funktionierende basisdemokratische Selbstverwaltung, ein verinnerlichter authentisch gelebter, respektvoller und emanzipatorischer Umgang zwischen den Geschlechtern, unterschiedlichen Kulturen, Religionen und verschiedenen Ethnien. Es bleiben die Not und das Leid. Die Notwendigkeit unserer moralischen Solidarität, die sich auch in einer finanziellen Unterstützung ausdrücken muss. Es bleiben Begegnungen, die ich nicht vergessen werde und die mein Leben verändern werden, dass spüre ich schon jetzt. Ich werde wiederkommen! Inschallah!

Zum Abschied umarme ich viele YPG-Kämpfer. Ein oberschenkelamputierter Kämpfer umarmt und verabschiedet mich mit dem Wort „Victory!". An keinem anderen Ort, und ich war in meinem Leben an vielen Orten auf dieser Erde, habe ich gelebte Gleichwürdigkeit so authentisch verwirklicht erfahren wie in Rojava.

Im Dezember 2018 besuche ich diese Kriegsregion wieder. Diesmal mit zahlreichen Medikamenten und Verbandsmaterialen sowie chirurgischem Equipment im Gepäck.

Bei all meinen Hilfseinsätzen im Nahen Osten, insbesondere im Libanon und in Syrien, bin ich immer wieder der Thalassämie-Erkrankung, der Mittelmeer-Anämie, begegnet. Aufgrund eines Gendefekts produzieren die PatientInnen zu wenig Sauerstoff aufnehmende und weiterleitende rote Blutzellen. Dies bedeutet, dass die betroffenen Kinder regelmäßig Bluttransfusionen benötigen.

Aufgrund dieser Blutzufuhr nehmen die PatientInnen jedoch zu viel Eisen auf, das nicht wieder ausgeschieden werden kann. Diese Eiseneinlagerungen zerstören langsam, aber kontinuierlich die inneren Organe. Dies führt nach 15–20 Jahren zum Tod, wenn nicht durch eine spezielle Therapie das Eisen aus dem Körper entfernt wird. Diese Eisenausscheidungstherapie wird durch sogenannte Chelatbildner durchgeführt. Es gibt hierbei unterschiedliche Methoden. In der nordsyrischen Rojava-Region gibt es diese Therapie nicht. Deshalb habe ich aus Deutschland Medikamente im Gesamtwert von ca. 3.000 Euro mitgebracht und heute im Thalassämie-Zentrum des staatlichen Hospitals in Manbidsch übergeben. Dies ist natürlich nur eine kleine Hilfe für die 300 PatientInnen, die im Hospital behandelt werden. In der Manbidsch-Region besteht die höchste Erkrankungsrate in ganz Nordsyrien.

Von dort geht es weiter nach Kobanê. Es beeindruckt mich immer wieder, mit welch einer Energie und Engagement der Wiederaufbau der Stadt realisiert wird. Auch jetzt, in der Vorweihnachtszeit 2018, da ich zum fünften Mal in Kobanê sein darf, erkenne ich zahlreiche neue Gebäude, die in jüngster Zeit entstanden sind: neue Wohnungen, Gesundheitseinrichtungen, Ausbildungsstätten und das Waisenhaus, das nun fast fertiggestellt ist. Die Stadt, deren Bewohner und dessen bauliche Infrastruktur in einem brutal geführten Kampf so gelitten haben, erholt sich langsam.

Die Menschen in Nordsyrien, in der Rojava-Region, haben jedoch erneut Angst vor Krieg und Zerstörung. Ich kann es an ihren Gesichtszügen erkennen. Viele von ihnen treffe ich jetzt zum wiederholten Mal, ich kann ohne Worte ihre Verunsicherung, ihre Enttäuschung darüber, alleingelassen zu werden, und letztendlich ihre Angst sehen und spüren. Diesen Eindruck bestätigen mir auch ärztliche Kollegen, die von ihren PatientInnen Sätze gehört haben wie: „Lieber sterben wir hier mit unseren Familien als wieder zu fliehen". „Wir sind so müde, immer wieder kämpfen zu müssen, zu hoffen und dann wieder enttäuscht zu werden". Auch bei den Kindern von Kobanê kann ich Verunsicherung und Angst erkennen. Sie spüren natürlich, dass die Erwachsenen traurig und verunsichert sind.

Unmittelbar an der Grenze zur Türkei liegend werden sie von dem Antidemokraten Erdoğan militärisch bedroht. Die *NATO*, ein Militärbund der freien und demokratischen Welt, zu der auch Deutschland gehört, akzeptiert, dass ein *NATO*-Partner Kriegsverbrechen begeht. Wir akzeptieren diesen Staatsterrorismus, weil wir Angst davor haben, den *NATO*-Partner Türkei zu verlieren, Angst davor haben, dass noch mehr Menschen zu uns ins freie Europa fliehen könnten. Wir verlieren dabei unsere eigene Identität: ein europäisch-freiheitliches Selbstverständnis, das Toleranz, Mitmenschlichkeit, die Einhaltung der Menschenrechte als Basis unseres Miteinanders gesellschaftlich implementiert hat.

Wir sollten, nein, wir müssen uns mit den Menschen in Kobanê solidarisieren, und wir sollten dies laut und konsequent tun. Und wir sollten dies von den gewählten Vertretern unserer freien Demokratien auch verlangen dürfen!

Die Seele darf aufatmen

Bei einem meiner folgenden Besuche wird mir von einem Geschwisterpaar berichtet, das Unfassbares erleben musste und dennoch den Glauben an die Zukunft und auch seine Lebensfreude nicht verloren hat. Wir treffen Hasan und seine Schwester Nahla in einer besonderen Gedenkstätte. Das Geschwisterpaar erzählt uns, dass elf ihrer Familienangehörigen im Krieg gegen den *IS* getötet wurden.

Nachdem Kobanê befreit war, kamen ca. 80 *IS*-Kämpfer als kurdische Kämpfer verkleidet zurück in die Stadt und töteten über 360 Menschen. Ihre Mutter hätte sich schützend über ihren jüngsten Sohn geworfen und wäre sofort zusammen mit ihm erschossen worden. Die kleine Schwester habe sich hinter der Wohnzimmertür versteckt. Sie wurde entdeckt und erschossen. Der große Bruder und dessen Ehefrau wurden auch getötet. Die beiden hatten immer wieder den Wunsch geäußert, eine öffentliche Bibliothek in Kobanê zu eröffnen. In Erinnerung an die beiden haben die Geschwister diesen Wunsch nun erfüllt und vor einem Jahr eine Bibliothek eröffnet. Der Raum, in dem viele ihrer Familienangehörigen getötet worden sind, dient jetzt als öffentliche Bildungsstätte. Zudem ist dieser Raum für die beiden überlebenden Geschwister eine Gedenkstätte für die Verstorbenen. Der Vater der beiden, der auch getötet worden ist, hatte immer gesagt: „Lebe deine Träume und liebe dein Leben!"

Die Geschichte von Hasan, seiner Schwester Nahla und ihrer Familie steht für mich sinnbildlich für die besondere Mentalität vieler Menschen in dieser Region. Das Erleben von Tod und Leid wird in eine positive Energie der Zukunftsorientiertheit, des Glaubens an Freiheit umgewandelt. Eine bewundernswerte persönliche Leistung, die das Besondere des Selbstverständnisses der Bürger von Rojava deutlich macht.

Das Leben ist voller Überraschungen, gerade auch positiver Überraschungen, selbst in einem Kriegsgebiet. Wir werden zum Essen eingeladen, aber nicht von irgendjemandem, sondern von einem kurdischen YPG-Kämpfer, der verantwortlich für das Tabka-Hospital ist, das von islamistischen Terroristen fast komplett zerstört wurde. Er schlägt uns vor, an einen schönen Ort am Euphrat zu fahren. Ein wunderschöner Ort bei all dieser Zerstörung? Wir fahren sofort los. Unglaubliches erschließt sich unserem von willkürlicher brutaler Zertrümmerung und Vernichtung geprägten Blick: türkisblaues absolut klares Wasser, Ruhe, Einsamkeit, ein Blick in die Weite des Euphrat-Deltas. Irgendwie halten wir alle den Atem für einen Moment des „In-sich-gekehrt-Seins" an. Es ist so unglaublich schön hier.

Bevor wir in einer Art Laubengang vor dieser atemberaubenden Naturkulisse gemeinsam essen, sucht jeder von uns einen Ort der individuellen Stille. Einen Moment des Sichzurückziehens und Besinnens. Auch oder gerade die uns begleitenden YPG-Kämpfer, die jungen Männer, 22 und 20 Jahre alt, die schon seit Jahren in Kobanê gegen den *IS* gekämpft haben. Nach all diesem Chaos, dieser von Menschenhand geschaffenen Apokalypse, ist dieser Ort hier etwas ganz Besonderes. Ich habe das Gefühl, dass meine Seele geradezu danach schreit, etwas Anmutiges, Schönes zu sehen. Natur zu sehen! Ein magic moment.

2019 südlich von der Stadt al-Hasaka. Es war die letzte Bastion des *IS*. In der Region um das Flüchtlingslager Al-Hol fanden die letzten Kämpfe der kurdischen Militäreinheiten gegen den *IS* statt. Das Gebiet war lange Zeit in der Hand des *Islamischen Staates*. Die Menschen wurden dementsprechend manipuliert und unterdrückt. Im jetzigen Al-Hol-Camp leben ca. 70.000 Menschen – unvorstellbar!

Es fällt sofort auf, dass die Frauen hier fast alle Schwarz tragen und vollkommen verschleiert sind. Es gibt verschiedene Sicherheitszonen. Hier leben fast ausschließlich Frauen und Kinder, da die meisten Männer *IS*-Kämpfer waren und inhaftiert wurden. 80 % der Bewohner des Lagers sind Kinder und 40 % von ihnen sind jünger als fünf Jahre. Die medizinische Versorgung ist eine enorme Herausforderung.

Die deutsche Hilfsorganisation *CADUS*, mit der ich vor zwei Jahren im Irak, in Mossul, in einem Trauma-Stabilisation-Point gearbeitet habe, hat dort ein kleines Krankenhaus aufgebaut. Ich treffe eine Ärztin, die ich auch schon kurz in Mossul kennenlernen durfte. Man versucht das Nötigste an medizinischer Versorgung anzubieten, dennoch gibt es große Versorgungs- und Behandlungslücken. So berichtet mir die Ärztin, dass sie Diabetespatienten habe, aber lebenswichtige Insulinpräparate fehlen würden. Immer wieder kommen Kinder mit Verbrennungen in die Ambulanzen, da in den Zelten auf offenem Feuer gekocht wird. Oder es gibt gewalttätige Auseinandersetzungen zwischen Flüchtlingsfamilien, die gegen den *IS* waren, und *IS*-Anhängern. Vor Kurzem wurde ein Zelt mutwillig angezündet. Bei dem Brand starben zwei Erwachsene und fünf Kinder. Deshalb gibt es einen Kernsicherheitsbereich in diesem Lager, in dem 16.000 Menschen, hauptsächlich ausländische *IS*-Anhängerfamilien bzw. Familien, die vom *IS* manipuliert worden sind, abgetrennt leben.

Die größte ausländische Gruppe stellen aus Pakistan stammende Menschen dar. Nach inoffiziellen Informationen sollen dort auch ca. 400 deutsche Frauen und Kinder leben. Im Lager kommt es häufig zu Durchfall- und Wurmerkrankungen, da das Trinkwasser immer wieder kontaminiert ist. Es sterben Kleinkinder, die nicht versorgt werden können bzw. zu spät zu den Gesundheitseinrichtungen gebracht werden. Im vergangenen Winter sind innerhalb von zwei Tagen 45 Kinder verstorben. Eine Katastrophe!

Die *Stiftung der Freien Frauen von Rojava* (WJAR) unterhält in einem schmalen länglichen Gebäude ein Bildungs- und Schulungszentrum für die Frauen und Kinder im Al-Hol-Camp. Es sieht für europäische Augen gewöhnungsbedürftig aus, wenn vor 30 vollkommen verschleierten, schwarz gekleideten Frauen bunt gekleidete kurdische Frauen der Stiftung den Unterricht gestalten. Unterrichtsinhalte sind Themen wie Gesundheit, Hygiene, Ernährung usw. Es werden auch Schulungen angeboten, u. a. Nähkurse, Friseurkurse, Kochkurse. Zunehmend nehmen die sehr stark fundamentalistisch-islamistisch geprägten Frauen an diesen Kursen teil. Ein sehr guter Weg, Menschen von den Vorteilen einer freien und demokratischen Gesellschaft zu überzeugen, in der die Frauen ihr Leben selbst bestimmen dürfen.

Man berichtet mir aber auch, dass sich Frauen im Camp prostituierten, um etwas Geld für die Familie zu verdienen. Armutsprostitution gibt es leider überall auf dieser Erde. Eine Berufsausbildung, ein Zertifikat mit dem Nachweis bestimmter Fähigkeiten, ist die Grundlage für ein eigenes Einkommen und somit auch eine Prostitutionsprophylaxe-Maßnahme. Die Kinder wurden vom *Islamischen Staat* lieblos indoktriniert, manipuliert und oft auch misshandelt. Sie bekamen schon früh das Töten gelehrt und mussten Repression und Unterdrückung permanent erfahren. Auch hier versucht die Frauenstiftung den Kindern behutsam, aber nachhaltig ein anderes Leben zu vermitteln. Ein Leben, in dem man spielen darf und soll, in dem Freude und Lachen etwas Natürliches sind.

Während meines Einsatzes erfahre ich für einige Tage, was es bedeutet, Angst vor einem „modernen" Krieg zu haben. Die moderne Kriegsführung fängt mehr denn je mit einer medialen Attacke an. Deshalb ist einer der ersten Schritte zu einem Kriegsszenario die Manipulation, die Instrumentalisierung der Medien zu eigenen Zwecken und das Verbot unabhängiger Medien. Die angeblichen Gegner werden mit falschen Fakten und Daten generalisiert, diskriminiert, stigmatisiert und letztendlich dehumanisiert. So ergeht es also auch der Rojava-Region, während ich dort bin. Mediale Aussagen sind u. a. „In Rojava lebten ‚nur' Kurden" – was eindeutig falsch ist, „Kurden seien generell Terroristen" – was eindeutig falsch ist, und „Kurden bedrohten die Türkei" – was eindeutig falsch ist. Es findet keinerlei differenzierte Auseinandersetzung mit gesellschaftlichen Entwicklungen statt. Die Dehumanisierung liefert dann die Legitimation für die Tötung jeglichen Lebens.

Zudem wird die eigene militärische Potenz in martialischen Bildern in den bildgebenden Medien präsentiert. Ständig werden die eigenen hoch technologisierten Waffen vorgeführt. Panzer, Artilleriemonster, fliegende Bomber, überall und jeden Winkel beobachtende Drohnen usw. Das Ziel dieser Kriegsführung: der angebliche Feind. Ich bin für einige Tage diesem Terror auch ausgesetzt. Ich höre in jeder Nachrichtensendung auf allen Fernseh- und Radiokanälen diese Vernichtungssprache, sehe ständig Waffengewalt und weiß, wenn diese Kriegsmaschinerie anläuft, gibt es kein Entrinnen.

Es ist eine Illusion zu glauben, die modernen Waffensysteme könnten zwischen Zivilisten und militärischen Kämpfern, zwischen Kindern und Erwachsenen unterscheiden. Das nennt die moderne Kriegsführung dann gerne „Kollateralschaden". Fliehen, ein Versteck, einen Schutzraum suchen geht auch nicht mehr bei der Zerstörungskraft dieser Waffen. Ich freue mich zum ersten Mal darauf, dass es regnet und der Himmel so stark bewölkt ist, dass Drohnen nicht gut eingesetzt und Flugzeuge nicht Erfolg versprechend agieren können. Wie schnell sich das Leben in dieser Angst verändert. Und dieser Angst, diesem absoluten Kontrollverlust so hilflos ausgeliefert zu sein, können Worte nicht hinreichend beschreiben.

In einem solchen Moment der Angst und Ungewissheit verabschiede ich mich von einem befreundeten syrischen Arzt, den ich kennenlernen durfte. Er hatte als Chirurg in der Afrin-Region nach dem Einmarsch der türkischen Armee schwer verletzte Menschen behandelt und mir erzählt, dass er bei so vielen schwer verletzten Menschen Arme und Beine amputieren und Kindern hilflos beim Sterben zusehen musste, dass er einfach nicht mehr als Arzt arbeiten könne. Bei diesem sehr emotionalen Abschied umarmt er mich und sagt, er hätte nicht viel zu verschenken, greift in seine Hosentasche und schenkt mir seine islamische Gebetskette, die ich seitdem immer bei mir trage.

Ich werde den Moment nie mehr vergessen, als ich den Tigris in Richtung Irak überqueren darf und endlich wieder in Sicherheit bin. Ich reise zurück in ein sicheres Land und all die Menschen, die ich in Syrien kennenlernen durfte, müssen weiterhin in Not, Leid und mit dieser unbeschreiblichen Angst leben.

Nach dem völkerrechtswidrigen Einmarsch der türkischen Armee kurze Zeit später im Oktober 2019 in die nordsyrische Rojava-Region, der unter anderem zur Zerstörung von Krankenhäusern und medizinischen Ambulanzen führte – auch „unseres" Inkubators wurde mir dringend abgeraten, wieder dorthin zu reisen. Ich befolge diesen Rat meiner kurdischen Freunde bis heute.

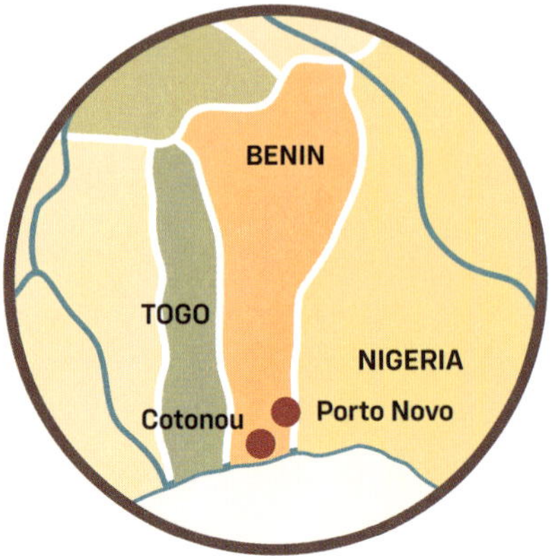

BENIN –

Geschichten aus dem Waisenhaus

2014, 2018 und 2019 auf dem afrikanischen Kontinent. In Kenia versorge ich mit der Hilfsorganisation *Uhuru e.V.* die Straßenkinder in Kisumu am Victoriasee und die Bewohner eines Slums. Im westafrikanischen Staat Benin bin ich als Arzt in einem Waisenhaus aktiv, in dem sich ebenfalls viele sogenannte Straßenkinder befinden. Immer wieder habe ich das Gefühl, dass diese extreme, existenziell bedrohliche Armut, die immer noch eine weitverbreitete Realität in Afrika darstellt, von uns reichen „Nordländern" als etwas Normales, nicht Veränderbares hingenommen und akzeptiert wird. Dies führt zu einem scheinbaren Ignorieren dieses Leides und dieser Not, was ich nicht akzeptieren kann.

Benin in Westafrika. Ein Land mit ca. 11 Millionen Einwohnern, mit einer Demokratie, in der die ehemalige Kolonialmacht Frankreich immer noch mitbestimmt, ob der gewählte Staatspräsident auch zum Staatoberhaupt gekürt werden darf.

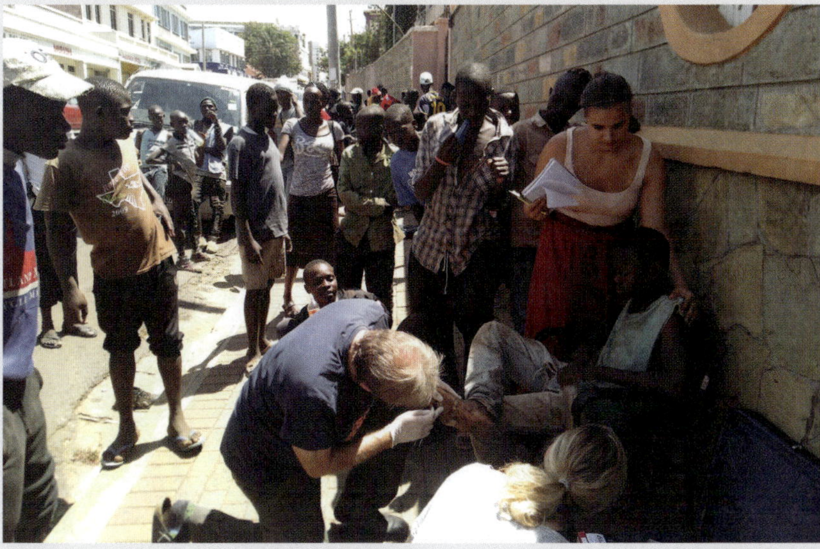

Ich bin im Waisenhaus „Centre Tabitha Dorcas“ in dem kleinen Dorf Mougnon, etwa drei Autostunden vom ökonomischen und politischen Zentrum des Landes, Cotonou, entfernt. In diesem Waisenhaus leben derzeit 72 Kinder. Das Heim wird von dem *Deutschen Volontär-Hilfswerk* unterstützt. Für diesen Ehrenamtsvermittlungsdienst sind die beiden Annas vor Ort. Junge deutsche Frauen, die dort ein bzw. zwei Jahre einen freiwilligen Dienst leisten. Sie tun dies mit sehr viel Leidenschaft, einem tollen Engagement und viel Wärme und Liebe für die Kinder.

Die beiden tollen Annas berichten von den Schicksalen der einzelnen Kinder. Wie mir schon aus den Aufenthalten in Kenia bekannt war, sind die Kinder in diesem Waisenhaus nicht unbedingt Kinder von verstorbenen Eltern, sondern auch verstoßene, nicht gewollte Kinder, ausgesetzte, misshandelte, seelisch und körperlich missbrauchte Kinder und Jugendliche.

Wir erfahren immer mehr über deren tragische Leidensgeschichten: Ein oder beide Elternteile sind an Aids oder Malaria erkrankt oder beide verstorben. Manche sind zu einer neuen Familie gebracht worden, die den neuen Mitesser nicht wollte und misshandelte oder verstieß. Wieder andere werden als Hexenkinder bezeichnet und ausgesetzt oder auch im Kinderheim abgegeben. Extreme Armut ist häufig der Grund dafür, die Kinder auszusetzen. Armut, die viel mit dem Reichtum der westlichen und nördlichen Nationen auf dieser Erde zu tun hat.

Unsere jüngste Waisenhausbewohnerin ist Reine. Sie ist ca. 18 Monate alt und wurde von der Polizei vor acht Tagen gemeinsam mit ihren vier- und fünfjährigen Brüdern im Kinderheim abgegeben. Die Polizisten erklärten, dass sie die Kinder gemeinsam mit ihrer wohl psychisch kranken Mutter auf der Straße lebend, total verwahrlost aufgefunden hätten. Die Kinder und ihre Mutter stammen aus dem Nachbarland Togo und werden leider aufgrund ihres Dialektes nicht verstanden. Die kleine Reine ist sehr krank, sie hat Fieber, ist schläfrig, schwach und hat etliche Hautinfektionen. Die Kleine hat eine der Annas als Mutter adoptiert. Besonders gerne mag sie es, wenn sie in einem Tuch auf dem Rücken getragen wird. Anna geht so liebevoll mit diesem kleinen verlassenen Wesen um, es ist sehr schön. den beiden zuzuschauen. Reine entwickelt zunehmend Appetit, was ihr sichtlich hilft, sich parallel zu den Medikamenten, die sie erhält, zu erholen. Welche Zukunft wird sie in diesem armen Land haben?

Carlos ist mein ständiger Begleiter. Er trägt mir immer meinen Rucksack mit meinem medizinischen Equipment zur Sprechstunde in der Krankenstation. Er sucht zärtlich meine Hand, wenn wir gemeinsam auf dem Kinderheim-Gelände auf Entdeckungsreise gehen. Wir spielen mit den anderen Kindern Strategiespiele, ähnlich unserem Mühlespiel. Er verliert, wie fast alle Kinder, nicht gerne. Er ist in seinen Kontaktaufnahmen, in seinen Berührungen sehr respektvoll und einfühlsam, niemals einfordernd oder drängend. Carlos ist zehn Jahre alt und hat Unbeschreibliches erleiden müssen: Seine Mutter ist früh verstorben, der Vater war alkoholkrank. Er wurde vom Vater misshandelt, als Hexenkind bezeichnet und verstoßen, sodass er schließlich Jahre auf der Straße verbringen musste, bevor er schließlich im Kinderheim landete. Dort fühlt sich der kleine talentierte Tänzer sehr wohl.

WAS SIND HEXENKINDER?

Das Verstoßen von Kindern in Benin aufgrund der Zuschreibung, sie seien Hexenkinder, begegnet mir ständig im Waisenhaus. Kinder werden in der Voodoo-Kultur Benins – und in diesem westafrikanischen Staat ist Voodoo weitverbreitet – dann als Hexenkinder bezeichnet, wenn irgendein Bezug zwischen ihnen und dem Tod eines Familienangehörigen hergestellt wird. Dies geschieht absolut willkürlich. Es reicht schon, wenn sie zum Beispiel einen angeblich markanten Gesichtsausdruck oder einen auffälligen Blick haben! Absoluter Blödsinn, aber Realität in Benin.

Auch Deo wurde als Hexenkind verstoßen. Er ist ein kleiner liebenswerter 5-jähriger Junge. Erschütternd ist die neue Politik des Staates Benin, denn Deo muss in vier Wochen zurück in eben jene Familie, die ihn zuvor verstoßen hat. Das Kinderheim muss 20 Kinder, die noch einen Elternteil haben, dorthin zu-

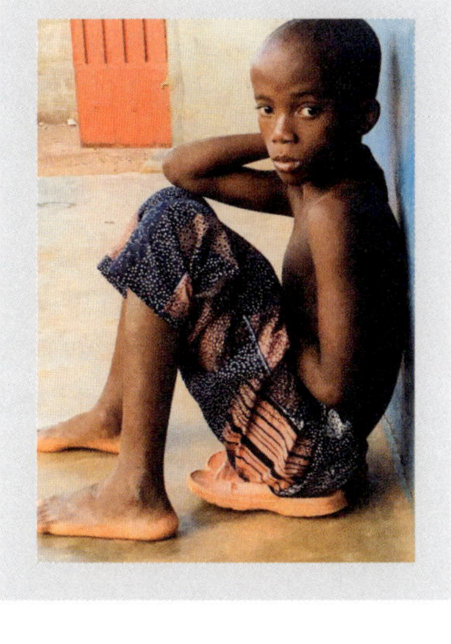

rückbringen. Grund: Das Kinderheim soll mehr Straßenkinder aufnehmen. Im Prinzip ja eine gute und nachvollziehbare Maßnahme, aber für die Kinder, die hier im „Centre Tabitha Dorcas“ schon Jahre leben, eine neuerliche Traumatisierung.

Espoirs Geschichte ist eine besonders tragische. Espoir ist sechs Jahre alt. Er wurde von seiner Herkunftsfamilie total vernachlässigt und bekam so gut wie nichts zu essen. Daraufhin stahl er im Alter von nur drei Jahren Lebensmittel auf dem Dorf-Markt. Dafür wurde er brutal bestraft. Man legte ihm glühende Kohlen in die Hände, wodurch er Verbrennungen dritten Grades erlitt. Als er ins Kinderheim kam, konnte er seine Hände aufgrund der Verbrennungsvernarbungen und Kontrakturen kaum benutzen. Mithilfe von Spendengeldern aus Deutschland konnten jedoch beide Hände operiert werden. Vom Bauch wurde Haut entnommen und in die Handinnenflächen transplantiert. Das sieht etwas skurril aus, denn die transplantierte Haut auf der Handinnenfläche ist nun deutlich schwärzer als zuvor. Espoir wäre allerdings bei dieser Operation fast verstorben, er erlitt einen Herz-Kreislauf-Stillstand und musste reanimiert werden. Heidi, unsere Physiotherapeutin, massiert liebevoll die mittlerweile wieder entstandenen Kontrakturen in den Handinnenflächen. Espoir massiert im Anschluss dann Heidis Handinnenflächen. Sofort realisierte Dankbarkeit – ich frage mich immer wieder, woher diese misshandelten und ausgestoßenen Kinder ihre soziale Empathie nehmen, die jederzeit spürbar ist.

Bo ist sechs Jahre alt und musste als Lackierer und Nachtwächter arbeiten. Er wurde von seinen Eltern ausgesetzt. Die Polizei hatte ihn nachts vor der Lackiererei gefunden und ins Kinderheim gebracht.

Laurant, Spitzname Lolo, ist drei oder vier Jahre alt und wurde gemeinsam mit seiner sechs Jahre alten Schwester Blondine im Wald ausgesetzt. Dort lebten und überlebten die zwei viele Monate lang, bis auch sie von Erwachsenen entdeckt und ins Waisenhaus gebracht wurden. Lolo isst so gerne und so viel, er hat scheinbar sehr viel nachzuholen.

Belvice, ein neunjähriger Junge, wurde von seiner Stiefmutter misshandelt. Zu Hause durfte er keine Hausaufgaben machen, da er ständig irgendwelche Arbeiten auszuführen hatte, also verließ er die Schule. Er wurde schließlich von seiner Familie verstoßen und ausgesetzt. Im Kinderheim ist er sehr gerne und geht jetzt auch sehr, sehr gerne zur Schule. Er ist so wissbegierig und motiviert, dass er mittlerweile der Klassenbeste geworden ist. Als er vom Pastor für seine tollen Schulleistungen etwas Geld bekam, kaufte er Kekse für die kleine Reine und schenkte sie ihr! Er malt wunderschöne Bilder und schreibt Liebesbriefe an die zwei deutschen Annas. Er hat so viel soziale Empathie und Fürsorge in sich, trotz all dem Leid und der Aggression, die er durch Erwachsene erleben musste! Belvice muss auch in vier Wochen zurück in die Familie, die ihn so furchtbar behandelt hat.

Zwei Tage lang untersuchen wir insgesamt 76 Kinder. Den meisten geht es körperlich ganz gut. Das seelische Leid ist oft nur zu erahnen an Blicken, an Gesten, an der Melancholie und Trauer in ihren Augen. Dennoch haben wir alle viel Spaß bei den Untersuchungen, es wird viel gelacht. Es hat den Anschein, dass die Kids noch nicht so oft so gründlich untersucht worden sind und sogar noch vom Arzt gefragt werden, ob ihnen irgendetwas wehtut. Das Wichtigste ist allerdings, dass ich keine Spritze gebe.

Auch die kleine Judith kommt zur neu erbauten Krankenstation des Waisenhauses, in der wir die letzten Tage gearbeitet haben, und klagt über Bauchschmerzen. Der Arzt, dessen Untersuchungsmethoden sich mir noch nicht erschlossen haben, untersucht sie oberflächlich und meint, das seien einfache Bauchschmerzen vom

Essen. So richtig motiviert scheint er nicht zu sein. Eine halbe Stunde später, als wir eine Pause in unserer Wundsprechstunde machen, untersuche ich die kleine Judith im Nachbarkrankenzimmer noch einmal selbst. Sie hat Fieber, der Bauch zeigt Symptome einer Abwehrspannung, sie klagt weiter über Schmerzen am gesamten Körper, sie sieht sehr krank und schwach aus. Ich diskutiere meinen Untersuchungsbefund mit dem Kollegen aus Benin und erkläre ihm unmissverständlich, dass ich die Patientin ins Krankenhaus einweisen möchte. Wiederum ist er sehr zurückhaltend, willigt aber in eine Blutuntersuchung ein. Ich bestehe darauf, dass diese sofort durchgeführt werden muss und ich die Ergebnisse noch am Vormittag gerne sehen möchte. Ich bin, was wohl auch dem Kollegen nicht entgangen ist, ungehalten und zunehmend sauer über seine Verweigerungshaltung. Zwei Stunden später kommt die Diagnose: Malaria und Typhus. Wir diskutieren kurz die therapeutischen Maßnahmen, die sofort umgesetzt werden müssen, was jetzt auch funktioniert.

Dieser Arzt nimmt die Symptome seiner kleinen Patienten einfach nicht ernst. Dies ist jedoch kein Indiz für eine überlegene westliche Medizin oder eine respektvollere und wertschätzendere Praxis eines westeuropäischen Arztes im Vergleich zu einem afrikanischen Arzt. Es hat lediglich etwas mit dem wenig professionellen Verhalten dieses Arztes zu tun. Wer glaubt, in Deutschland könne so etwas nicht geschehen, irrt.

BOSNIEN –

Mit Sandalen im Schnee

Januar 2021. Mein vorerst letzter Hilfseinsatz findet in Nordbosnien, in der Region Bihać, statt. Damit schließt sich auch die chronologische Reise meiner Begegnungen mit Menschen auf und nach ihrer Flucht. Meine erste direkte Begegnung mit flüchtenden Menschen hatte ich 1992 in Slowenien. Ich behandelte damals insbesondere Menschen, die vor dem Balkankrieg aus Bosnien flohen. Jetzt befinde ich mich in Bosnien selbst, wo sich Menschen aufhalten, die hauptsächlich vor dem Bürgerkrieg in Syrien und Afghanistan fliehen.

In Bosnien-Herzegowina spielt sich eine menschliche Tragödie ab, die immer noch weitestgehend von der Weltöffentlichkeit ignoriert wird. Seit Monaten schickt Kroatien die geflüchteten Menschen rechtswidrig durch Pushback-Aktionen[14] an der Grenze zurück nach Bosnien. Wir werden dieser menschenrechtswidrigen, nationalistischen Politik weiter mit unseren wenigen Mitteln durch praktisches Handeln entgegentreten. Und wir wollen über die Situation der Menschen berichten, damit die Politiker, die vehement gegen die Aufnahme von geflüchteten Menschen aus Bosnien und den griechischen Inseln in der Ägäis sind, damit konfrontiert werden, was dies für die Menschen in diesen Camps bedeutet.

Wir, also fünf Leute von *Armut und Gesundheit e.V.*, haben in unseren beiden sogenannten Arztmobilen zwei Quasi-Sprechzimmer auf Rädern, Schlafsäcke, Isomatten, Hygieneartikel, warme Winterkleidung und Medikamente sowie medizinisches Equipment dabei. Wir werden versuchen, mit unseren Arztmobilen eine medizinische Versorgung vor Ort zu realisieren. Wir wissen nicht, ob dies gerade in Zeiten der Corona-Pandemie funktionieren wird, aber wir werden es versuchen.

Wir kooperieren dabei mit der bosnischen Hilfsorganisation *SOS Bihać*. Wir wissen bei unserer Abfahrt am frühen Morgen im Januar 2021 noch nicht, was wirklich vor Ort möglich sein wird, aber wir wollen jetzt handeln, da die Menschen jetzt Hilfe benötigen. Nach 14 Stunden Autofahrt bei heftigem Schneefall stehen wir an der kroatischen Grenze zu Bosnien in einer Autoschlange gemeinsam mit der italienischen Hilfsorganisation *Solidarity Action Network (SANE)* und warten und warten und warten. Schikane? Oder ist es naiv zu glauben, einfach hierherfahren und helfen zu können? Es ist nasskalt. Wie muss es den geflüchteten Menschen jetzt ergehen, die im Freien, kaum geschützt, diesem Wetter ausgeliefert sind?

Nach fünf Stunden an der Grenze haben wir es kurz nach Mitternacht geschafft. In Bosnien herrscht allerdings ab 23 Uhr eine coronabedingte Ausgangssperre, d. h. beide Arztmobile müssen an der Grenze stehen bleiben, mit dem Taxi dürfen wir aber fahren. Unsere bosnischen Partner, die u. a. auch vom *Aachener Netzwerk* unterstützt werden, organisieren ein Taxi, das uns zu Alea, einer engagierten Fotojournalistin bringt, die eine Unterkunft für uns besorgt hat. Wir, d. h. zwei Frauen und drei Männer, fallen dort erschöpft und müde, aber glücklich, endlich angekommen zu sein, ins Bett oder auf die Isomatte. Per Facebook danken wir all denen, die uns mit vielen lieben Wünschen während dieser ungewissen Wartezeit unterstützten. Es hat geholfen.

Der folgende Tag beginnt wiederum mit weiteren sechs Stunden Wartezeit auf der bosnischen Grenzseite. Unsere Einreise steht wieder auf der Kippe, aber dann kurz vor 15 Uhr die Erleichterung: Wir dürfen passieren. Wir treffen übrigens auch wieder die italienischen Helfer der Hilfsorganisation *SANE*. Sie helfen uns beim Ausladen und Übergeben unserer Hilfsgüter: Schlafsäcke, Decken, Mützen, Schals, Handschuhe, warme Unterwäsche, Mundschutzmasken, Windeln, Babykleidung, Hygieneartikel usw. Die internationale Zusammenarbeit, das gemeinsame Ausharren an der Grenze tut gut. Wir treffen Zlatan von *SOS Bihać* und besprechen unsere weitere Hilfe vor Ort.

Endlich können wir die ersten Patienten behandeln. Sie leben in einer alten verkommenen, dreckigen Fabrikhalle – düster, dunkel, kalt und nass. Rauch von vereinzelten offenen Feuerstellen zieht immer wieder in dicken Schwaden durch diesen unwirtlichen Ort. Ich spüre ein Gefühl der Beklemmung und Scham beim Eintritt. Es macht mich sehr betroffen und traurig, dass Menschen so leben müssen. Müssen? Wir behandeln viele PatientInnen mit Skabies, einer parasitären Hauterkrankung, und infizierten Wunden. Alle sind sehr dankbar und freundlich. Ich setze mich nach unserer Sprechstunde mit einer kleinen Männergruppe, die mich dazu eingeladen hat, an eine offene Feuerstelle, die etwas Wärme spendet. Sie erzählen, dass sie aus Afghanistan kämen und seit Wochen an diesem lebensfeindlichen Ort lebten. Es ist ein Moment der Ruhe und menschlicher Nähe, ein Moment des Begegnens von Mensch zu Mensch, obwohl uns scheinbar Welten trennen.

Am nächsten Tag eröffnen wir unsere „Sprechstunde“ in einer Gebäuderuine in Bihać. Dort leben ca. 110 geflüchtete, meist aus Pakistan stammende Menschen. Erneut ein absolut unwirtlicher Lebensort: düster, dunkel, überall Müll, Schlamm, Rauchschwaden ziehen von den offenen Feuerstellen durch dieses fragile Gebäude, Graffiti an den Wänden, überall lauern offene Schächte, die vom vierten Stock in den Abgrund führen, Pfützen und Schnee und Menschen, überall Menschen. Wir finden Hassi, einen jungen Pakistani, der Ingenieur ist und dazu noch ein bisschen Pharmazie von seinem Onkel gelernt hatte, gut Englisch spricht und uns die folgenden zweieinhalb Stunden begleiten wird.

Wir sind ein fünfköpfiges Team. Tobi ist Altenpfleger, Angelika Krankenschwester, Irma Ärztin, Alea „unsere“ Fotografin und ich. Wir behandeln zahlreiche Patienten mit Hauterkrankungen und Wunden, teilweise superinfiziert und vereitert, viele haben Krätze und Pilzerkrankungen. Zahlreiche PatientInnen leiden unter Erkrankungen der oberen und unteren Atemwege, Harnwegsinfekten, Bluthochdruck, Magenbeschwerden und Zahnschmerzen. Es wird langsam dunkel und immer kühler. Die PatientInnen sind dankbar und freundlich. Sie bieten uns ihr selbst gebackenes Fladenbrot und Tee an. Das Fladenbrot schmeckt sehr gut. Es ist 16 Uhr, die erste Mahlzeit an diesem Tag für die Bewohner dieser Ruine. Ich frage einzelne Männer, wie lange sie denn schon hier leben müssten? Erschreckende Antwort eines Patienten: drei Jahre. Drei Jahre in dieser Hölle und das mitten in Europa! Mir fehlen wie so oft die Worte …

Am folgenden Tag fahren wir mit unserem Arztmobil nach Velika Kladuša, ca. 50 km von Bihać entfernt. Endlich können wir auch ohne offizielle Genehmigung unser fahrbares Sprechzimmer nutzen. In der Nähe der Stadt Velika Kladuša leben ca. 60 geflüchtete Menschen, meist aus Bangladesch stammend, verstreut in einem Waldstück. Dieses Camp wird „der Dschungel" genannt. Sie haben sich dort aus Planen, Plastikfetzen und Holzteilen kleine hüttenähnliche Behausungen geschaffen. Geflüchtete Menschen, die aus Bangladesch stammen, zählen zur untersten „Kaste" unter den Flüchtlingen. Sie sind die Ärmsten unter den Armen. Dann gibt es noch eine weitere 20-Mann-große Gruppe, die in einem baufälligen Schuppen haust. Die dritte, ca. 15-Mann-starke Gruppe kommt aus Marokko und Algerien und haust in einer verdreckten und mehr an eine Mülldeponie erinnernden Fabrikhalle.

Wir behandeln zahlreiche Patienten. Einen jungen Mann aus Bangladesch mit einer lebensgefährlich infizierten Hundebisswunde. Ein Mann aus Marokko kommt mit einer massiven Verbrennung am gesamten Körper zu uns. Die Verbrennungen führten bereits zur Amputation der Fingerendglieder und zu Kontrakturen. Grund dieser Verbrennung: Die bosnische Polizei hat, nach glaubhaften Angaben der Betroffenen, die in der Fabrikhalle aufgestellten Zelte angezündet. Jeden Tag erfahren wir von neuen Horrorerlebnissen geflüchteter Menschen in Bosnien. Es macht unglaublich wütend und traurig zugleich. Der Versuch, nach Kroatien über die Grenze zu gelangen, wird übrigens von den Menschen auf ihrer Flucht als „Game" bezeichnet. Ein Spiel ist es aber wahrlich nicht, sondern brutale menschenverachtende Realität.

Das berüchtigte und abgebrannte Flüchtlingslager Lipa liegt isoliert, weit weg von der nächsten Stadt, in ca. 750 m Höhe in einem hügeligen Waldgebiet. Schnee, Eis, Wind und Kälte herrschen hier.

Ein lebensfeindlicher Ort. Ein Ort, der jedem, der dort leben muss, sofort signalisiert: „Du bist hier nicht erwünscht." Zudem gibt es in dieser Waldregion Wölfe und Bären, die geflüchtete Menschen schon getötet haben.

Wir treffen die deutsche Botschafterin von Bosnien-Herzegowina, die sich mit einer internationalen Delegation einen Eindruck vor Ort verschaffen möchte. Sie möchte uns bei der Genehmigungsbeantragung, medizinisch tätig sein zu dürfen, unterstützen. Die Delegation wird von zahlreichen Medienvertretern interviewt, während im Hintergrund geflüchtete Menschen in einer Warteschlange, teilweise mit Flip-Flops an den Füßen, im Schnee für einen warmen Tee anstehen. Es fehlen sanitäre Anlagen, es gibt keine Duschen, obwohl *SOS Bihać* aus Deutschland von der Hilfsorganisation *space-eye* gespendete Dusch-Container aufstellen könnte. Das wird ihnen verboten. Danach fahren wir, frustriert über das Verhalten der politisch Verantwortlichen, in die uns schon bekannte „Gebäuderuine" und behandeln wieder die zahlreichen PatientInnen aus Pakistan und Afghanistan zwischen Müll, Dreck, Rauchschwaden, Schnee und Eis. Ein apokalyptisches Szenario.

Unser nächster Einsatzort ist Bosanska Krupa. Die Fahrt dorthin ist eine Herausforderung, denn es schneit und die Fahrbahn wird immer glatter. Wir müssen schließlich an einem unserer Fahrzeuge Schneeketten aufziehen. Nach fast zwei Stunden erreichen wir die verlassenen Hausrohbauten, in denen geflüchtete Familien mit ihren Kindern leben. Manuela, eine deutsche Filmemacherin, kümmert sich schon seit Monaten liebevoll um diese gestrandeten Menschen. Wir behandeln Säuglinge und Kleinkinder, während es draußen weiter schneit. Ein verletzter Hund hinterlässt blutrote Pfotenabdrücke im Neuschnee, die geflüchteten Menschen kümmern sich um ihn. Zwei unserer jungen Patienten haben Mittelohrentzündungen, andere leiden auch hier wieder unter unterschiedlichen Hauterkrankungen, Durchfall, Fieber, Husten usw.

Bei einem dreijährigen Mädchen versorgen Tobias und Angelika eine Brandverletzung. Keine Seltenheit bei Kindern, so ist meine Erfahrung in den verschiedenen Krisenregionen dieser Erde, wenn offenes Feuer zum Wärmen und Kochen benutzt werden muss. Eine junge Frau soll Brustkrebs haben, man zeigt mir die Sonografiebilder, die in Griechenland gemacht wurden. Wie soll einer jungen Frau mit Brustkrebs bei diesen Lebensbedingungen geholfen werden? Die Behörden lehnen eine stationäre Krankenhausbehandlung jedoch ab.

Wir verteilen die mitgebrachten Süßigkeiten und Luftballons an die Kinder, zudem Wollmützen, Handschuhe, Schals, Mundschutzmasken, Schlafsäcke und Isomatten. Wir hören vereinzelt von den PatientInnen, wer von den Angehörigen auf der Flucht gestorben ist. Was macht dies alles mit diesen kleinen zerbrechlichen Kinderseelen? Wir können die äußeren Wunden verbinden, die inneren nicht, die werden vielleicht nie heilen, wenn nicht sofort gehandelt wird. Die Kinder mit ihren Eltern müssten aus dieser Not sofort evakuiert werden. Aber auch die Kinder mit ihren Eltern werden von den kroatischen Grenzschützern immer wieder in Pushback-Aktionen zurück in die Kälte geschickt.

Dann sind wir wieder in Deutschland. Wir sind zu Hause, denn wir haben ein Zuhause. Eine offizielle Genehmigung für unsere medizinische Hilfe erhielten wir nicht. Trotzdem haben wir über 200 Behandlungen durchgeführt. Wir konnten mit den mitgebrachten Hilfsgütern zahlreichen Menschen etwas Hilfe zukommen lassen. Wir haben für andere Hilfsorganisationen und zukünftige medizinische Einsätze Medikamente und Verbandsmaterial übergeben. Wir haben im Lager von *SOS Bihać* leider aber auch sehen müssen, wie viele minderwertige Hilfsgüter aus Deutschland gespendet wurden. Beispielhaft habe ich einen Wanderschuh fotografiert, dessen Sohle sich ablöste. Viele Schlafsäcke waren überhaupt nicht wintertauglich. Wer wirklich helfen möchte, sollte winterfeste Schlafsäcke, gut erhaltene Schuhe, Mützen, Handschuhe, Schals, gute Unterwäsche, Jacken und Mäntel – Schurwolle oder Wollwalk wärmt besonders gut – spenden.

Auf unsere Forderung nach sofortiger Evakuierung der Menschen aus diesen menschenunwürdigen Lebensverhältnissen bekommen wir von politischer Seite immer wieder die Antwort, das ginge nicht, denn damit würde man ja die Büchse der Pandora öffnen, und dann würden alle Menschen nach Europa flüchten. Die Büchse der Pandora ist für die Tausenden Menschen auf ihrer Flucht nach Europa, durch das Versagen Europas, schon längst geöffnet!

Es bleiben die Begegnungen, die Ohnmacht und Melancholie dieser menschenverachtenden Politik gegenüber. Es bleibt die tief empfundene Demut und Dankbarkeit, den vergessenen geflüchteten Menschen in Bosnien ein wenig Menschlichkeit erwiesen haben zu dürfen. Es bleibt das gemeinsame Essen in der Gebäuderuine von selbst gebackenem Fladenbrot, das die geflüchteten Menschen uns sofort anboten. Es war ihr Frühstück um 16 Uhr, die einzige Mahlzeit, und dennoch war es keine Frage für sie, dies mit uns zu teilen. Und wir? Sind wir reichen Europäer bereit zu teilen, um Menschen in Not zu helfen? Wir werden wiederkommen und wir werden diese Ungerechtigkeit in Deutschland immer wieder thematisieren!

Melancholie

*Die Sonne
versinkt im Roten Meer der Träume.
Der Mond
lässt die goldenen Wellen der Gezeiten
wieder auferstehen.
Die Nacht
umschlingt den Tag,
wie die Gedanken den Menschen.
Der Mensch,
die konzentrierte Vielfältigkeit der Natur,
zart und sanft,
kühl und unerbittlich,
groß, stark und unaufhaltsam,
winzig, verkümmert und dem Sterben ausgeliefert.
Das Morgenlicht
verwandelt den Frühlingstau
zu Millionen von Rubinen.
Der Regenbogen
breitet die Schönheit seiner ruhigen Farben
stolz von Horizont zu Horizont aus.
Der Schnee
sinkt lautlos zur Erde
und umhüllt alles
mit seiner harmonischen Gelassenheit.
Die fallenden goldbraunroten Blätter des Herbstes
sind von unendlicher Farbenpracht gemalt.*

*Wo sind die Ebenbilder der Natur,
Mensch,
dazu geblieben?*

DEUTSCHLAND –

Begegnungen vor der Haustür

Zum Abschluss unserer „Reise“ entlang meiner Hilfseinsätze kehre ich nach Deutschland zurück und möchte von einigen Begegnungen mit geflüchteten Menschen in unserer Heimat, in Deutschland, erzählen.

Haftom und Selam

Haftom ist ein 28-jähriger junger Mann, der aus Eritrea nach Deutschland geflohen ist und derzeit in Mainz lebt. Im Jahre 2012 machte er sich als 19-jähriger junger Mann von Eritrea aus auf den Weg, da dort Bürgerkrieg und ein Krieg mit dem Nachbarland Äthiopien herrschten, es ständig gewalttätige Übergriffe von verschiedenen Gruppierungen auf die Zivilbevölkerung gab und junge Männer unter Gewaltandrohungen und praktizierter Gewalt zu militärisch-aggressiven Handlungen gezwungen wurden. Er machte sich auf den Weg zum Mittelmeer in die erhoffte Freiheit und

Sicherheit. Er durchquerte den Südsudan, die Sahara und landete in Libyen. Während der Durchquerung der Sahara übernachtete er häufig im Wüstensand bei Temperaturen von 50–60° C. Er wusste oft nicht, ob er die Flucht überleben würde.

In Libyen angekommen, wurde er sofort inhaftiert und während der Haft auch körperlich misshandelt. Haftom berichtet mit traurigem Blick von dem Tod einer guten Freundin in diesem Lager. Sie starb misshandelt und entkräftet quasi in seinen Armen. Tagelang lag sie dort neben ihm und seinen Freunden tot am Boden. Man spürt, dass dieses Erlebnis ihn immer noch zutiefst betroffen macht und irritiert.

Schließlich konnte er in einem Boot die Flucht über das Mittelmeer nach Europa wagen, doch immer wieder wurden sie von libyschen Polizisten an der Abfahrt gehindert, mussten Geld zahlen oder wurden wieder inhaftiert. Mit zwei Booten schafften sie es schließlich, im Dezember 2014 abzulegen. Er befand sich in einem kleineren Boot, in dem ca. 150 Menschen Platz fanden. Begleitet wurden sie von einem größeren Boot, auf dem sich ca. 350 Menschen befanden. Zuvor hatten sie die Information bekommen, dass ein anderes Flüchtlingsboot einen Tag zuvor im Mittelmeer gesunken sei und über 100 Menschen ertrunken seien. Er entschied sich dennoch für diese gefährliche „Reise“, da er in Libyen nur Gewalt und Leid erfuhr. Mitten auf dem Mittelmeer ging der Motor seines Bootes aus, sie trieben bei heftigem Wellengang hilflos in der Weite des Meeres. Sie hatten ein Satellitentelefon an Bord, das sogenannte Thuraya-Telefon, mit dem sie einen Hilferuf absetzten. Banges Warten bestimmte die nächsten Stunden.

Haftom war mittlerweile schon über zwei Tage auf dem Meer und das Boot bereits bis zur Hälfte mit Wasser gefüllt. Alle hatten große Angst zu ertrinken. Ihr Hilferuf wurde von einer Station in Afrika entgegengenommen und dann nach Europa weitergeleitet. Daraufhin wurde die italienische Küstenwache auf Sizilien informiert, die sofort eine Rettungsaktion startete. Die Freude der Bootsflüchtlinge war unendlich groß, als sie von der italienischen Küstenwache aus dem sinkenden Boot gerettet wurden. Neben dieser Freude war eine tiefe Erschöpfung, körperlich und psychisch, das dominierende Empfinden des jungen Mannes.

Er kam schließlich Ende des Jahres 2014 auf Sizilien an und flüchtete weiter nach Deutschland. In Deutschland angekommen hatte er das Glück, dass eine Privatperson ihm eine Unterkunft und Hilfe anbot. Inzwischen wohnt Haftom seit über vier Jahren bei dieser engagierten Frau und beginnt eine Ausbildung als Zweiradmechaniker.

Vor einem Jahr unternimmt er eine Reise zurück in die Nähe seiner eritreischen Heimat, in den Norden von Äthiopien, in die Tigray-Region, und besucht seine aus Eritrea geflohene Familie. Dort trifft er auch die junge Mathematik-Lehrerin Selam aus seinem Heimatdorf, die er schon seit seiner Kindheit kennt. Die beiden verlieben sich und heiraten noch während des Aufenthaltes in Äthiopien. Ende 2019 beantragt Haftom, dass seine Ehefrau Selam zu ihm nach Deutschland einreisen darf. Es liegt sogar eine Verpflichtungserklärung eines deutschen Freundes vor, also eine private Patenschaftserklärung, in der garantiert wird, dass die Kosten für den Lebensunterhalt seiner Ehefrau übernommen werden würden. Dies wird von der deutschen Auslandsvertretung in Addis Abeba mit der lapidaren Begründung abgelehnt, dass die vorgelegten Informationen über den Zweck und die Bedingungen des beabsichtigten Aufenthaltes nicht glaubhaft seien. Was ist daran nicht glaubhaft, wenn ein Ehemann seine Ehefrau aus einer Krisenregion nach Deutschland holen möchte?! Wir wissen alle, dass in der Tigray-Region mittlerweile ein brutaler Bürgerkrieg herrscht mit

Hunderten Toten aus der Zivilbevölkerung und zahlreichen Vergewaltigungen der dort lebenden Frauen. Haftom weiß zeitweise über Wochen nicht, ob seine Ehefrau noch lebt. Die Internet- und Handy-Verbindungen sind gekappt. Unvorstellbar diese Ungewissheit und diese Angst. Schließlich kann er seine Frau telefonisch erreichen und in einem kurzen Telefonat mit Selam erfahren, dass sie nun in Mekelle lebt.

Immer wieder berichtet Haftom von seinen existenziellen Ängsten, von seinen Todesängsten während der Flucht, besonders während der Zeit in der Sahara und auf dem Mittelmeer, und nun kommt noch die Angst um Selam hinzu!

Anfang März 2021 stellt Selam in der Deutschen Botschaft in Addis Abeba einen Antrag auf Familienzusammenführung. Trotz der lebensbedrohenden Situation in der Tigray-Region erhält sie drei Wochen lang keine Antwort der Botschaft. Auf eine drängende E-Mail von mir erfolgt dann schließlich eine verwirrende und wenig sachliche Absage.

Anfang Januar 2021 besteht Haftom seine Prüfung zum Fahrradmonteur in Mainz. Er ist ein wunderschönes Beispiel für eine gelungene Integration eines geflüchteten Menschen in Deutschland. Aber wie begegnen wir Menschen wie Haftom und Selam? Ja, es gibt immer wieder engagierte Bürger, die sich solidarisch und empathisch für geflüchtete Menschen einsetzen. Aber es ist auch bittere Realität, dass rassistische, menschenverachtende Demonstrationen, Äußerungen und Handlungen eben auch zu Haftoms Alltag gehören.

„DOKTOR, DU BRAUCHST EINE PAUSE“

Während der medizinischen Sprechstunden unseres Vereins *Armut und Gesundheit e.V.* in verschiedenen Sammelunterkünften für geflüchtete Menschen in meiner Heimatstadt Mainz ist die große Dankbarkeit und spürbare Fürsorge gerade uns Helfenden gegenüber immer wieder eine besonders schöne Form der Begegnung.

An einem schwülwarmen Sommertag ist es in unserem mobilen Sprechzimmer, in unserem Arztmobil, mittlerweile ungemütlich heiß geworden. Der Schweiß läuft uns allen wie kleine Bäche am Körper herunter. Es kommen immer mehr PatientInnen zu uns. Wir sind müde, erschöpft und auch ein wenig gereizt. Dann klopft jemand an die Arztmobiltür. Wir befinden uns gerade in der Behandlung eines irakischen Patienten und öffnen etwas genervt die Tür. Da steht eine afghanische Mutter mit ihrer großen Tochter, sie hat ein Tablett mit Tee und Kuchen in der Hand. Sie lächeln uns an und die Tochter sagt, in dem neu erlernten Deutsch: „Doktor, du brauchst eine Pause.“ Wir sind sprachlos und gerührt. Ja, wir brauchen eine Pause. Der Tee und der Kuchen schmecken vorzüglich, und die Fürsorge dieser uns doch so fremden Menschen zeigt eine tiefe gegenseitig empfundene Verbundenheit.

Amir

Amir lebt als unbegleiteter Flüchtling seit einem Jahr in Deutschland. Er ist ein junger Mann aus Somalia, der das Fußballspielen liebt und Fan von Manchester United ist. Er absolviert ein zweiwöchiges Schulpraktikum in unserem Verein *Armut und Gesundheit e.V.* Er hilft uns, wo er nur kann, und dolmetscht teilweise aus dem Arabischen ins Deutsche, da er auf der Flucht Arabisch gelernt hat. In Somalia wurden seine Eltern und Geschwister getötet. Er hat mit seinen 16 Lebensjahren schon so viel Leid, Gewalt und sterbende Menschen gesehen, dass es unsere Vorstellungskraft überfordert.

Als wir uns unterhalten, schildert er mir seine Fluchtroute über das Mittelmeer mit einem kleinen Schlauchboot. Ich wiederum erzähle ihm, dass ich mit der *MS Sea-Watch 1 und 2* im Mittelmeer nach Bootsflüchtlingen Ausschau gehalten hatte und unsere Crew auch mehrere Hundert Menschen hatte retten können. Das interessiert ihn sehr, also sehen wir uns gemeinsam einen Film von einem Filmemacher des SWR an, der mich auf einem dieser Einsätze begleitet hatte. Während des Films fängt Amir jedoch plötzlich an zu weinen und sagt: „Ich bin ein schlechter Mensch!" Ich frage ihn irritiert, warum er das so empfinde, und er berichtet mir mit Tränen in den Augen, dass das Fluchtboot, mit dem er und seine Freunde geflohen seien, untergegangen sei. Fast alle wären ertrunken, denn kaum jemand konnte schwimmen. Sein Freund und er wären in der Nähe eines Rettungsringes gewesen. Er hätte den Rettungsring ergriffen und überlebt, während sein Freund vor seinen Augen ertrunken sei. Ich nehme Amir in den Arm und sage: „Nein, du bist absolut kein schlechter Mensch! Bitte fühle dich nicht schuldig. Schlechte Menschen sind die, die es zulassen, dass ihr über das Mittelmeer nach Europa fliehen müsst, dass nur so wenige da sind, die euch auf dem Mittelmeer helfen!"

Ich erlebe immer wieder, dass die Überlebenden der Flucht sich für das Überleben schuldig fühlen, da sie so viele unterwegs haben sterben sehen. Wir kennen dieses Phänomen von den Überlebenden der Konzentrationslager während des Nationalsozialismus in Deutschland. Die Opfer fühlen sich schuldig, während die Täter ihre Schuld negieren und bestreiten!

Hasan

Im Spätjahr 2014 nimmt eine engagierte Pfarrerin in Mainz mit mir Kontakt auf. Sie betreut eine Familie, die aus Syrien geflohen ist. Die Mutter dieser Familie hatte sich mit der Bitte an die Pfarrerin gewandt, sich für die Einreise ihres Sohnes Hasan einzusetzen, damit er hier in Deutschland in ihren Armen sterben könne. Was war geschehen?

Es geht um Hasan, ihren erstgeborenen 26-jährigen Sohn, zu dem sie eine sehr enge Bindung hat. Vor dem Bürgerkrieg in Syrien war Hasan als Rezeptionsangestellter in einem großen Hotel in Aleppo beschäftigt gewesen. Während des Krieges wurde seine Wohnung durch einen Bombenanschlag zerstört, er wurde verhaftet und während eines mehrmonatigen Gefängnisaufenthaltes gefoltert. Als er aus dem Gefängnis entlassen wurde, hätte er auf Seiten der Diktaturarmee Assads gegen die eigene syrische Bevölkerung kämpfen sollen. Die Familie entschloss daraufhin zu fliehen. Sie flohen in die Türkei und hofften dadurch der brutalen Gewalt Assads und den anderen militaristischen Bewegungen in Syrien entfliehen zu können. In der Türkei angekommen setzte die Familie ihre Flucht über Bulgarien nach Deutschland fort. Hasan blieb im Süden der Türkei zurück, er wollte dort ein neues Leben beginnen, Arbeit suchen und sich alleine durchsetzen und nicht seiner Familie zur Last fallen.

Wenig später bekam er jedoch plötzlich starke Schmerzen im unteren Bauchbereich und ließ sich in einem türkischen Krankenhaus untersuchen. Dort wurde dann im Mai 2014 ein Hodenkrebs diagnostiziert. Er wurde in einem Krankenhaus in Adana operiert und danach nach Izmir verlegt, wo man zahlreiche Lungenmetastasen feststellte. Man begann dort eine Chemotherapie, signalisierte aber zugleich, dass diese sehr wahrscheinlich nicht komplett durchgeführt werden könne, da er ja als Flüchtling nicht krankenversichert sei. Hasan hatte sofort nach der ersten Chemotherapie starke Schmerzen mit Übelkeit und Erbrechen. Eine Therapie gegen diese Nebenwirkungen bekam er nicht. Im Gegenteil, man entließ ihn immer wieder direkt auf die Straße, da er zeitweise ohne Unterkunft in der Türkei lebte. Wochenlang vegetierte er immer wieder nach vorübergehenden kurzen Krankenhausaufenthalten mittel- und obdachlos dahin. Für die in einer Mainzer Sammelunterkunft lebende Familie war dies natürlich eine unerträgliche Vorstellung. Der einzige Kontakt bestand über ein Handy.

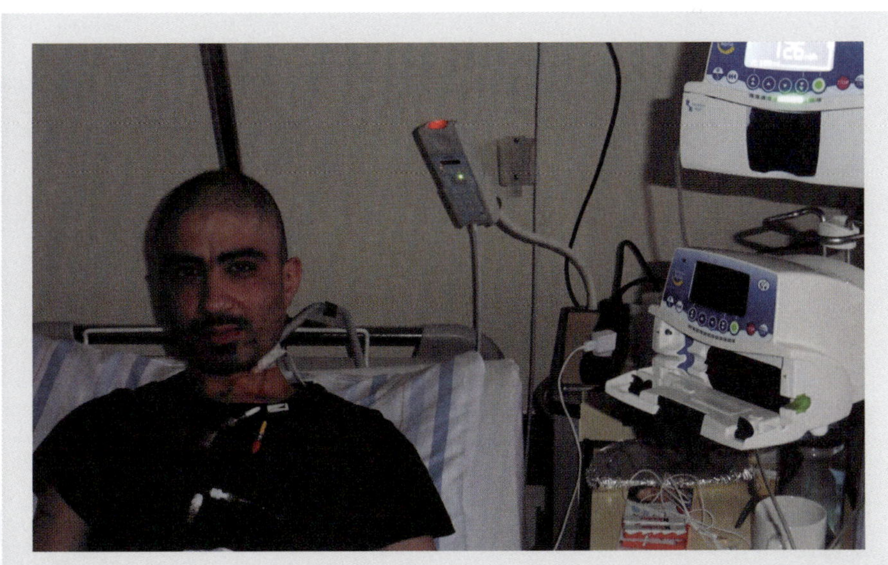

Und nun fragt mich die Pfarrerin, ob ich etwas tun könne, damit Hasan nach Deutschland einreisen dürfe, sie hätte von „meinem“ Verein *Armut und Gesundheit* und unserem Engagement für geflüchtete Menschen gehört. Mir ist sehr schnell klar, dass es nur eine Möglichkeit gibt, und zwar die, als Bürge zu fungieren. Damit Hasan schnellstmöglich nach Deutschland kommen darf, muss eine sogenannte Verpflichtungserklärung bei der Ausländerbehörde unterzeichnet werden. Mit dieser Verpflichtungserklärung übernimmt der Bürge die Kosten des Aufenthaltes des Geflüchteten, sollte der Staat diesen nicht als rechtmäßigen Flüchtling anerkennen. So erkläre ich es der Pfarrerin. Sie selbst möchte diese Bürgschaft aufgrund ihrer eigenen familiären Situation nicht unterzeichnen, da sie zu große Angst vor finanziellen Forderungen durch den deutschen Staat hat.

Währenddessen sehe ich immer wieder ein Bild von Hasan vor meinem inneren Auge, wie er obdachlos, mit Schmerzen und heftiger Übelkeit irgendwo am Straßenrand in einer türkischen Stadt liegt. Zudem weiß ich als Arzt, dass selbst bei Lungenmetastasen im Rahmen eines Hodenkarzinoms eine Heilungschance für diesen jungen Mann besteht, wenn er schnell die richtige Therapie erhält. Also entscheide ich kurzerhand, diese Verpflichtungserklärung zu unterzeichnen, und hoffe darauf, dass der deutsche Staat den Asylantrag eines jungen syrischen Mannes, der vor dem Bürgerkrieg geflohen war, anerkennen würde. Ein finanzielles Risiko war es natürlich dennoch, aber was bedeutet ein solches Risiko im Vergleich zur Möglichkeit, damit eventuell ein Menschenleben retten zu können oder ihm zumindest ein menschenwürdigeres Sterben zu ermöglichen?! Durch diese Maßnahme, die Übernahme der Flugkosten und das Engagement vieler Menschen, gelingt es, den jungen Mann, dessen Leben weiterhin akut gefährdet ist, nach Mainz zu holen, wo er dringend medizinisch behandelt werden muss.

Und dann kommt alles anders als gedacht. Die Ausländerbehörde lehnt die Einstufung des Patienten als Härtefall und die Kostenübernahme für den Abschluss einer Krankenversicherung ab. Das zuständige Sozialamt der Stadt Mainz prüft die Einstufung als Härtefall, deren Anerkennung ja mit der Übernahme der Krankenbehandlungskosten verbunden wäre. Dies wird ebenfalls abgelehnt. Paradoxe Realität: Wäre er auf der anderen Rheinseite, also in Hessen, als Geflüchteter aufgenommen worden, wäre er automatisch krankenversichert gewesen, in Rheinland-Pfalz nicht. Ich versuche über die Landesregierung in Rheinland-Pfalz eine Finanzierung der Behandlung zu erreichen. Auch das Land Rheinland-Pfalz lehnt eine Eingliederung ins Krankenversicherungssystem mit dem Hinweis ab, man müsse den Fall genau prüfen. Hasan hat aber keine Zeit für endlos lange Entscheidungsprozesse, deren Ausgang ungewiss ist.

Ich war doch tatsächlich so naiv gewesen zu glauben, dass in Deutschland ein junger geflüchteter Mann mit der Diagnose Hodenkrebs mit Lungenmetastasen natürlich behandelt werden würde. Irgendeine behördliche Stelle würde doch in so einem Notfall die Kosten übernehmen. Ich hatte mich geirrt. Alle involvierten Stellen lehnen die Übernahme der Kosten mit der Begründung ab, es gäbe dafür keine rechtliche Grundlage. Unfassbar!

Daraufhin beschließe ich an die Öffentlichkeit zu gehen, natürlich nur mit dem Einverständnis von Hasan. Er willigt ein und so wende ich mich an die Presse und das Fernsehen. Parallel bitte ich das Krankenhaus, mit der Therapie zu beginnen, denn jede Sekunde zählt bei einem Patienten, der aufgrund seiner Krebserkrankung schon Metastasen hat. Ich verspreche, dass unser Verein *Armut und Gesundheit* für die Kosten aufkommen würde. Dem Verein verspreche ich wiederum, im Falle eines Falles selbst für 50 % der Kosten aufzukommen, falls unsere Medienaktion zu keinen Spenden führen würde.

Das Katholische Klinikum in Mainz ist aufgrund dieser Garantien bereit, die Behandlung zu starten. Wichtige Untersuchungen zur Krankheitseinstufung werden durchgeführt und die erste Chemotherapie als Infusion angehängt. Die gesamten Behandlungskosten werden auf 20.000–25.000 Euro geschätzt. Immer wieder schießt mir der Gedanke durch den Kopf, dass Hasan sterben würde, wenn die Therapie nicht schnellstmöglich beginnen würde.

Und dann geschieht doch noch ein Wunder. Mir läuft es immer noch eiskalt über den Rücken, wenn ich daran denke, und zugleich empfinde ich sehr viel Demut. Die BürgerInnen in Mainz, in Rheinland-Pfalz, die durch die Medien von Hasans Krankheitssituation erfahren, spenden innerhalb von zwei Wochen 30.000 Euro für die Behandlung von Hasan. Diese Form der menschlichen Solidarität ist etwas Wundervolles!

Hasan wird also in den nächsten Wochen und Monaten intensiv mit den besten Medikamenten, die es zur Behandlung seines Krebses gibt, therapiert. Es ist eine sehr schwere Zeit für ihn. Er kämpft um sein Leben, seine Familie steht ihm zur Seite, und wir auch. Die Kontrollbefunde sind äußerst erfreulich. Nach sechs Monaten sind keine Lungenmetastasen mehr nachweisbar. Er kann schließlich als geheilt entlassen werden. Mit Tränen in den Augen umarmt seine Mutter ihn und sagt: „Ich wollte, dass Hasan in meinen Armen sterben kann und nicht am Straßenrand einer türkischen Stadt. Jetzt nehme ich meinen Sohn in den Arm und darf gemeinsam mit ihm das Leben weiterleben!"

Er lebt jetzt fünf Jahre nach der Behandlung rezidivfrei, ohne körperliche Komplikationen, in Berlin. Er kann mittlerweile sehr gut Deutsch und hat eine Ausbildung zum Hotelfachmann abgeschlossen.

Dies sind die kleinen Wunder des Lebens, die uns allen immer wieder guttun und hoffen lassen, dass der Kampf gegen Ungerechtigkeit und Benachteiligung auch Erfolg hat.

ERKENNTNIS

Je älter ich werde,
umso deutlicher und bewusster
wird mir meine Sterblichkeit,
meine Sündhaftigkeit,
mein rücksichtsloser Egoismus,
meine Falschheit,
meine Schlechtigkeit,
mein Menschsein.

Mit der immerwährenden Hoffnung
auf den Mut zur Veränderung.

WILLKOMMENSKULTUR –

Wie wollen wir leben?

Nach all diesen Begegnungen, und ich hätte noch von so vielen mehr berichten können, stellt sich doch die Frage: In welcher Gesellschaft wollen wir leben? Wie möchten wir mit geflüchteten Menschen umgehen? Wo können wir uns einbringen, wo müssen wir uns vielleicht auch einbringen? Wie kann uns ein respekt- und würdevoller Umgang miteinander auf Augenhöhe gelingen? Was können wir voneinander lernen? Für die Beantwortung dieser Fragen möchte ich Ihnen Anregungen liefern, indem ich den Istzustand und einige Ideen skizziere. Es ist zugleich aber auch ein Appell an unser aller Mitmenschlichkeit.

WAS IST MIT „HOSTILE ENVIRONMENT" GEMEINT?

Das Gesundheitssystem wird im Rahmen von politischen Strategien instrumentalisiert. Diesbezüglich muss der Begriff des *hostile environment* genannt werden (Edmond-Pet-

titt 2019). Seit Jahren ist in Deutschland eine zunehmende restriktive Migrationspolitik zu beobachten. *Hostile environment* beschreibt diese Politik, die unter anderem durch drei Charaktermerkmale besonders gekennzeichnet ist.

- Es findet eine Entmenschlichung ausländischer Menschen statt. Menschen werden illegalisiert, sie bekommen einen prekären Aufenthaltstitel, sie werden nur geduldet, sie müssen als Saisonarbeiter unter menschenunwürdigen Bedingungen arbeiten. Somit werden ihnen demokratische Grundrechte vorenthalten.
- Der behördlich ausgegebene Aufenthaltstitel entscheidet über die Einhaltung von Menschenrechten. Es findet eine deutliche Senkung der Anzahl bewilligter Aufenthaltstitel statt, damit steigt der Anteil illegalisierter Menschen.
- Die Ausgabe von Sozialleistungen wird von nationalistischen Prinzipien, zum Beispiel der Staatsangehörigkeit, abhängig gemacht.

Diese systematische und politisch gewollte, sozial ungerechte und mit der Einhaltung der Menschenrechte nicht kompatible Gesetzgebung muss auch im Kontext eines strukturellen Rassismus kritisch hinterfragt werden. Obwohl Deutschland internationale Menschenrechtskonventionen unterschrieben hat, wie zum Beispiel den *UN*-Pakt für wirtschaftliche, soziale und kulturelle Rechte, die *EU*-Grundrechte-Charta, die Europäische Sozialcharta und auch den *WHO*-Strategieplan bis 2030, *universal health coverage*, in dem unter anderem das Recht auf den Zugang zur medizinischen Grundversorgung für alle festgeschrieben ist, verletzt es diese Vereinbarungen massiv.

Wie sieht die gesundheitliche Versorgungssituation von geflüchteten Menschen in Deutschland aus?

Innerhalb der Debatte zur gesundheitlichen Versorgungssituation von geflüchteten Menschen in Deutschland muss zunächst zwischen verschiedenen „Flüchtlingsgruppen" unterschieden werden, da deren Status und somit deren Versorgungssituation sich als sehr heterogen darstellt. So gibt es einerseits die wachsende Gruppe der Personen, die in Deutschland einen Asylantrag stellt (AsylbewerberInnen), andererseits die Gruppe der sogenannten Kontingentflüchtlinge, insbesondere aus Kriegsregionen wie Syrien, die aufgrund der Verpflichtungserklärungsregelung zu Verwandten nach Deutschland einreisen dürfen. Eine dritte Gruppe bilden die papierlosen Menschen, die ohne einen gültigen Aufenthaltstitel illegalisiert in Deutschland leben.

Die bestehende Gesundheitsversorgung dieser drei Gruppen muss in vielen Bereichen als defizitär und teilweise auch als überhaupt nicht vorhanden bezeichnet werden. Das medizinische Leistungsspektrum, das Geflüchtete in Anspruch nehmen können, ist gekennzeichnet von Begrenzungen, Ausschlüssen und Zugangsverweigerungen.

Eine besonders relevante Personengruppe, die keinen adäquaten Zugang zu einer medizinischen Versorgung hat, sind AsylbewerberInnen. Hier muss die Entscheidung über die Notwendigkeit einer ärztlichen Untersuchung und Behandlung bei ÄrztInnen verbleiben. Die aktuell gängige Praxis, die Ausstellung eines Krankenbehandlungsscheines durch eine nicht medizinisch kompetente Person einholen zu müssen, ist abzulehnen. Artikel 12 des Internationalen Paktes über wirtschaftliche, soziale und kulturelle

Menschenrechte normiert den diskriminierungsfreien Zugang zu bestehenden Strukturen des Gesundheitssystems.

Eine diesbezüglich notwendige Versorgungsmaßnahme muss daher die Ausstellung einer Krankenversichertenkarte für jeden Asylbewerber sein! In einigen Städten und Kommunen (Hamburg, Rostock, Bremen waren die ersten) wurde dies durch Verträge mit den Krankenkassen schon eingeführt (gemäß § 264 Abs.1 SGB V). Die Erfahrungen sind sehr positiv. Bürokratie und Bevormundung werden abgebaut und die notwendige medizinische Hilfe kann schnell erfolgen, damit es bei der Behandlung von Erkrankungen nicht zu lebensbedrohlichen Verzögerungen oder gar einer Verhinderung kommt. Dies kann tödliche Folgen haben, wie leider im April 2014 in Hannover deutlich geworden ist: Ein Kind einer asylsuchenden Mutter starb, weil ein Krankenhaus eine Aufnahme ohne Krankenbehandlungsschein abgelehnt hatte (Flüchtlingsrat Niedersachen vom 15.4.2014).

Derzeit wird in den landesweiten niedrigschwelligen medizinischen Anlaufstellen für Menschen am Rande unserer Gesellschaft immer wieder festgestellt, dass Menschen, die in Deutschland Asyl suchen, abgeschoben werden. Das europäische Dublin-III-Abkommen, nach dem Asylsuchende jederzeit in das europäische Ersteinreiseland abgeschoben werden können, ist abzulehnen. Jedem ist und muss klar sein, dass Abschiebungen nach Bulgarien, Griechenland oder auch Italien zur Folge haben, dass diese Not leidenden, Hilfe suchenden Menschen in menschenunwürdigen Unterkünften untergebracht, oft sogar inhaftiert oder in die Obdachlosigkeit „entlassen“ werden. Die europäischen Bestimmungen und die damit verbundene Abschiebepraxis sind ungerecht, unsozial und gefährden das Leben vieler Not leidender Menschen. Die Anwendung des Kirchenasyls leistet hier einen wichtigen Beitrag, diese unmenschliche Abschiebepraxis zu verhindern.

Nach dem Asylbewerberleistungsgesetz (AsylbLG), §§ 4 und 6, wird eine stark eingeschränkte medizinische Versorgung/Krankenhilfe nur unter folgenden Voraussetzungen gewährt:

- bei akuten Erkrankungen
- bei akuten oder chronischen Schmerzzuständen
- bei Erkrankungen, deren Behandlung zur Sicherung der Gesundheit unerlässlich ist, § 6

Die Einschränkung auf einen Behandlungsanspruch lediglich bei akuten Erkrankungen ist nicht sinnvoll. In der Praxis ist die Unterscheidung zwischen chronischen und akuten Krankheiten häufig schwierig. Bei chronischen Erkrankungen ohne Schmerzen besteht in der Regel kein Anspruch auf Behandlung. Muss ich als Arzt/Ärztin bei einer Bluthochdruckerkrankung oder der Zuckerkrankheit erst warten, bis es zu einer akuten Notsituation kommt, um behandeln zu dürfen?!

Aufgrund zahlreicher Hürden und der bestehenden restriktiven Gesetzgebung ist aus meiner Sicht ein aufsuchendes, interdisziplinäres Versorgungskonzept notwendig, denn die Gesundheitsversorgungsrealität von Flüchtlingen ist mit den Standards einer menschenrechtskonformen Versorgungsstruktur nicht vereinbar! Dies darf aber nicht ohne eine kritische Auseinandersetzung mit den derzeit bestehenden, strukturell bedingt und scheinbar gewollt, defizitären Gesundheitsversorgungsstrategien ausländischen, insbesondere geflüchteten Menschen gegenüber, geschehen.

Die Erfahrungen vieler Organisationen (*Malteser*, *Armut und Gesundheit*, *Ärzte der Welt* u. v. m.) zeigen innerhalb der Gesundheitsversorgung einerseits die dringende Notwendigkeit eines niedrigschwelligen, aufsuchenden Versorgungskonzeptes auf und andererseits wird weiterhin auf die schnellstmögliche Abschaffung hinderlicher Strukturen innerhalb unseres Sozial- und Gesundheitswesens hingewiesen.

Eine interdisziplinäre Vernetzung innerhalb der praktischen Arbeit ist essenziell. Die zuständigen Akteure müssen sich in einem regelmäßigen Erfahrungsaustausch befinden. Diese enge Kooperation fördert die Sicherstellung der derzeitigen bürokratischen Erfordernisse, beispielsweise die Beschaffung der Krankenbehandlungsscheine, und sorgt außerdem dafür, dass vorhandene Kräfte vernetzt und gebündelt werden. Die muttersprachliche Kommunikation während einer medizinischen Behandlung oder psychosozialen Beratung muss durch DolmetscherInnen gewährleistet sein. Außerdem ist eine Verständigung über medizinische Anamnesebogen in verschiedenen Sprachen sinnvoll (zu finden auf www.armut-gesundheit.de unter Tipps und Infos).

Was können wir tun?

Kreativität und eine kultursensible „Willkommenskultur" sind immer wieder gefragt. So entwickelte z. B. eine Projektgruppe der Hochschule Rhein-Main des Fachbereichs Sozialwesen gemeinsam mit geflüchteten Menschen einen speziellen Stadtplan mit den wichtigsten Adressen. Er wird PatientInnen ausgehändigt und soll die Suche nach wichtigen Anlaufstellen erleichtern. Hierdurch werden gesellschaftliche Partizipation, Mobilität und Selbstständigkeit gefördert. Die Matrix dieses Stadtplans wurde bisher von über 25 Städten und Kommunen im In- und Ausland übernommen!

Es gibt sehr viele weitere Beispiele für eine wirklich gelebte und authentische Willkommenskultur, die die meisten von uns, wo auch immer sie leben und sich im Kontakt zu geflüchteten Menschen befinden, realisieren können:

- Integration und Aufnahme in Sportvereine
- privat organisierte Deutschkurse
- Unterstützung von Kindern bezüglich der Anforderungen in unseren Schulen
- gemeinsame Kultur- und Sportveranstaltungen, Ausflüge, Theaterbesuche u. v. m.
- gegenseitiges Kennenlernen durch das Genießen „fremder" Gerichte und Essenskulturen
- Public Viewing bei sportlichen Großereignissen (Fussballweltmeisterschaft, Olympiade, o. Ä.)
- Organisation von Stadtrundgängen zum Kennenlernen des neuen Lebensraumes
- Veranstaltung von Konzerten in Sammelunterkünften
- gemeinsames Musizieren
- gemeinsames Kreativsein (malen, basteln, nähen usw.)

Zudem ist es wichtig, Asylsuchende bei der Wahrnehmung ihrer Rechte zu unterstützen, da die Betroffenen die Funktionsweise des deutschen gesundheitlichen Versorgungssystems nachvollziehbarerweise nicht kennen.

So zeigen die Erfahrungen verschiedener Hilfsorganisationen, dass die Inanspruchnahme des niedergelassenen ärztlichen Versorgungsangebotes für Flüchtlinge nur erschwert oder gar nicht möglich ist. Es ist naiv, davon auszugehen, dass ein Mensch, der fremd in unserem Land ist, sich einen Krankenschein von der Sozialbehörde besorgen, einen Termin bei einem Arzt vereinbaren, den Weg dorthin ohne Probleme finden und dann in unserer Sprache seine Beschwerden vermitteln kann.

Aus diesem Grund fand gerade zu Beginn der Ankunft zahlreicher geflüchteter Menschen, und findet auch teilweise jetzt noch, die Gesundheitsversorgung auch akuter Erkrankungen oft erst verzögert statt. Medizinische Sprechstunden vor Ort in den Flüchtlingsunterkünften zeigen den wirklichen Behandlungsbedarf immer wieder auf: Es werden häufig akute Erkrankungen der Atemwege, des Herz-Kreislauf-Systems und der Verdauungsorgane diagnostiziert. Zahlreiche Hautinfektionen und parasitäre Erkrankungen können genauso wie Stoffwechselentgleisungen, speziell im Kontext einer Blutzuckerkrankheit, oft festgestellt werden. Akute psychiatrische Erkrankungen, wie die Posttraumatische Belastungsstörung, gehören ebenfalls zum immer wieder diagnostizierten Erkrankungsspektrum (Erfahrungen speziell des *Vereins Armut und Gesundheit in Deutschland*; www.armut-gesundheit.de).

Auch die kontinuierliche Behandlung chronischer Erkrankungen findet nicht oder nur rudimentär statt. Eine Informationsweitergabe von medizinischen Befunden aus Erstaufnahmeeinrichtungen des Landes in die weiterbetreuenden Flüchtlingseinrichtungen der Kommune erfolgt oft nur in Einzelfällen.

Gerade in den vergangenen Jahren wurden bestehende Gesundheitsleistungsansprüche durch die Sozialbehörde immer wieder verweigert oder massiv verzögert. Eine adäquate psychiatrische und psychologische Versorgung von PatientInnen mit Posttraumatischen Belastungsstörungen findet häufig aufgrund mangelnder Behandlungskapazitäten oder auch fehlender behördlicher Behandlungsgenehmigungen nur in Ausnahmefällen statt. Zudem beschrieben und beschreiben zahlreiche Hilfsorganisationen, dass die Gesundheitsversorgung von Schwangeren und Neugeborenen und deren Müttern Defizite aufweist. In diesem Zusammenhang haben sich, gerade aufgrund eines kultursensiblen Vorgehens, spezielle „Frauen für Frauen"- Sprechstunden bewährt.

Was müssen wir tun?

Hier ist mein persönlicher Forderungskatalog im Hinblick auf eine menschenrechtskonforme Gesundheitsversorgung geflüchteter Menschen in Deutschland. Aufgrund der praktischen Erfahrungen zahlreicher Hilfsorganisationen fordere ich die Realisierung folgender Handlungsvorschläge zur Verbesserung der Gesundheitsversorgung von AsylbewerberInnen:

- Sprechstunden vor Ort, zumindest in Asylbewerberunterkünften mit mehr als 100 Flüchtlingen.
- Es sollten eine allgemeinmedizinische und kinderärztliche Sprechstunde in Zusammenarbeit mit der Sozialarbeit mindestens einmal wöchentlich stattfinden.
- Bestandteil dieser Sprechstunden sollte eine ärztliche Diagnostik und gegebenenfalls Erstbehandlung sowie, falls notwendig, die direkte Weitervermittlung zu einem niedergelassenen Haus- oder Facharzt sein.
- Die Aufgabe der sozialen Arbeit in diesem Gatekeeper-Angebot ist es einerseits, falls noch nicht geschehen, detaillierte Informationen zum sehr umständlichen Prozedere der Beantragung von Krankenscheinen zur Verfügung zu stellen. Andererseits spielen auch die konkrete Vermittlung, Vereinbarung und Sicherstellung einer Weiterbehandlung eine wichtige Rolle. Hierbei müssen Aspekte der Erreichbarkeit mit öffentlichen Verkehrsmitteln und der muttersprachlichen Kommunikation geklärt und, wenn nötig, organisiert werden.

- Bei diesem interdisziplinären Gesundheitsversorgungskontakt sollte generell der Impfstatus, insbesondere von Kindern, überprüft und eventuelle Impflücken geschlossen werden, sofern die PatientInnen dies wünschen.
- Zusätzlich müssen Grippeschutzimpfungsmaßnahmen sowie Pneumokokken-Impfungen bei besonders gefährdeten Personen und Menschen, die älter als 65 Jahre sind, angeboten werden. Dies bezieht sich insbesondere auch auf eine Covid-19-Impfung.
- Des Weiteren sollte den Menschen eine Gesundheitsversorgungsmappe (bestehend aus einem Impfausweis, individuellem Patientenheft, evtl. Vorsorgeheft bei Kindern, evtl. Mutterpass) ausgehändigt werden, falls dies in der Erstaufnahmeeinrichtung noch nicht geschehen ist.
- Soweit möglich, muss von den PatientInnen ein muttersprachlicher Anamnesebogen ausgefüllt und in der Gesundheitsmappe aufbewahrt werden. Den PatientInnen wird dringend empfohlen, diese Gesundheitsmappe bei jedem Arztbesuch vorzulegen, damit ein Informationsfluss zur Gesundheitssituation des betroffenen Patienten realisiert werden kann.
- Im Kontext der Versorgung traumatisierter Geflüchteter sollte die Vernetzung zu psychiatrisch-psychologischen Behandlungszentren garantiert sein.
- Auch chronische Erkrankungen müssen behandelt werden: Ein anderer Umgang ist mit der ärztlichen Ethik sowie der Menschenrechtskonvention nicht vereinbar. Hieraus folgt konsequenterweise die Forderung nach Abschaffung des Asylbewerberleistungsgesetzes, insbesondere der Paragrafen 4 und 6, mit der nicht menschenrechtskonformen Einschränkung des Leistungsspektrums, im Krankheitsfall nur akute Erkrankungen und Schmerzzustände behandeln zu dürfen.

- Einbindung aller Asylsuchenden sowie Flüchtlinge, die im Rahmen der Kontingentregelung (Verpflichtungserklärungsverfahren) nach Deutschland kommen, gemäß § 264, Abs. 2, SGB V in die Gesetzliche Krankenversicherung (GKV).
- Einführung einer Krankenversichertenkarte für Geflüchtete und damit Abschaffung der bürokratischen und sehr umständlichen Krankenscheinbeschaffung bei Sozialbehörden.
- Konsequente Anwendung des § 6a, AsylblG (Nothelferparagraf), der eine anonymisierte Behandlung und Kostenerstattung für die Leistungserbringer von papierlosen (illegalisierten) Menschen in Deutschland ermöglicht.
- Abschaffung des § 87 des Aufenthaltsgesetzes (AufenthG), der sogenannte „Übermittlungsparagraf". Dieser Paragraf besagt, dass öffentliche Stellen verpflichtet sind, die Personendaten von illegalisierten PatientInnen der Ausländerbehörde zu vermitteln, was eine Abschiebung nach sich ziehen kann. Aufgrund dieser drohenden Abschiebung verzichten immer wieder erkrankte Menschen, den ihnen zustehenden Krankenschein (ausgestellt vom zuständigen Sozialamt) in Anspruch zu nehmen. Und dies auch bei gravierenden Erkrankungen.

Stéphan Hessel, ehemaliges Résistance-Mitglied, der das Konzentrationslager Buchenwald überlebt hat und Mitverfasser der Menschenrechtserklärung der Vereinten Nationen war, hat im Jahre 2010 eine bemerkenswerte Streitschrift mit dem Titel „Empört Euch!" verfasst. In dieser Streitschrift kritisiert Hessel die europäische Politik. Dies tut er, indem er die gezielte Unterdrückung, den Verlust an Menschenrechten beanstandet und die Macht des Finanzkapitalismus anprangert. Er schließt mit den Worten: „Neues schaffen heißt Widerstand leisten. Widerstand leisten heißt Neues schaffen."

Um es abschließend mit den Worten Albert Camus´ zu sagen: „Nicht die Revolution ist entscheidend, sondern die permanente, andauernde Revolte." Bleiben wir beharrlich und konsequent in unserer permanenten Revolte gegen soziale Ungerechtigkeit und für die weltweite Einhaltung der Menschenrechte. Seien wir alle wachsam, Respekt und Würde in der Begegnung zu leben. Und fangen wir damit sofort bei uns selbst an.

EPILOG

Ein Dankesbrief von einem aus Syrien geflüchteten Dolmetscher

Als wir in einer Sammelunterkunft für geflüchtete Menschen mit unserem Arztmobil die dort lebenden Menschen medizinisch und psychosozial versorgt und begleitet hatten, erhielten wir von unserem syrischen Dolmetscher kurz vor dem Heiligen Abend eine Weihnachtskarte mit folgendem Text überreicht:

„Ich weiß, dass ich diesen Brief mit „Sehr geehrte Damen und Herren“ anfangen sollte, aber weil ich Ihnen im Namen Syriens schreiben will, lassen Sie mich bitte mit ‚Meine Lieben‘ anfangen. Verzeihen Sie mir bitte, dass ich auf einer verbrannten Karte geschrieben habe, aber das ganze Syrien ist momentan verbrannt, trotzdem können immer noch mithilfe guter Menschen Blumen zwischen Bränden wachsen.

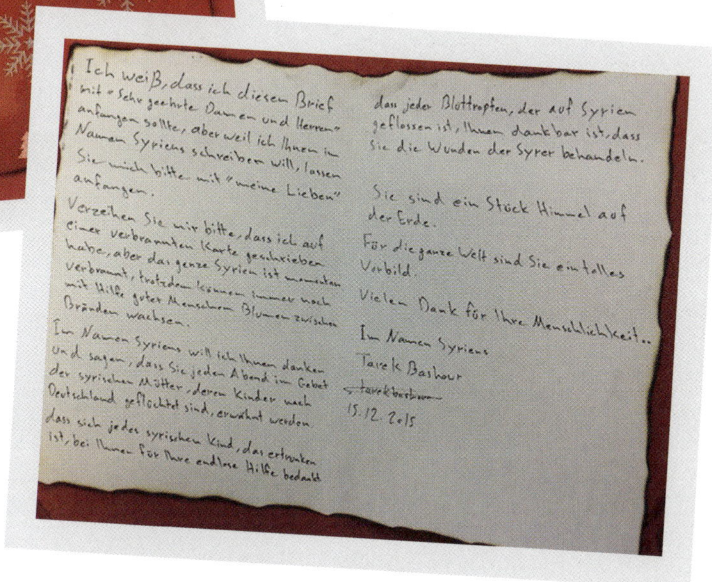

Ich weiß, dass ich diesen Brief mit „Sehr geehrte Damen und Herren“ anfangen sollte, aber weil ich Ihnen im Namen Syriens schreiben will, lassen Sie mich bitte mit „meine Lieben“ anfangen.

Verzeihen Sie mir bitte, dass ich auf einer verbrannten Karte geschrieben habe, aber das genze Syrien ist momentan verbrannt, trotzdem können immer noch mit Hilfe guter Menschen Blumen zwischen Bränden wachsen.

Im Namen Syriens will ich Ihnen danken und sagen, dass Sie jeden Abend im Gebet der syrischen Mütter, deren Kinder nach Deutschland geflüchtet sind, erwähnt werden.

dass sich jedes syrischen Kind, das ertrunken ist, bei Ihnen für Ihre endlose Hilfe bedankt

dass jeder Bluttropfen, der auf Syrien geflossen ist, Ihnen dankbar ist, dass Sie die Wunden der Syrer behandeln.

Sie sind ein Stück Himmel auf der Erde.

Für die ganze Welt sind Sie ein tolles Vorbild.

Vielen Dank für Ihre Menschlichkeit..

Im Namen Syriens

Tarek Bashour

15.12.2015

Im Namen Syriens will ich Ihnen danken und sagen, dass Sie jeden Abend im Gebet der syrischen Mütter, deren Kinder nach Deutschland geflüchtet sind, erwähnt werden. Dass sich jedes syrische Kind, das ertrunken ist, bei Ihnen für Ihre endlose Hilfe bedankt, dass jeder Blutstropfen, der auf Syrien geflossen ist, Ihnen dankbar ist, dass Sie die Wunden der Syrer behandeln.

Sie sind ein Stück Himmel auf der Erde. Für die ganze Welt sind Sie ein tolles Vorbild. Vielen Dank für Ihre Menschlichkeit.

Im Namen Syriens, Tarek Bashour.“

ZUM WEITERLESEN

Petition an den Bundestag zur Aufnahme Geflüchteter von den griechischen Inseln (Oktober 2020)

Mein Name ist Gerhard Trabert. Ich bin Arzt und Sozialarbeiter, habe eine Professur an der Hochschule Rhein-Main in Wiesbaden und lehre dort Sozialmedizin und Sozialpsychiatrie. Ich bin Vorsitzender des Vereins *Armut und Gesundheit e. V.* mit Sitz in Mainz (www.armut-gesundheit). Seit ca. 30 Jahren beteilige ich mich an medizinischen Hilfseinsätzen weltweit, insbesondere im Kontext der Versorgung von geflüchteten Menschen. In diesem Zusammenhang war ich allein in diesem Jahr 3-mal auf Lesbos und habe die mangelhafte Versorgungssituation der geflüchteten Menschen, zuletzt kurz nach dem Brand im Moria-Camp, vor Ort erlebt und medizinische Hilfe geleistet. Aufgrund meiner konkreten praktischen Erfahrungen sowie meiner Recherche-Arbeit und wissenschaftlichen Analyse richte ich diese Petition bezüglich der dringend notwendigen sofortigen Aufnahme von besonders schutzbedürftigen Menschen, insbesondere körperbehinderten Menschen, die bisher leider nicht im Fokus der Hilfeleistungen Deutschlands liegen, an die Bundesregierung.

Petitum

Deutschland muss ein Sofortprogramm initiieren, mit dem von Covid-19 besonders gefährdete Geflüchtete – wie behinderte, alte und chronisch kranke Menschen – unverzüglich von den griechischen Inseln evakuiert und in Deutschland oder anderen europäischen Mitgliedsstaaten aufgenommen werden.

Begründung

Die Situation in den überfüllten Flüchtlingslagern auf den griechischen Inseln ist seit Jahren eine humanitäre Katastrophe: Zehntausende Menschen hausen zusammengepfercht in einfachsten Zelten unter menschenunwürdigen Bedingungen und hygienisch desolaten Zuständen. Darunter befinden sich weiterhin auch besonders schutzbedürftige Personen wie Behinderte, alte und chronisch kranke Geflüchtete.

Spätestens mit Beginn der Corona-Pandemie hätten die Lager auf den griechischen Inseln evakuiert werden müssen. Denn klar war: Ein Corona-Ausbruch in einem dieser mehrfach überbelegten Lager wäre das Worst-Case-Szenario. Die hygienischen und sanitären Umstände waren miserabel, die Menschen konnten sich zu keinem Zeitpunkt ausreichend vor dem Coronavirus schützen. Doch die griechischen Behörden haben es darauf ankommen lassen: Ende August bzw. Anfang September 2020 sind in den überfüllten Lagern Vial auf der Insel Chios, in Moria auf Lesbos sowie im Lager Vathy auf Samos Geflüchtete positiv auf Covid-19 getestet worden.

Auf Lesbos ist die Situation mit dem Brand in Moria endgültig zur totalen Katastrophe eskaliert: Tausende Menschen waren tagelang obdachlos auf den Straßen ohne Sanitäranlagen, Lebensmittelversorgung und medizinische Versorgung. Auch die derzeitige Notunterbringung in Zelten auf Schotterboden auf einem Militärgelände in Kara Tepe, auf dem die griechischen Behörden noch nach Munitionsresten suchen, entspricht in keiner Weise einer Unterbringung von Geflüchteten nach europäischen Standards. Die über 10.000 Geflüchteten müssen evakuiert, aufgenommen und versorgt werden. Bei meinem letzten medizinischen Hilfseinsatz auf Lesbos (Ende September) informierte man uns, dass allein im neuen Kara-Tepe-Camp auf Lesbos mehr als 300 Menschen positiv auf Covid-19 getestet wurden.

So wichtig und richtig es ist, dass Deutschland und andere EU-Mitgliedsstaaten sich bereit erklärt haben, Kinder und deren Familienangehörige aufzunehmen, geht in der aktuellen Diskussion leider unter, dass eine andere Gruppe von Geflüchteten dringend auch in den Fokus genommen werden muss: behinderte, ältere und (chronisch) kranke Menschen. Sie gehören zur besonders verletzlichen und schutzbedürftigen Gruppe im Sinne der EU-Aufnahmerichtlinie und sind zudem durch eine Covid-19-Infektion besonders gefährdet. Neben der absolut unzureichenden derzeitigen Unterbringungsform leidet diese Flüchtlingsgruppe unter der mangelhaften bis nicht vorhandenen medizinischen und therapeutischen Versorgung in dem Not-Camp von Kara Tepe.

Zu den besonders schutzbedürftigen Personen zählen laut Art. 21 der EU-Aufnahmerichtlinie (Richtlinie 2013/ 33/ EU) insbesondere unbegleitete Minderjährige, Menschen mit Behinderung, Menschen mit schweren körperlichen oder psychischen Erkrankungen, Schwangere, Alleinerziehende, Opfer von Menschenhandel, Folter oder psychischer, physikalischer und sexueller Gewalt sowie ältere Menschen. Die EU-Aufnahmerichtlinie macht es zur Aufgabe der Mitgliedsstaaten, besonders schutzbedürftige Flüchtlinge zu identifizieren und angemessen zu versorgen. Ziel ist es die Gesundheit der Personen wiederherzustellen bzw. aufrechtzuerhalten sowie die Benachteiligung der genannten Personengruppen auszugleichen.

Die UN-Behindertenrechtskonvention (UN-BRK) verpflichtet staatliche Stellen dazu, auch die Rechte von geflüchteten Menschen mit Behinderungen zu verwirklichen. Von zentraler Bedeutung sind unter anderem das Recht auf eine bedarfsgerechte und barrierefreie Unterbringung (Art. 28 in Verbindung mit Art. 9 UN-BRK), das Recht auf ein erreichbares Höchstmaß an Gesundheit (Art. 25 UN-BRK) sowie das Recht auf Rehabilitationsleistungen (Art. 26 UN-BRK).

Im Rahmen eines Sofortprogramms müssen deshalb prioritär die Menschen aufgenommen werden, die aufgrund einer Behinderung, ihres Alters oder chronischer Erkrankung durch Covid-19 besonders gefährdet sind.

Danksagung

Ich danke den betroffenen geflüchteten Menschen für das Vertrauen, das sie mir als Fremdem entgegenbringen, für ihre Offenheit, ihre Ehrlichkeit und ihre Authentizität, über traumatische Erlebnisse mit mir zu reden. Dafür, mich an dem so Unfassbaren teilhaben zu lassen, was sie in ihrer Heimat, auf ihrer Flucht und in den Lagern nach ihrer Flucht erleben und erleiden mussten.

Und ich danke all den MitstreiterInnen und HelferInnen, die sich vor Ort und auch in Deutschland für geflüchtete Menschen einsetzen. Ich danke den AktivistInnen verschiedener Hilfsorganisationen, den spontanen EinzelhelferInnen, den UnterstützerInnen in verschiedenen politischen Parteien, den Engagierten in religiösen und nichtreligiösen Gruppen, den sensibel, reflektiert und kompetent berichtenden JournalistInnen und vielen mehr.

Danke an die Fotografen! Ich danke der Fotografin Alea Horst und dem Fotografen Christof Mattes für die Genehmigung, einige Fotos zu den Geschichten auf Lesbos und Bosnien verwenden zu dürfen, sowie dem Fotografen Kenny Karpov für die Genehmigung einige seiner Bilder zu der Geschichte im Irak verwenden zu dürfen.

Ich danke all den Menschen im In- und Ausland, die sich für die Einhaltung der Menschenrechte einsetzen! Wir sind nicht wenige, wir müssen nur lauter und fordernder sein!

Endnoten

1 Lucia Brauburger: Abschied von Lübchen. Bilder einer Flucht aus Schlesien, Econ Verlag 2010.

2 Quelle der Fakten UNHCR Juni 2021 (Global Trends Report 2020/ 2021): Der UNHCR-Report „Global Trends“ wird jedes Jahr zum Weltflüchtlingstag am 20. Juni herausgegeben und bezieht sich auf Zahlen, die bis Ende Dezember des Vorjahres erfasst wurden.

3 Hoher Flüchtlingskommissar der Vereinten Nationen (englisch United Nations High Commissioner for Refugees, Hochkommissar der Vereinten Nationen für Flüchtlinge‘, UNHCR) ist ein persönliches Amt der Vereinten Nationen (UN). Ihm untersteht das Hochkommissariat. Es ist mit dem Schutz von Flüchtlingen und Staatenlosen (Flüchtlingsrecht) beauftragt und auch im Bereich der humanitären Hilfe tätig. Die Organisation hat ihren Dienstsitz in Genf.

4 ECOMIL ist kurz für die Ecowas Military Mission in Liberia, eine multinationale, von der Westafrikanischen Wirtschaftsgemeinschaft (ECOWAS) eingesetzte Streitkraft.

5 www.armut-gesundheit.de

6 Stefan Liesenfeld (Hrsg.): Alles wirkliche Leben ist Begegnung: 100 Worte von Martin Buber, Neue Stadt 2017.

7 Gottfried Fischer, Peter Riedesser: Lehrbuch der Psychotraumatologie, Reinhard UTB 2009.

8 Die Internationale statistische Klassifikation der Krankheiten und verwandter Gesundheitsprobleme (ICD ist das wichtigste, weltweit anerkannte Klassifikationssystem für medizinische Diagnosen. Es wird von der Weltgesundheitsorganisation (WHO) herausgegeben.

9 Waris Dirie: Wüstenblume, RM-Buch-und-Medien-Vertrieb 1999.

10 https://www.zitate.eu/autor/dr-martin-buber-zitate?page=2

11 Frontex (Akronym für französisch frontières extérieures – Außengrenzen)Frontex = Europäische Agentur für die Grenz- und Küstenwache. Frontex ist seit 2004 eine Agentur der Europäischen Union, mit dem Auftrag die 12.000 km lange Land- und 45.000 km lange Seegrenze „vor illegaler Migration und Kriminalität zu schützen". Es handelt sich um Beschäftigte, Vertragsbedienstete und Entsandte von Behörden der europäischen Mitgliedstaaten. Sie wird aus dem EU-Haushalt und durch Beiträge der assoziierten Schengen-Länder finanziert. Sie besitzt drei große Abteilungen: Erstens die Abteilung Operationen, zur Koordination der gemeinsamen Einsätze der Grenzpolizei. Zweitens die Abteilung „Fähigkeiten", sie dient dem Training und der Forschung. Und drittens die Verwaltung, die die Finanzen, das Personal und die Informationstechnik beinhaltet.

12 Ein Dermatom ist ein spezielles Gerät zur Eigenhauttransplantation. Mit einem Schneidemesser, vergleichbar mit einem Käsemesser, kann man von der eigenen Haut, Hautlappen quasi abschälen, die dann auf großflächigen nicht heilenden Wunden platziert werden können. Dieses Gerät kostet über 20.000 Euro und ist sehr wichtig für die Versorgung von Bomben- und Explosions-Opfern, um deren großflächige Wunden, die eine Zerstörung der eigenen Haut beinhalten, wieder schließen zu können.

13 Die Osteosynthese ist ein Verfahren zur operativen Versorgung von Knochenbrüchen. Dabei werden die einzelnen Bruchstücke mit verschiedenen Hilfsmitteln wie Schrauben, Nägeln, Platten und Drähten wieder verbunden.

14 Pushback-Aktionen sind staatliche Maßnahmen, bei denen flüchtende und migrierende Menschen – meist unmittelbar nach Grenzübertritt – zurückgeschoben werden, ohne die Möglichkeit einen Asylantrag zu stellen oder deren Rechtmäßigkeit gerichtlich überprüfen zu lassen. Pushback-Aktionen verstoßen u.a. gegen das Verbot der Kollektivausweisung, das in der Europäischen Menschenrechtskonvention festgeschrieben ist.

Der Verlag weist ausdrücklich darauf hin, dass im Text enthaltene externe Links vom Verlag nur bis zum Zeitpunkt der Buchveröffentlichung eingesehen werden konnten. Auf spätere Änderungen hat der Verlag keinerlei Einfluss. Eine Haftung des Verlages ist daher ausgeschlossen.

Der Verlag hat sich bemüht, alle Rechteinhaber ausfindig zu machen. Sollte dem Verlag gegenüber der Nachweis einer Rechtsinhaberschaft geführt werden, wird diese selbstverständlich in branchenüblicher Weise abgegolten.

FSC
www.fsc.org
MIX
Papier aus verantwortungsvollen Quellen
FSC® C084279

Dillerberg 1, 35614 Asslar

Best.-Nr: 835308
ISBN 978-3-86334-308-8
Lektorat: Sarah Koller
Coverfoto: Alea Horst, Fotos im Innenteil: Gerhard Trabert, Alea Horst, Christof Mattes, Kenny Karpov; GANJIRO KUMA (shutterstock.com)
Umschlaggestaltung: Olaf Johannson, www.spoondesign.de
Satz: Grafikbüro Sonnhüter, www.grafikbuero-sonnhueter.de
Druck und Verarbeitung: Print Consult GmbH, München

www.adeo-verlag.de